Autor:
Bodo Dietrich
E-mail:
bodo.dietrich.buch@web.de

Vertrieb:
amazon.de
amazon.com

Überarbeitete zweite Deutsche Auflage: Februar 2016

Mein erfolgreicher Weg aus dem Burn-Out.

„Komm Amygdala, lass uns tanzen…"

Ich widme dieses Buch:

Meiner Frau Marliese, weil Sie mir durch Ihre Liebe und Hilfe in dieser Zeit immer wieder Mut und Hoffnung gegeben hat, dass alles gut wird und weil Sie einen großen Teil der „Last" getragen hat, die meine Situation in die Familie hineingebracht hat.

Unseren beiden Kindern, aus dem gleichen Grund und vor allem, damit sie aus meinen Fehlern lernen.

Meiner Mutter, weil wir und ich Ihr sehr viel verdanken und Sie immer für uns da war und für uns gelebt hat.

Bei meinem zweiten Besuch, diesmal als Gast, in meiner Reha Klinik, ist mir noch eine andere Idee gekommen:

Ich widme dieses Buch mit meinen eigenen persönlichen Erfahrungen auch den **Ärzten und Therapeuten**, ganz besonders meinem damaligen Therapeuten, meinem Hausarzt und dem Ärzteteam in der Reha Klinik, die täglich anderen Patienten das Leben retten oder ihnen ihren Lebenswillen und ihre Lebensfreude und Mut wieder zurückgeben. Das ist bestimmt oft nicht einfach und es gelingt auch nicht immer. Aber wenn es Erfolg hat, tut es unendlich gut.

Vielleicht wissen sie inzwischen manchmal gar nicht mehr, wie wertvoll diese Arbeit und ihr täglicher Einsatz ist.

Auch wenn es eben halt „nur" ihr normaler Job ist: DANKE!

Inhaltsverzeichnis

Kurzkommentare von „Erstlesern", die das Manuskript zum Buch vorab gelesen haben:

„Mit dem Buch geben Sie dem Leser einen sehr persönlichen Einblick in die Umstände, die zu Ihrem Burnout geführt haben und zeigen, wie man auch aus eigener Kraft die Misere überwinden kann. Hierin sehe ich den besonderen Wert der verfassten Geschichte für den Leser, der womöglich mit einer ähnlichen Situation konfrontiert ist."
(H.-U.K.)

„Ich bin Geschäftsführer eines Unternehmens. Als solcher trage ich auch Verantwortung für meine Mitarbeiter und Angestellten. Ich habe das Buch gelesen und sowohl einer betroffenen Mitarbeiterin, als auch der personalverantwortlichen Abteilung wärmstens empfohlen."
(M.G. aus H.)

„Danke für dieses offene und ehrliche Buch!!!
Ich denke es sollte nicht nur von Burnout gefährdeten Leuten gelesen werden sondern vor allem von ihren Partnern und Angehörigen."
(A.U. aus R.)

„Das Buch ging mir wirklich „unter die Haut!" Die Ängste, die Beklemmung und Verzweiflung sind sehr gut nachvollziehbar. Vor allem ist es hervorragend gelungen, zu beschreiben, wie schnell man an einem solchen Punkt ankommen kann. „Das schaffe ich schon", „das muss jetzt halt gehen", „wird bestimmt bald besser"... solche Gedanken kennen die meisten! Umso wertvoller ist das Buch, das klar macht: VORSICHT – hör‘ auf die Signale deines Körpers! Die Erfahrungen aus diesem Buch können in einer Burnout Situation helfen. Dafür ganz herzlichen Dank!"
(I.M. aus N.)

„Wow!! Ich bin erst mal sprachlos (passiert nicht so oft!) Sehr mutig und "brutal" offen in der Beschreibung der eigenen Situation!"
(R.R. aus O.)

„Der Anfang des Buches hat mir nicht so viel gebracht, aber den Brief an einen Freund, den fand ich richtig gut."
(T.D. aus M.)

„Ich finde es sehr interessant, wie die Stresssituationen beschrieben wurden und mit den körperlichen Reaktionen erfolgreich umgegangen wurde, um sie kontrollieren zu können."
(K.U. aus R.)

„Tut mir leid, ich war noch nicht in einer solchen Situation, es fällt mir schwer mich da hinein zu versetzen. Ich hätte schon früher anders reagiert, um es nicht so weit kommen zu lassen. Daher kann ich persönlich mit den beschriebenen Gefühlen und Emotionen nicht so viel anfangen."
(anonym, dem Autor bekannt)

„Es ist nicht leicht ein Buch in dieser Tiefe über sich selbst zu schreiben."
(anonym, dem Autor bekannt)

"Als Betroffene habe ich das Buch regelrecht verschlungen. Ich bin tief beeindruckt, wie intensiv und offen die Situationen und der eigene Weg beschrieben wurden." (I.R. aus A.)

Vorwort

Wenn wir heute Zeitungen und Zeitschriften aufschlagen, im Internet surfen oder vor dem Fernseher sitzen, dann könnten wir den Eindruck gewinnen, dass immer häufiger über das Auftreten einer Erkrankung berichtet wird, die vor ein paar Jahren noch so gut wie niemand kannte, geschweige denn, dass in den Medien darüber berichtet wurde: „Burnout". So stellt sich die Frage, was das für eine Erkrankung ist, die sich scheinbar seuchenmäßig ausbreitet, unter der die Betroffenen oftmals erheblich leiden, die aber auf der anderen Seite nach Ansicht einiger Experten gar nicht existiert.

Was ist „Burnout", wie äußern sich die Beschwerden? Meist berichten Betroffene insbesondere in fortgeschrittenen Stadien von einer ausgeprägten Erschöpfungssymptomatik, von Interessens- und Antriebsverlust, Schlafstörungen und Entscheidungsschwierigkeiten, also Symptomen, die wir von depressiven Erkrankungen kennen. Daher wird oftmals ein „Burnout"-Syndrom mit einer Depression gleichgesetzt, und es gibt hier zweifelsohne deutliche Überschneidungen. Selbst die körperlichen Beschwerden, die mit einem „Burnout"-Syndrom einhergehen können, treten oftmals auch bei depressiven Erkrankungen auf.

Während der Begriff „Depression" jedoch keine Aussage trifft über die Ursache (es können beispielsweise Gene eine Rolle spielen, äußere Belastungsfaktoren oder innere Einstellungen), so gibt der Begriff „Burnout" Hinweise zu den Ursachen der Beschwerdesymptomatik: Jemand ist „ausgebrannt", hat sich verausgabt, sich zu sehr engagiert, hat für ein Ziel, eine Aufgabe „gebrannt", über seine eigentlichen Möglichkeiten hinaus. Es muss sich also um Menschen handeln, die ein besonderes Engagement zeigen und dabei eigene Grenzen nicht beachten bzw. einhalten. Ursprünglich wurde der Begriff „Burnout" bei Menschen in helfenden Berufen verwendet, da in diesem Bereich besonders häufig Überengagement beobachtet wurde („Helfer-Syndrom").

So stellt sich nun die Frage, warum „Burnout" in unserer Medienlandschaft heutzutage einen immer größeren Stellenwert einnimmt. Depressionen gab es doch vor 50 Jahren auch schon, und es gab auch schon immer Menschen, die sich stark oder zu stark engagierten. Hier dürften zwei Faktoren eine wichtige Rolle spielen:

Zum einen leben wir in einer Gesellschaft, in der Leistungserbringung eine herausragende Bedeutung erlangt hat. Schon in der Schule scheint oftmals mehr Wert auf Leistung gelegt zu werden als auf die Entwicklung von sozialer Kompetenz, Kreativität, Spontanität oder Emotionalität. Wir sollen möglichst früh dem Arbeitsmarkt zur Verfügung stehen, mit optimaler Ausbildung und hervorragenden Zensuren. Wer diesen Zielen gerecht wird, erhält hierfür gesellschaftliche Anerkennung, was zunächst positive Auswirkungen auf unseren Selbstwert hat. In einer Zeit, in der es um ständige Optimierung und anhaltendes Wachstum geht, ist jedoch zugleich eine „Arbeitsverdichtung" zu beobachten: In weniger Zeit soll mit weniger Ressourcen mehr geleistet werden, was oftmals gerade die ohnehin besonders Engagierten zu kompensieren versuchen.

Wenn beispielsweise in manchen Krankenhäusern die Zahl pflegerischer und ärztlicher Personalstellen abgebaut wird, zugleich aber mehr Behandlungen stattfinden sollen, um die Rendite und den Gewinn zu erhöhen, dann engagieren sich der Erfahrung nach die besonders Gewissenhaften noch mehr, damit die Patienten unter dieser Entwicklung nicht leiden müssen. Der Betreiber der Klinik erlebt aber, dass der Betrieb trotz Einsparungsmaßnahmen weiterhin läuft und dürfte gegebenenfalls das Bedürfnis nach weiteren Optimierungsmaßnahmen verspüren. Menschen mit hohem Leistungsanspruch und ausgeprägter Gewissenhaftigkeit sind besonders gefährdet, diesen Erwartungen nach stets höherer Leistung gerecht werden zu wollen, sich zu verausgaben und schließlich zu "verbrennen".

Ein anderer Grund, warum „Burnout" in den Medien immer häufiger erwähnt wird, könnte die Tatsache sein, dass unsere Gesellschaft für dieses Thema zunehmend offener wird, auch für das Thema „psychische Erkrankungen" an sich. Wer einen Herzinfarkt erleidet, kann damit meist offen umgehen: die Kollegen zeigen Verständnis, die Angehörigen Mitgefühl. Bei einer Depression verhält es sich leider oftmals ganz anders: Die Erkrankung kann häufig von anderen nicht nachvollzogen werden, da „reißt sich jemand nicht zusammen", der Depressive ist „faul", oder er ist „geisteskrank" und so weiter. Und tatsächlich ist der Übergang zum Gesunden fließend, und die Depression lässt sich auch nicht durch ein EKG nachweisen. Aber es ist eine Erkrankung des menschlichen Körpers, wie jede andere Erkrankung auch, und sie ist sehr ernst zu nehmen: Wie ein Herzinfarkt, so kann auch eine schwere Depression mit dem Tod enden - durch Suizid.

Glücklicherweise sind immer mehr Menschen offen für das Thema „Depression", zum einen, weil sie durch Angehörige, Verwandte, durch Kollegen oder durch ihre Tätigkeit damit konfrontiert werden und sich damit beschäftigen. Zum anderen aber auch, weil dieses Thema in den Medien immer häufiger präsent ist und damit enttabuisiert wird. Auch Ärzte außerhalb der psychiatrisch-psychosomatischen Fachrichtung werden für dieses Thema immer offener und darin immer besser geschult. Wer heute Hausarzt werden möchte, muss hierfür beispielsweise meist einen Ausbildungsabschnitt „Psychosomatische Grundversorgung" absolvieren. Durch diese Entwicklungen im privaten, gesellschaftlichen und ärztlichen Bereich können psychische Erkrankungen heute oftmals früher erkannt und behandelt werden.

Während noch vor ein paar Jahren Betroffene nicht wussten oder nicht zu sagen wagten, dass sie an einer depressiven Symptomatik leiden, sondern sich beispielsweise eher wegen der körperlichen Begleiterscheinungen beim Arzt vorstellten, so werden psychische Erkrankungen heute doch häufiger als das benannt, was sie wirklich sind. Diese Entwicklung, die sehr zu begrüßen ist, trägt mit dazu bei, dass psychische Erkrankungen heute häufiger diagnostiziert werden als noch vor ein paar Jahren.

So bin ich auch über das Aufkommen des Begriffs „Burnout" und dessen Thematisierung in den Medien trotz aller wissenschaftlicher Ungenauigkeiten sehr dankbar: Unter einem „Burnout" zu leiden erscheint vielen Menschen heutzutage weitaus akzeptabler als unter einer Depression. Ich habe öfters mit Patienten gesprochen, die zunächst großen Wert darauf legten, an einem „Burnout" erkrankt zu sein und eben nicht an einer Depression, obwohl ganz klar depressive Symptome vorlagen und die Kriterien einer Depression zweifelsohne erfüllt waren. Aber in den Therapien war dies eine Eingangstür, eine Möglichkeit, weiteren Zugang zu der eigentlichen Problematik zu finden und hierauf aufbauend eine wirkungsvolle Behandlung in die Wege zu leiten, zum Wohle des Patienten.

Und damit komme ich nun endlich zu diesem Buch, für das mich der Autor um ein Vorwort gebeten hat. Die Idee, dieses Buch zu schreiben, betrachtete ich von Anfang an als hervorragend: zum einen, weil der Autor sich hierdurch nochmals mit sich selbst und seiner eigenen Erkrankung und Genesung konfrontierte und zum anderen, weil er seine Erfahrungen und Erkenntnisse durch dieses Buch an andere weitergibt. Denn es erscheint mir äußerst wichtig, Angehörigen und vor allem Betroffenen Informationen zu den Themen Depression und „Burnout" zu liefern und ihnen zugleich auch die berechtigte Hoffnung zu geben, dass bei entsprechender Offenheit und Bereitschaft eine erfolgreiche Behandlung mit der Wiedererlangung eines oftmals hohen Maßes an Lebensfreude und -qualität durchaus gelingen kann. Und wer könnte dies besser beschreiben als ein Betroffener, der diese Erkrankung mit allen Höhen und Tiefen durchgemacht hat, der von den vielen Klippen und Fallstricken berichten kann, denen man begegnet und der durch konsequentes Arbeiten an sich selbst (einschließlich der Inanspruchnahme von therapeutischer Hilfe) und durch Eigeninitiative, aber auch durch das Aufbringen der notwendigen Geduld eine erfolgreiche Genesung erzielte.

Eine Therapie ist leider auch - gerade für den Patienten - ein hartes Stück Arbeit. Zwar wird der Therapeut in der Anfangsphase zu einer Stabilisierung und Entlastung beitragen. Im weiteren Verlauf wird der Patient von der Therapie aber nur dann auch langfristig profitieren, wenn er mit eigenen Einstellungen und Verhaltensweisen konfrontiert wird und sein bisheriges Bild von der Welt und von sich zumindest in Teilen hinterfragt, damit neue Weichen gestellt werden können und der Patient einen für sich passenden Weg findet. Wird ihm hingegen in der Therapie lediglich vermittelt, dass alles ganz schlimm ist, dass die anderen schuld sind und dass er das Opfer ist, so wird sich mancher zwar zunächst gut verstanden und entlastet fühlen, er wird aber womöglich im weiteren Verlauf Schwierigkeiten haben Eigenverantwortung zu übernehmen und an der notwendigen Veränderung aktiv mitzuwirken.

Ich habe Respekt vor jedem Menschen, der bereit ist, sich Unterstützung zu suchen und eine Psychotherapie in Anspruch zu nehmen. Dies erfordert Offenheit, Mut und die Bereitschaft, sich selbst zu hinterfragen und an sich zu arbeiten sowie Geduld und Vertrauen. Wer sich für diesen Weg entscheidet und sich darauf einlässt, kann meiner Überzeugung nach stolz auf sich sein und hat bereits einen wichtigen Schritt hin zur eigenen Genesung getan.

Der Autor schildert sehr realistisch die unterschiedlichen Stationen auf seinem Weg sowie Faktoren, die ihn sowohl in der Entwicklung des „Burnouts" als auch der Genesung begleitet und beeinflusst haben. Es sind nicht nur die eigenen Einstellungen und Verhaltensweisen, sondern gerade auch die Rahmenbedingungen und die Interaktionen mit anderen, die unser Fühlen, Denken und Handeln beeinflussen und Einfluss nehmen können auf die Entwicklung psychischer Erkrankungen. Im Rahmen der Therapie müssen wir zunächst erfassen, „was eigentlich los ist", welches Krankheitsbild wir haben, warum wir es haben und wie es sich entwickelt hat. Es geht dabei um Selbsterkenntnis und Akzeptanz, im weiteren Verlauf auch um die Festlegung neuer Ziele („Wer bin ich, wie soll ich meinen weiteren Weg gestalten?") sowie um die konkrete praktische Umsetzung der Erkenntnisse. Und bei dieser Umsetzung ist es oftmals von besonderer Bedeutung, das Umfeld, das in die therapeutischen Einzelgespräche meist nur indirekt involviert ist, miteinzubeziehen und so auch dessen Unterstützung zu erhalten.

Der Autor ist ein sehr schönes Beispiel für einen Menschen, der unter einer zunehmenden „Burnout"-Symptomatik litt, dies für sich erkannte und akzeptierte und der schließlich die Offenheit, die Bereitschaft und den Mut aufbrachte, therapeutische Unterstützung in Anspruch zu nehmen und sich auf eine Therapie einzulassen. Hierdurch hat er selbst wesentlich zur Überwindung der Krise sowie zur Wiedererlangung seiner Gesundheit und Lebensqualität beigetragen. Mit der Schilderung seiner persönlichen Erfahrungen möchte er anderen Betroffenen sowie Angehörigen Hilfestellung geben, ihnen Informationen vermitteln und Mut machen.

Ich hoffe, dass dieses Buch möglichst viele Leser zum Nachdenken und zu weiteren Diskussionen über das Thema „Burnout" sowie über psychische Erkrankungen anregen wird. Auch wenn es eine von allen akzeptierte Definition des Begriffs „Burnout" wohl nie geben wird und stets unterschiedliche Meinungen zum Krankheitsbild und zu den Therapieansätzen existieren werden, so ist aus meiner Sicht von besonderer Bedeutung, über dieses Thema im Gespräch zu bleiben, es ernst zu nehmen und Betroffene bestmöglich zu unterstützen.

Ich wünsche allen Leserinnen und Lesern viel Freunde und Spannung beim Lesen sowie fruchtbare Diskussionen darüber. Allen Betroffenen, die dieses Buch lesen, wünsche ich, dass sie hier wertvolle Hinweise und Anregungen finden und gegebenenfalls therapeutische Hilfe in Anspruch nehmen werden. Und dem Autor und seiner Familie schließlich wünsche ich einen glücklichen weiteren Lebensweg und viel Erfolg mit diesem Buch.

Dr. Thomas Schell
Heidelberg, Juli 2014

"Das Buch ist, wie ich finde, ein sehr gelungener Abschluss und gleichzeitig ein großartiger Neubeginn für Sie. Es ist auch für mich als Ihre damalige Therapeutin, eine neue und spannende Erfahrung, die Wirkung von Therapie und insbesondere meiner Worte aus Patientensicht lesen zu können, ein wertvoller Wissenszuwachs. Sie finden meines Erachtens die richtigen Worte und schreiben vielen anderen Mitmenschen sicher aus voller Seele."

(K. M. aus J., Psychotherapeutin)

1.) Einleitung: Warum schreibe ich dieses Buch?

Ich bin ein einfacher Mensch. Einer von Euch.

Einer, der ein Burnout hinter sich hat.

Ich habe eine sehr liebe- und verständnisvolle Frau und die beiden besten Mädels der Welt (für mich) sind meine Kinder.

Ich bin 53 Jahre alt und spreche 3 Sprachen, 82kg, 1,79m groß, graue Haare, halbe Glatze, 2 schiefe Zähne, kein Sixpack.

Ich rauche nicht und achte im Allgemeinen auf meine Ernährung.

Ich verreise gerne mit der Familie.

Ich bin 2x Marathon gelaufen und habe Krampfadern an der linken Wade.

Ich war in Deutsch nie ein Überflieger. Ich habe in der Schule die Lektüren immer auf den letzten Drücker gelesen.

Ich bin Maschinenbauer, ein Techniker, kein Schriftsteller.

Ich plane lager- und fördertechnische Anlagen und nehme sie in Betrieb.

Ich halte Präsentationen, leite Projektgespräche, erstelle Ausschreibungsunterlagen und vergleiche Angebote.

Ich mache mit meinem Beruf manchmal Menschen arbeitslos, trage aber auch zur Wettbewerbsfähigkeit der Firma bei und erhalte dadurch Arbeitsplätze. Wenn wir eine neue Niederlassung bauen schaffen wir auch welche.

Ich habe einen großen Freundeskreis und sehr gute Kollegen. Das Arbeitsklima und Verhältnis zum Chef waren und sind sehr gut.

Ich habe mit meiner Frau zusammen die Urne von meiner Mutter selbst beerdigt.

Ich lese kaum Bücher, ich sammle nur Micky Maus (für die Kinder natürlich).

Ich habe alle Warnzeichen vor dem Burnout ignoriert (es gab genug).

Ich war im Krankenhaus wegen Burnout und massiven Herzproblemen, 9 Monate arbeitsunfähig und 7 Wochen in Reha.

Ich kann vielleicht gut zuhören und mich in andere Menschen hineinversetzen und mitfühlen. Aber ich leide nicht mehr mit. Das ist alles.

Ich habe gerade die schwerste Zeit meines Lebens hinter mir.

Warum belaste ich mich mit einem Buch?

Warum durchlebe ich im Kopf die letzten 3 Jahre noch einmal?

Warum mache ich diesen Seelenstriptease?

Warum nutze ich diese Zeit nicht für mich und die Familie?

Warum liege ich nicht einfach in der Sonne oder gehe in die Sauna oder ins Kino mit meiner Frau und den Kindern?

Weil ich in dieser Zeit vor, während und nach meinem Burnout verdammt viele Erfahrungen gemacht habe und sehr viel gelernt habe.

Weil sich mein Leben geändert und verbessert hat.

Weil dieses Buch auch mir hilft, Dinge zu Ende zu bringen und komplett abzuschließen.

Weil ich in der Reha und danach auch Menschen kennengelernt habe, denen es genauso geht oder schlimmer.

Weil ich gemerkt habe, dass es unheimlich gut tut wenn da einer ist, der sagen kann, ich verstehe dich, habe ich auch durchgemacht, mir ging es damals so oder ähnlich…

Weil ich meine Erfahrung weitergeben und damit helfen will.

Weil ich glaube, dass ich damit einem Teil von Euch zumindest ein bisschen Mut machen kann.

Weil dieses Buch eine Warnung sein soll, die Notsignale des Körpers ernst zu nehmen, um nicht seine Gesundheit lebenslang oder sein Leben überhaupt auf's Spiel zu setzen.

Weil ich nicht will, dass diese ganze Zeit und meine Erfahrungen umsonst waren und verstauben und keinem anderen helfen.

Weil ein Professor im Studium mal zu mir gesagt hat (nachdem ich eine Klausur versemmelt hatte): „Herr Dietrich, nutzen Sie in ihrem Leben alle Ressourcen, wenn sie ein Problem haben oder weiter kommen wollen." Ich sehe diese Zeit als „Ressource", in der ich Erfahrungen gemacht habe, die ich sonst nie hätte machen können. Ich hatte ein Heer von Schutzengeln. Also versuche ich was draus zu machen. Ein Teil davon ist dieses Buch.

Weil ich den Mut habe von meinen Gefühlen zu erzählen.

Weil ich keine Angst habe von mir zu erzählen, wenn ich anderen vielleicht damit helfen kann, auch wenn mich hinterher der eine oder andere vielleicht als Weichei betrachtet.

Weil ich gemerkt habe wie sehr es mir geholfen hat auf Verständnis und Unterstützung zu stoßen.

Weil ich weiß, dass es da draußen noch verdammt viele von meiner Sorte gibt. Bei fast jedem neuen Projekt lerne ich wieder Menschen kennen, denen es genauso ging oder die in einer ähnlichen Phase sind.

Weil ich weiß, dass manche verzweifelt sind und sich im Leben nichts mehr zutrauen.

Weil ich, falls dieses Buch je verlegt und verkauft werden sollte, von meinem persönlichen Erlös (was der Verlag dann noch übrig lässt) 50% den Slum-Kindern in Katutura in Windhoek Namibia (BNC) spenden werde. 1 Euro reicht aus für die Ernährung eines Kindes an einem Tag. Zwischenstand 15.12.14: 1 Kinderjahr habe ich bereits gesammelt. Herzlichen Dank an die Buchleser

Also meine Bitte an Euch: Wenn Ihr das Buch hilfreich findet, dann empfehlt es weiter, es hilft auch in Afrika.

Weil ich erfahren habe, dass es viel zu wenige Psychiater und Therapeuten gibt. (Achtung dieses Buch ist keine Therapieanleitung, das wäre anmaßend und falsch, nur ein persönlicher Erfahrungsbericht!)

Weil eine psychische Erkrankung kein Tabuthema sein sollte und es ein Fehler ist z.B. nach einem Burnout jemanden als durchgedreht oder Warmduscher oder nicht belastbar pauschal abzustempeln. Man kann es schaffen, mit Hilfe von außen, wieder in einen geregelten Lebensablauf zurück zu finden und eine gewisse gute Leistung zu erbringen. Das ist aber individuell verschieden und hängt auch sehr vom Verständnis und dem Umfeld ab.

Weil ich zeigen will, dass man auch wieder „aus diesem Loch" herauskommen kann.

Weil es mir die Zeit wert ist, wenn dieses Buch auch nur einem von Euch wieder aus der Patsche hilft.

Reicht euch das?

Mir reicht´s!

Ich spreche Euch, die Leser, (hoffentlich gibt´s welche ☺), mit Du und teilweise direkt an. Das haben wir als Patienten in der Reha alle so miteinander gemacht. Da gab es keine Unterschiede nach Ausbildung, Herkunft, Beruf, Kontostand, Auto, Pferd, Yacht usw. Wir waren alle ganz einfach reduziert auf das Wesentliche: Auf uns als Mensch und Person mit seinen Gefühlen und Problemen, mit denen wir da waren. Das war alles. Und es war das Wichtigste. Alles andere spielte überhaupt keine Rolle, gar keine!

Ihr merkt, dies wird kein literarisch hochstehendes Buch, keine wissenschaftliche Abhandlung, keine Doktorarbeit. Meine Sprache ist einfach und offen, so wie ich.

Außer, wenn ich ein paar Bücher zum Thema, die ich gelesen habe oder Erfahrungen aus der Rehaklinik aufnehme oder wiedergebe.

Alles was ich schreibe ist passiert. Namen und Orte habe ich geändert, damit sich niemand auf den Schlips getreten fühlt, der nicht persönlich genannt werden will. Ich habe versucht alle Ursachen und Auslöser der Überlastung zu beschreiben, um möglichst objektiv zu sein, trotzdem sind es natürlich subjektive persönliche Einschätzungen. Dazu gehören auch private, familiäre und ehrenamtliche Tätigkeiten.

Falls jemand meint sich wiederzufinden und sich unvorteilhaft dargestellt fühlt, was keinesfalls meine Absicht ist, dieses Buch soll mit diesen Beschreibungen nur möglichst sachlich die Umstände und Situationen darstellen, die zu den jeweiligen Entwicklungen und Folgen geführt haben, um diese für euch nachvollziehbar zu machen. Dies ist keine Beschuldigung an irgendjemanden.

Wenn jemand letztendlich einen Fehler gemacht hat, dann war ich es selbst. Den Fehler, dass ich nicht konsequent war, weil ich Angst hatte Dinge zu ändern. Das würde ich heute anders handhaben. Ansonsten bitte ich einfach um Nachsicht und Verständnis. Das was hinter dir liegt ist nicht mehr wichtig, du kannst es nicht mehr ändern. Du kannst aber daraus lernen für das Wichtige, das vor dir liegt, um Dinge besser zu machen als vorher und Fehler zu vermeiden.

Ich schreibe nur über meine persönlichen Erlebnisse und Gedanken. Ich habe mich nicht in Psychosomatik oder sonstige Literatur eingelesen. Dies habe ich absichtlich nicht getan, weil ich nicht mit einem persönlichen Halbwissen irgendwelche falschen Theorien oder Rückschlüsse in die Welt setzen will. Sonst hätte ich Psychologie studieren müssen.

Jeder Mensch reagiert anders. Daher ist dieses Buch keine Anleitung sondern nur ein persönlicher Erfahrungsbericht und kann höchstens Beispiele geben, wie es mir persönlich ging. Die sollen Mut machen.

Das Buch kann möglicherweise auch dazu beitragen, Verständnis im Umfeld zu erzeugen, einen solchen Zwischenfall anders einzuschätzen und vielleicht die Lage der Mitarbeiter nach einem Burnout besser nachvollziehen können. Gegenseitiges Verständnis und Gesprächsbereitschaft sind dabei die wesentlichsten Voraussetzungen.

Das Buch soll Mut machen, um aus dieser schwierigen Phase wieder heraus zu kommen. Jeder muss dabei seinen eigenen Weg finden. Manche suchen die Abgeschiedenheit, andere ändern ihr Leben komplett. Das muss jeder selbst entscheiden. Auch ich habe Änderungen durchgeführt und andere Prioritäten im bisherigen Umfeld gesetzt.

Auf keinen Fall soll das Buch den Burnout Fall verharmlosen, nach dem Motto: „Wird schon wieder, braucht halt nur Zeit" Das ist nicht so. Ein Burnout ist ein schwerer gesundheitlicher Zwischenfall, dessen Symptome auch zu andauernden seelischen Störungen, zu körperlichen Reaktionen mit schweren Folgeschäden (Schlaganfall, Herzinfarkt) führen können, deren Ausgang tödlich sein kann! Das ist keine Panikmache, aber wichtig zu wissen.

„Ungeduld ist dabei ein sehr schlechter Berater" hat mal ein externer Kollege zu mir gesagt. Stimmt! Ich kenne im Bekanntenkreis Fälle, bei denen es nicht gut ausgegangen ist, gar nicht gut.

Ich beschreibe Gefühle auch deutlich und drücke sie aus. Wenn es mir „scheiße" ging, dann schreibe ich auch „scheiße", wenn das die Situation am besten beschreibt. Jeder kennt solche Gefühlausbrüche, also ist das nur authentisch.

Manche werden das Buch gut finden, andere schlecht. Für einige werden die Gedanken nachvollziehbar sein, für andere nicht. Manche finden das Buch offen und mutig, wiederum andere werden es als Quatsch oder Papierverschwendung ansehen. Geschrieben ist das Buch aber für die, die etwas damit anfangen können, die selbst betroffen sind und die hoffentlich zumindest einen kleinen Nutzen davon haben können.

Zur Info:

kursiv gedruckte Textstellen sind Kommentare zum Zeitpunkt des Schreibens.

Die wenigen Abbildungen sind einfach. Sie reichen aus, um die enthaltene Information „rüberzubringen." Ich habe dazu einfach von mir erstellte Flipcharts abfotografiert oder ein paar qualitative Diagramme in Power Point erstellt.

Eines möchte ich an dieser Stelle auch noch vorab loswerden. Es gibt in der Literatur auch jede Menge Bücher oder Publikationen, die sich damit abmühen eine korrekte Begriffsdefinition des Burnout mit einem entsprechenden Krankheitsbild und Symptomen etc. abzuleiten oder nachzuweisen, dass es ein Burnout gar nicht gibt, sondern dass alles nur z.B. Depressionen sind. Damit ist den Betroffenen nicht geholfen.

Ich kann nur sagen: Ich hatte ein Burnout. Und ob das Kind jetzt Burnout oder depressive Phase, Angstsyndrom mit Überlastung oder sonst wie hieß, das war mir ziemlich egal. Das einzige was ich wollte war Hilfe, um aus der Misere raus zu kommen. Und da war ich mit den anderen Kollegen in der Reha bei Leibe nicht alleine. Auch wenn man nicht immer die Gefühle oder die Situation eines anderen Menschen nachvollziehen kann, das erwartet niemand, so kann man ihm trotzdem glauben und ihn akzeptieren. Das darf man erwarten.

Ich beginne mit meinem Buch am 26.06.2013. Ich schreibe wenn ich Lust und Laune dazu habe. Keinen Stress. Ich werde dazu knapp ein Jahr brauchen. Zeit spielt dabei keine Rolle.

Ach ja, noch eine kleine Bitte: Ich habe mich zwar mit Hilfe meiner durch mehrere Reformen gebeutelten Rechtschreibkenntnisse und mit der Unterstützung der Rechtschreibfunktion von Herrn Bill Gates bemüht einen halbwegs ordentlichen Text abzuliefern, wenn ihr aber trotzdem hier und da einen Schraibfähla finden solltet, dann bitte ich um Nachsischt.

Am 11.06.2014, also auf den Tag genau 2 Jahre nach meinem Antritt der Reha, werde ich das erste gebundene Buchexemplar (Korrekturdruck) in der Hand halten. Ein schönes Gefühl.

So! Dann wollen wir mal…

2.) Der Anfang: Die Zeit mit meinen sechs „Baustellen"

Im Nachhinein ist man immer schlauer, das wissen wir inzwischen alle. Auch in diesem Fall ist es so. Wenn ich zurückschaue, dann gab es während der gesamten Entwicklung über mehrere Jahre immer wieder Anzeichen, die sich verstärkt haben, die ich zwar wahrgenommen, aber falsch eingeschätzt habe.

Die größten Fehler dabei lagen bei mir selbst, weil ich einfach auch ignorant war. So Gedanken wie: „Mir passiert das nicht, den anderen ja, aber mir doch nicht." Ich treibe Sport als Ausgleich, achte einigermaßen auf die Ernährung, bin kein Risikopatient, körperlich seit Jahren gesund, wie soll ich da anfällig sein." „Ich bin schon zweimal Marathon gelaufen und fünfmal Halbmarathon, ich weiß was ich leisten kann, ich kenne meine Grenzen." „Außerdem lasse ich die Kollegen nicht hängen, wir sitzen in der Abteilung ja alle im gleichen Boot, und ich mache nicht als erster schlapp." „Es ging doch bisher immer gut, all die Jahre vorher, wieso soll jetzt was passieren, wo ich doch viel mehr Erfahrung habe und vieles schneller und effizienter im Job machen kann als früher, kann also auch immer mehr leisten."

Ja, denkt man, kann aber sehr gefährlich sein. Irgendwo hat jeder seine eigene individuelle Grenze.

Wie hat sich das alles angebahnt? Was sind im Nachhinein die Ursachen gewesen?

Aus heutiger Sicht weiß ich: Es war die Summe aus mehreren „Baustellen" im privaten und beruflichen Bereich, die parallel jahrelang gut gegangen sind. Dann ereignete sich an einer der „Baustellen" ein Fehler, den ich verschuldet hatte und der von mir persönlich empfundene Stress stieg an, was auch die anderen Bereiche negativ beeinflusste. Damit begann eine Kettenreaktion.

Erste Baustelle: Arbeitsplatz

Ich arbeite als Planungsingenieur für fördertechnische Anlagen und Lagerausstattung im Logistikbereich, Aufgabenbereich: Ist-Aufnahme, Planung Realisierung und Inbetriebnahme, eigene Mitarbeiter-keine, alle erforderlichen Arbeiten werden von uns im Team als Projektleiter selbst ausgeführt.

In der Abteilung hatten wir schon immer viel zu tun, langweilig war einem nie. Das kennen die meisten von euch sicherlich auch. Projektreisen zu bestimmten Planungszeiten oder Inbetriebnahmen bei Projektende haben dann noch einen drauf gelegt. Aber damit hatte man ja Erfahrung, das stellte eigentlich kein Problem dar. In der Regel hatte jeder von uns teilweise bis zu 10 Projekte parallel. Das kann viel oder wenig sein, je nach Projektgröße und Projektphase. Oft waren darunter 2 größere mit der Hauptarbeit, dann 3-4 mittlere und „Kleinkram."

Erschwerend kam in den letzten 2 Jahren hinzu, dass zwar vom Chef Unterstützung durch neue Mitarbeiter vorgesehen war, 2 neue Kollegen hatten auch angefangen, aber sich jeweils in der Probezeit oder kurz danach wieder anders orientiert. Das war für uns eigentlich nicht nachvollziehbar, weil gerade ein paar Jahre vorher ein neuer Kollege ohne Probleme einen sehr guten Start hingelegt hatte und auch heute noch bei uns ist. Wir hatten alle zusammen mit dem Chef versucht sie einzulernen, so wie es auch mit dem früheren Kollegen funktioniert hatte. Während meiner Zeit in der Reha kam dann noch ein weiterer hinzu, der jetzt auch schon mehrere Jahre Berufserfahrung bei uns gesammelt hat.

Das bedeutete für uns anderen in dieser Zeit in der Abteilung: Die Zusatzarbeit für das Einlernen der beiden neuen Kollegen über 1 Jahr war einfach für die Katz. Das hatte damals nicht gerade motiviert. War einfach „dumm gelaufen."

Zweite Baustelle: Ehrenamt in der Kirchengemeinde

Das hatte ich auch seit 15 Jahren im Ältestenkreis der Gemeinde inne. Das war am Anfang eine unheimlich schöne Zeit. Hat viel Energie gekostet, die war es aber Wert. Die ganze Familie hatte sehr schöne Erlebnisse dabei, die wir auch nicht missen möchten, auch heute nicht. Dann kam die Zeit der Einsparungen, wie überall. Das traf alle Gemeinden in unserem Bereich. Schwere Entscheidungen standen an, unangenehme Entscheidungen. Verkauf des Gemeindehauses, Umbau der Kirche. Der Sparprozess begann 2004 und das Projekt mit dem Gemeindehaus und der Kirche zieht sich jetzt schon seit 2008 sehr schleppend hin, aus Gründen, die die Gemeinde nicht zu vertreten hat.

Dritte Baustelle: Pflegefall Mutter und Uroma

2005 ist meine Mutter an schleichender Demenz erkrankt. Die ersten beiden Jahre haben wir Sie zu Hause gepflegt, das war in der letzten Phase enorm anstrengend, vor allem emotional. Für Sie, weil Sie anfangs auch selbst merkte, dass „im Kopf nicht mehr alles o.k. war" und wusste was kommen würde. Ich selbst bin verschiedene Male ausgerastet, aus Angst, dass Ihr etwas zustößt, weil Sie sich unbewusst in Gefahrensituationen, z.B. auf der Straße, begeben hat. Ihr Erinnerungsvermögen war einfach nicht mehr da. Sie wusste immer weniger was sie gerade gemacht hatte, worüber wir gesprochen hatten oder wozu manche Gegenstände da sind. Bis wir Sie morgens nach einem Sturz in der Nacht bewusstlos auf dem Weg zum Bad auf dem Boden gefunden haben. Plötzlich klingelten alle Alarmglocken auf einmal. An diesem Tage waren wir beim Hausarzt, haben eine Einweisung ins Pflegeheim organisiert und sechs Pflegeheime in der Umgebung angefragt, die Koffer gepackt und umgezogen. Die Gefahr war zu groß, die Pflege zu Hause war nicht mehr zu leisten obwohl ich Ihr immer versprochen hatte: „Mutter du musst nicht ins Heim." Am nächsten Tag hatte ich eine Inbetriebnahme im Ausland, die ich nicht verschieben „konnte" und flog für eine Woche weg. Drei Firmen waren auf diese Woche koordiniert, das Lager wurde umgeräumt und alles hätte neu koordiniert werden müssen und es hätte einen Terminverzug gegeben. Also absagen oder nicht?

Es war ja alles organisiert mit Mutter. Hatte doch geklappt, war zwar sehr stressig, aber Mutter war in guten Händen. Mit dem Chef war auch alles besprochen. Wenn es mit Mutter kritisch werden würde, könnte ich die Reise jederzeit sofort abbrechen. Also nicht absagen. Meine Frau erledigte den Rest, hielt mich auf dem Laufenden und die Woche verlief gut.

Wir besuchten Mutter dann ein Jahr lang immer noch im Pflegeheim und unterstützten mit allem was notwendig war. Das muss man erst mal begreifen und verarbeiten, wenn ein nahestehender Mensch so langsam abbaut und zum Schluss nicht mehr weiß was er mit dem Löffel in der Hand und dem Suppenteller machen soll. 2008 verstarb unsere Mutter dann im Krankenhaus. Dieser Abschnitt lag zwar vor dem tatsächlichen Burnout, kostete aber sehr viel Kraft und so einfach wischt man diese Zeit mit den Bildern und Erfahrungen auch nicht aus dem Kopf. Das braucht Zeit. Manche von euch kennen das bestimmt auch.

Vierte Baustelle: Umbau Elternhaus - Barrierefreiheit

Diese war eine richtige Baustelle. Ich hatte Mutter versprochen, dass ich in meinem Elternhaus im EG eine Erweiterung anbaue, damit Sie die steilen Treppen ins OG zum Schlafzimmer nicht mehr gehen muss. Da kaum Eigenkapital da war habe ich so gut wie alles selbst gemacht, Erdaushub für das Fundament, Einschalung, betoniert, gemauert, Holzbalkendecke, verputzt, Elektrokabel verlegt. Nur der Zimmermann und Dachdecker und Fliesenleger war zugekauft. Dieser Anbau über 2 Etagen begann ca.2005, als wir merkten, dass Mutter nicht mehr so rüstig war wie früher. Ihre Demenz war schneller als ich mit dem Anbau. Ich wurde nicht rechtzeitig fertig, nur das EG war bezugsbereit und der obere Stock blieb eine Baustelle bis nach Ihrem Tod. Insgesamt habe ich dann mit der Verzögerung der Pflege 5 Jahre daran gearbeitet. Ich dachte das geht so nebenher. War aber nicht so. Was nebenher ging, war der schleichende Verlust meiner eigenen Energie. Das ist zwar schon ein paar Jahre vorher passiert aber hat immens viel Kraft gekostet. Bis dahin war das die schwerste Lebensphase für mich.

Fünftens: Eigene Familie

Ach ja, man hat ja nebenbei noch eine Familie mit 2 Kindern, d.h. es gibt auch noch ein Familienleben, einen Freundeskreis, ich will was für die Fitness tun, um diesen alltäglichen kleinen Wahnsinn durchzuhalten, man fährt in Urlaub, in der Schule kommt mal was dazwischen und und und und. Ihr kennt das ja.

Sechstens: Ferienhaus in St. Peter Ording

Wir hatten uns 2006 ein kleines Ferienhaus in St. Peter Ording gekauft. Baujahr 1975, etwas renovierungsbedürftig, konnte aber in seiner Grundstruktur so belassen und sofort als Ferienwohnung vermietet werden. Damals war die Entwicklung mit Mutter noch nicht erkennbar oder abzusehen. Die „kleinen" Renovierungen (damals Streichen, neue Fußbodenbeläge, neue Möbel) würde ich selbst machen. Sie waren noch so weit in Ordnung, dass man die Arbeiten auf die nächsten 5 Jahre verteilen konnte. Das war machbar. Die „großen" Arbeiten am Dach und in den Bädern, Türen würden wir auf jeden Fall machen lassen. Das Haus war damals etwas abgelegen, daher preiswert und die Raten würden sich über die Miete tragen. Soweit der Plan. Hat am Anfang auch gut geklappt. Natürlich waren die Urlaube dann nicht nur zum Strandvergnügen da. Aber es machte auch unheimlich viel Spaß zu sehen wie das Haus immer „mehr in Schuss" kam und im Kopf machte mir die Arbeit anfangs nichts aus. Es war zwar eine körperliche Belastung, aber wir hatten keine Angst dass es nicht funktionieren würde. Und wir fuhren eigentlich immer zufrieden wieder nach Hause. Es ist auch eine Vorsorge für die Zukunft und die Zeit nach der Arbeit.

Dann kamen ein Wasserrohrbruch und eine Vollsanierung im Bad im Januar 2011 hinzu. Vermietungsausfall, zusätzliche nicht eingeplante Renovierungskosten. Die Versicherungen zahlten nur die Hälfte. Plötzlich mussten wir an unsere Reserve gehen, was nicht eingeplant war. Dann durfte auch nichts mehr schief gehen.

Diese ganzen „Baustellen" waren damals machbar, solange nicht alles gleichzeitig aus dem Ruder lief. Es hat über mehr als 5 Jahre geklappt, auch die andern 10 Jahre davor im Geschäft seit 1997 und als wir unser Haus gebaut haben. Wir hatten auch sehr viel Spaß in dieser Zeit (sonst hätte man das ja auch nicht alles gemacht) und wir haben viele Urlaube, vor allem beim Schifahren auch richtig genießen können.

Schließlich war das alles auch Teil eines Planes für später, für die Kinder und unseren Lebensabend.

Aber dann hatte ich 2011 im Geschäft kein gutes Jahr und zusammen mit den anderen parallelen Baustellen in der Gemeinde etc. hat die Belastbarkeit immer mehr nachgelassen und ich entwickelte eine gewisse Angst davor, dass im Geschäft wegen der hohen allgemeinen parallelen Belastung privat und im Job mal etwas so richtig gegen die Wand fährt. Nicht nur so 10 oder 50 TEURO, nein, so ein richtig großes Ding. Ich versuche meine Arbeit immer gut zu machen, logisch, wie jeder von euch auch. Dabei kommt man dann immer tiefer in eine Materie und das kostet Zeit. Wenn man aber viele Projekte gleichzeitig hat, beginnt es plötzlich an mehreren Stellen zu brennen. Man rennt nur noch den Bränden hinterher, versucht zu flicken und zu retten und dem Termindruck Stand zu halten und irgendwann klappt das nicht mehr, die Welle schwappt über dir zusammen. Das kennt ihr vielleicht auch. Wie bereits gesagt, die Situation war bekannt und unser Chef versuchte sie zu ändern. Zum damaligen Zeitpunkt leider ohne Erfolg.

Einen wichtigen Faktor darf man in der Entwicklung nicht außer Acht lassen. Es hört sich zwar blöd an, aber wir werden halt doch Älter. Ich merke zwar immer noch, dass man mit seiner jahrelangen Berufserfahrung sehr viel wettmachen kann und vor allem auch Fehler von Neuanfängern vermeiden kann, die viel Geld kosten können. Oft die gleichen, die man früher selbst gemacht hätte, daher ja die Erfahrung. Aber es ist auch so, dass man bis zu einem gewissen Alter, das unterschiedlich sein kann, eine Mehrfachbelastung einfach besser verkraftet. Man hat auch seine Arbeit, seine Familie und soziales Umfeld und Engagement so eingerichtet und aufgebaut, dass es machbar ist. Wenn dann Jahre vergehen wird es immer anstrengender das alles parallel aufrecht zu erhalten. Man will auch erst mal auf nichts verzichten, es macht ja auch noch Spaß, aber es kostet immer mehr Energie. Ich habe den Zeitpunkt verpasst manches Engagement rechtzeitig zu beenden, weil es zu viel wurde. Ich habe gedacht: Ja, jetzt noch die 3 Jahre, du hast es ja schon 14 Jahre lang gemacht, z.B. das Ältestenamt, jetzt lässt du die anderen nicht hängen, gerade jetzt wo es um den Kirchenumbau geht.

Problematisch wird es dann wenn du in deinen Gedanken nicht mehr von den Problemen los kommst. Wenn du das Gefühl hast, dass du immer mehr Druck verspürst und keine Lösung mehr siehst, wenn du nachts nicht mehr schlafen kannst, dir Notizen machst oder E-Mails schreibst und schweißgebadet aufwachst, wenn du mehr Cola oder Kaffee trinkst um dich wach zu halten. Das sind Alarmzeichen. Die Menge der Belastungen die jeder verkraftet ist dabei unterschiedlich. Wo der eine schon seine Grenzen sieht kann ein anderer vielleicht noch drüber schmunzeln. Aber Vorsicht, ein „Burnout" kann jeden treffen. Ich hatte bei meinen Arbeitgebern schon 8 Vorgesetzte, ich habe schon stahlharte Typen umkippen sehen. Noch was vorab: Eine der häufigsten Todesursachen in Deutschland ist der Suizid, also Selbstmord (Wikipedia), na, auch so überrascht wie ich? Und in Berichten der Tageszeitungen und Magazine liest man, dass bis zu 30% der Arbeitnehmer mit Überlastungsproblemen und / oder Burnout Symptomen kämpfen. Das kommt nicht von ungefähr. Das ist keine Panikmache. Ich sage nur aus eigener Erfahrung: Aufpassen und hinschauen wann es anfängt und dann nicht einfach blind weitermachen, weil man selbst ja der Stärkste ist, sondern überlegen wie man zurückfahren kann. Man will ja deswegen nicht gleich alles hinschmeißen (ist auch eine Lösung), aber was zu viel ist, ist zu viel, und ein gutes und verantwortungsvolles Umfeld versteht das auch. Dabei reagiert jeder anders und die individuellen Belastungsgrenzen sind sehr unterschiedlich.

Letztendlich lag es nicht an einer der Baustellen allein, aber an der Summe der Belastungen. Schuld haben am Ende auch nicht die anderen, sondern man selbst. Natürlich gibt es individuelle Rahmenbedingungen und ich weiß von meiner Kindheit, wie es ist, wenn die Eltern jeden Cent (damals Pfennig) umdrehen müssen, weil am Ende vom Geld immer noch so viel Monat übrig ist. Aber nichts ist so wichtig wie die eigene Gesundheit. Bei manchen Dingen, die du als selbstverständlich voraussetzt oder annimmst merkst du erst wie wichtig und wertvoll sie sind, wenn du sie nicht mehr hast. Das kann von heute auf morgen passieren.

Mein damaliger Laufpartner hatte mir auch von einer Situation in einer Nachbarabteilung in seiner Firma erzählt. Einer der Kollegen dort hatte einen Herzinfarkt. Tot. Einfach so. Keine zweite Chance. Einfach nicht mehr da. Frau und 2 Kinder bleiben alleine zurück. Er war auch immer locker drauf und immer mit der Ruhe. Alle waren wie erstarrt. Große Trauerfeier mit Ehrung und allem Drum und Dran. Nur hat er eben nichts mehr davon und seine Familie auch nicht. Ich weiß genau wie gut es mir geht, ich darf noch hier sein und diese Buch schreiben. Und ich hoffe ihr macht was für euch draus.

Ja, ich bin etwas vom Thema mit den vielen Baustellen abgekommen. Dann fehlte nur ein für mich schwerwiegender Auslöser und die Talfahrt konnte beginnen.

Meine damalige Situation kann man schematisch wie im Bild auf der nächsten Seite darstellen. Alles zieht gleichzeitig an dir und du denkst du kommst da nicht raus aus deiner Verantwortung. Das mit dem „NEIN" sagen hat damals noch nicht geklappt.

Vielleicht findet ihr euch zumindest in manchen Teilen wieder.

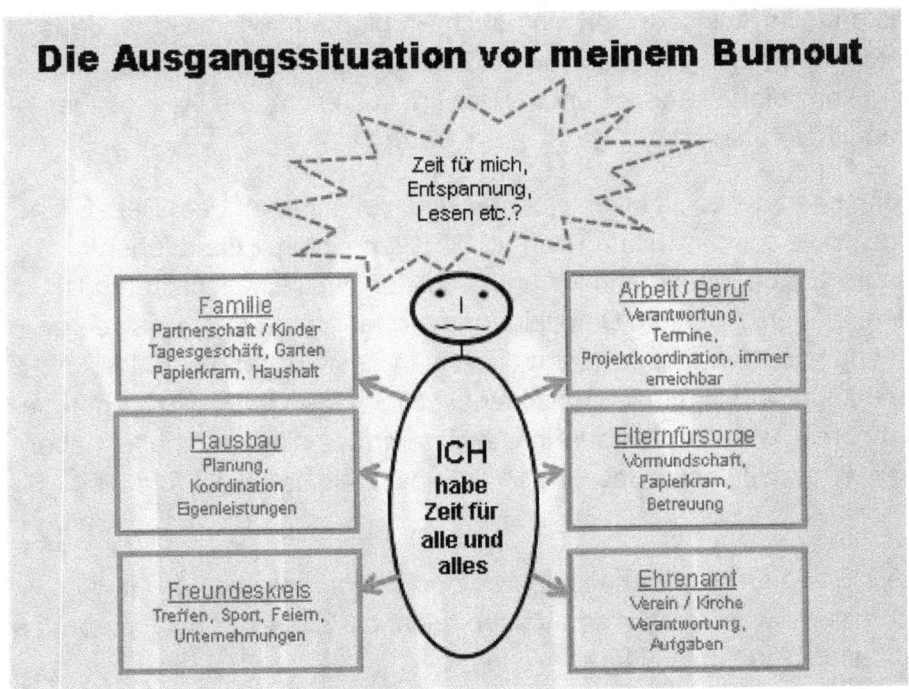

Bitte einsteigen. Türen schließen und anschnallen, die Talfahrt beginnt jetzt:

Ende 2010, wie gegen Ende jeden Jahres machen wir die Budgetplanung für das Folgejahr. In diesem Jahr habe ich noch verschiedene Restprojekte, die sich teilweise verzögert haben oder noch laufen. Ich kann mich gar nicht so richtig intensiv um die Detailplanung für die kommenden Projekte kümmern, das läuft alles so nebenbei, weil die aktuellen Baustellen bei den laufenden Projekten eben wichtiger sind. Für das nächste Jahr habe ich ein wirklich großes und komplexes Umbauprojekt mit einem Budget über knapp 5 Mio., in mehrere Stufen, das insgesamt fast zwei Jahre laufen wird und immer im laufenden Betrieb umzubauen ist. Mit Testphasen an Wochenenden und montags geht der Betrieb weiter. Dazu zwei mittlere über ca. drei und eine Mio. eines davon im Ausland, den üblichen Kleinkram und die laufenden Projekte eben.

Alle diese Projekte werden vom Vorstand genehmigt und ich darf ab Februar 2011 dann loslegen. Im Frühjahr merke ich, dass sich bei der Planung eines Projektes ein Maßfehler eingeschlichen hat, das ganze Konzept und die Planung stehen in Frage. Ich fahre vor Ort, messe alles nach und entwickle eine Lösung die der ursprünglichen ähnelt. Das ganze zieht sich bis Mai hin. Parallel läuft die Detailplanung zu dem 2 Jahresprojekt. Dort gibt es längere Probleme mit einer Bühnenstatik, die geprüft werden muss. Dann noch das dritte im Ausland. Dort sind auch Probleme mit dem Gebäudedach aufgetreten, ggf. muss der gesamte Niederlassungsstandort an anderer Stelle neu konzipiert werden. Für die Projekte in diesem Land war seither immer nur ich verantwortlich.

Im Mai beginnen die schlaflosen Nächte. Notizzettel neben dem Bett. Meine Frau sagt: „Was soll das, bist du verrückt?" „Wenn ich mir die offenen Punkte aufschreibe, dann kann ich eher schlafen, weil ich nicht laufend daran denke." Juni / Juli- die Detailplanung für das Umbauprojekt sind in vollem Gange, im September gehen die ersten Testwochenenden los, insgesamt zehn Stück mit ab und zu einem Wochenende Pause. (Ich frage mich manchmal, wie die Monteure der Zulieferer das alle durchhalten, aber die haben dann halt immer das eine Projekt am Hals und nicht fünf bis zehn).

Die scheiß Statik für die Bühne ist immer noch nicht fertig, die Zeit läuft davon. Wenn wir was verstärken müssen reicht die Lieferzeit nicht mehr aus und der Gesamtterminplan kippt!

Im Juli kommt dann eine Hiobsbotschaft: Ich habe nochmal ein paar Fotos von dem Standort mit dem Umbauprojekt im Versand angefragt. Verdammter Mist, da sind ja Rauchabzugsöffnungen in der Decke, wo wir den Einbau machen wollen. Verdammt, die hatte ich vor lauter Maßkontrolle und Alternativlösung übersehen. Einfach übersehen. Rauchabzüge 2x6m, nicht beachtet. Ich dachte wir haben noch genug Abstand zur Hallendecke, dass das nicht ins Gewicht fällt. Wäre auch so gewesen, wenn das erste Höhenmaß gestimmt hätte, hat es aber nicht. Und nach der Maßkorrektur habe ich die Rauchöffnungen einfach vergessen. Die Lösung kippt!

9 Monate Planung für die runde Tonne! Ein Teil der Gewerke schon bestellt. Verträge müssen storniert werden. Scheiße! So einen dicken Bock hatte ich noch nie geschossen. Eine knappe Mio. an die Wand gefahren. O.k., die Gelder waren nicht verloren, aber ein ganzes Jahr und die ganze Arbeit und die Zulieferer waren sauer. Die Zeit mit den nächtlichen Schweißattacken beginnt und ich liege morgens manchmal nass geschwitzt im Bett, es war nicht die Sommerhitze. Der Magen meldet sich: Schleimhautentzündung, nervöse Magenbeschwerden. Meine kleinen nervösen Ticks im Gesicht nehmen wieder zu.

Der Chef ist zwar nicht gerade begeistert, logisch, reagiert aber sehr rational und wir suchen zusammen einen gangbaren Weg aus der Lage. Es gab keinen Druck oder irgendwelche Repressalien. Hätte auch nicht zu ihm gepasst. Da geht es in manchen Firmen anders zu.

Sommerurlaub, ich kann nicht abschalten, nach 2 Wochen fahre ich nach Hause (hatte nur kürzer gebucht), die Familie bleibt noch. Die Testwochenenden des Umbaus beim anderen Projekt stehen an, wenn ich zurückkomme. Die Testwochenenden der ersten großen Umbauphase verlaufen durchweg gut, es gibt keine größeren Probleme, die Zusammenarbeit mit den Kollegen vor Ort und den Zulieferern ist optimal. Endlich mal wieder ein Lichtblick. Aber die 9 Wochenenden zehren. Ich habe damals einen Fehler gemacht. Ich wollte die Sonderurlaubstage aufsparen und habe zwischendurch keine Auszeit genommen, ein Fehler mit fatalen Folgen.

Das schlauchte inzwischen. Dieses Wochenende vor dem geplanten Urlaub in St. Peter Ording hatte sich um eine Woche verschoben, d.h. die Testarbeiten. Eigentlich wollte ich schon am Samstag mit der Familie in Herbsturlaub an die Nordsee fahren. Musste ich dann aber auf Montag verschieben und schickte die Familie bereits vor. Nachdem die Anlage am

Montag gut in Betrieb ging bin ich dann selbst direkt nach St. Peter Ording (SPO) nachgefahren. Schlechtes Wetter an diesem Montag. Bin dann nochmal 9h im Auto unterwegs. Als ich ankomme nur noch ins Bett und ausschlafen. Ab dem nächsten Tag geht´s dann wieder ganz gut. Die Strapazen stecken noch etwas in den Knochen. Aber ich kann auch etwas abschalten.

St. Peter Ording (SPO) Urlaub: Der Urlaub ist ganz o.k. Es waren von vorne herein wegen der Inbetriebnahme Phasen im Geschäft nur ein paar kleinere Reparaturarbeiten geplant, dafür aber Strandspaziergänge und etliche Stücke Torten (in SPO gibt es die besten Torten, die ich bisher finden konnte), und steife Brisen, die den Kopf frei blasen. Das tut gut. Dann, nach 5 Tagen Kurzurlaub geht es wieder nach Hause. Der nächste Inbetriebnahme Schritt steht an. Danach ist die erste Baustufe fertig und ich bin erst mal so richtig erleichtert. Uff, geschafft!

Aber der Kopf ist nicht frei. Die Planung für das nächste Jahr ist schon wieder in vollem Gange. Projekte im Ausland, jede Menge. Irgendwie sieht es so aus als wäre es noch mehr als in diesem Jahr. Und da hatte ich es kaum geschafft. Und jetzt war ich ziemlich am Ende, die Nächte unruhig, manchmal diese blöden Schweißausbrüche, beim Aufwachen immer wieder diesen Berg voll Arbeit vor mir. Und ich hatte doch dieses eine Projekt im Juli an die Wand gefahren, wenn das wieder passiert….

Die Angst nimmt zu. Das war anders als die Jahre zuvor. Da hatten wir ja auch immer viel Arbeit, aber irgendwie war es immer zu schaffen. Jetzt hatte ich das erste Mal …..Angst! Egal was ich versuchte, ich wurde sie nicht wirklich los. Ablenkungsmanöver halfen nichts. Und durch die schlaflosen Nächte rutschte ich immer tiefer in ein Loch. Die Konzentration ließ nach und ich brauchte für manche Arbeiten doppelt so lange. Die Anzahl an Notizzetteln wuchs exorbitant. Manchmal hatte ich an 3 Stellen das gleiche notiert. Ich blickte nicht mehr durch. Ich wusste nicht mehr wie ich da alleine rauskommen sollte. Allen anderen Kollegen ging es ja ähnlich. Also kann ich nichts abgeben. Allerdings war der Zustand bei den anderen nicht so chaotisch, wie inzwischen bei mir.

Anfang November hatte der Chef dann Geburtstag und wie üblich in der Abteilung gab es einen Umtrunk. Er teilte uns dabei mit, dass er vor 2 Jahren geplant hat im nächsten Jahr in den Vorruhestand zu gehen. Damit hatten wir bis dahin nicht gerechnet. Wir fanden das zwar alle schade und am Anfang machte sich keiner von uns darüber weitere Gedanken. Je näher der Zeitpunkt aber kam, desto mehr wuchs auch die Ungewissheit über das was danach kommen könnte. Aber wir waren ja auf der anderen Seite auch ein Spitzenteam. Das würden wir schon schaffen.

Dann am 19. November 2011 findet unsere 100 Jahre Geburtstagsfeier statt. Meine Frau und ich feiern gemeinsam mit unseren Freunden, der Familie und Kollegen, ca. 80 Personen, unseren doppelten fünfzigsten Geburtstag.

Festorganisation, Raum, Catering, Bestuhlung, Salate, Getränke, Programm, ich merke wie ich langsam richtig nachlasse. Freitagabend richte ich mit einem Freund die Tische und Stühle im gemieteten Gemeindesaal. Ich bin nicht klar im Kopf, ich habe keinen Plan. Er sagt: „Was ist denn mit dir los?" „Mir ist schlecht, ich habe die letzte Nacht nur 4h geschlafen, hoffentlich klappt morgen alles." Eigentlich meinte ich damit hoffentlich halte ich durch. In der Nacht vor der Feier schlafe ich ziemlich genau 3h. Ich hoffe nur, dass ich nicht schlapp mache, ausgerechnet an unserem 100 jährigen Fest. Ich fühle mich schon jetzt so alt. Die Anspannung ist nochmal sehr hoch am Nachmittag, bis der Caterer alles da hat, die Tischdekoration, Getränke usw. Aber alles klappt.

In der darauffolgenden Nacht konnte ich wieder nur 3h schlafen und am Morgen der Feier hoffte ich, dass bloß alles gut geht. Ich war total am Ende.

Direkt bevor die Gäste um 19.00 Uhr kamen konnte ich mich noch eine Stunde hinlegen. Das half ein wenig.

Die Feier verläuft sehr schön, gute Stimmung, schönes Überraschungsgeschenk der Kollegen, das voll zu mir passt: Ytongsteine, in die Fünfeuroscheine in die Schlitze eingeschoben und mit Mörtel verspeist sind. Ich darf also alles klitzeklein hauen, das wird ein Spaß....

Ein sehr schönes Geschenk, das mit später auch noch viel weiterhilft ist ein Bild mit Donald und Daisy. Die Fröhlichkeit des Bildes wird mich später noch oft über den Berg bringen.

Die Feier mit meiner Frau, den Kindern und mit dem „harten Kern" geht bis 2:30Uhr, ich fühle mich eigentlich noch ganz gut. Allerdings merke ich erst am Sonntag, dass ich die ganze Zeit und nicht nur erst beim Fest nur im roten Bereich gefahren bin.

Aufräumen sonntags nach dem Fest, ich bin fix und alle.

Ich bin selig, „hey sage ich zu meiner Frau, wir haben es geschafft und das Fest war schön, und den Gästen hat es auch gut gefallen, denke ich."

Die beiden nächsten Tage waren zu viel.

Ich will am Montag im Geschäft Mails abspeichern. Ich finde das Zielverzeichnis nicht mehr, ich muss ewig überlegen zu welchen Projekten denn diese jeweiligen Mails gehören. Ich kann mich nicht mehr konzentrieren. Mir wird übel, ich mach eine Pause, aber es wird nicht besser. Nachmittags am Montag erkläre ich noch einem neuen Mitarbeiter ein paar Punkte für sein Projekt, dann fahre ich nach Hause, fertig, erschöpft. Nicht müde, wie sonst, sondern richtig erschöpft.

Der nächste Tag verläuft genauso. Ich bringe nichts mehr auf die Reihe. Wieder ein paar Rückfragen. Um 16.00 Uhr merke ich wie ich im Kopf regelrecht zusammenbreche. Es geht nichts mehr, ich verabschiede mich früher und gehe nach Hause, sofort ins Bett. "Marliese ich bin müde, mir geht es nicht gut ich muss mich sofort hinlegen." Weg bin ich, es ist der 22.11.2011. Ich schlafe kaum, schwitze nachts, wache mehrmals auf.

Der Kopf rast.

Heute, mehr als 2 Jahre nach meinem Zusammenbruch muss ich sagen, ich habe die Situation damals unterschätzt. Ich konnte mir nicht vorstellen, dass der letzte Schritt, der letzte Tropfen, der das Fass zum Überlaufen bringen würde, gerade dabei war aus dem Wasserhahn zu fallen. Du weißt den Zeitpunkt vorher natürlich nicht und du kannst es dir auch nicht vorstellen, wie es passiert und welche Auswirkungen es haben wird. Daher habe ich auch nicht damit gerechnet, dass ich schon so nahe am Abgrund stand. Und weil ich mir nicht bewusst war, was die Folgen sein werden (ging ja bis jetzt auch immer weiter), habe ich auch immer weiter versucht alles aufrecht zu erhalten. Das haben mir übrigens andere Betroffene später auch berichtet.

Auch wenn es mir heute wieder besser geht, habe ich immer noch Einschränkungen gegenüber früher. Ich kann mit ihnen zwar gut umgehen und habe soweit alles im Griff, dass ich meinen Beruf wieder ausüben kann usw., aber die hätte ich nicht, wenn ich rechtzeitig die Bremse gezogen und runtergefahren hätte. Selbst wenn es irgendwelche Konsequenzen gehabt hätte (was es in meinem Fall Gott sei Dank nicht hatte), nichts ist so wichtig, wie die Gesundheit.

3.) Mittwoch der 23.11.2011 mein persönlicher 09/11:

Marliese hat starkes Kopfweh, sie bittet mich am Morgen: „Machst du heute Morgen Sara, mir platzt beinahe der Kopf." O.K., ich schaff das schon irgendwie. Ich habe kaum geschlafen, mir ist übel und schwindlig.

„Sara, kannst du dich fertig machen und frühstücken, ich bringe dich heute zum Bus." „Ja, o.k." Ich döse noch so lange und atme tief ein um mich zu entspannen. Dann gehen wir zur Haltestelle. Die frische Luft tut etwas gut. „Ich gehe nicht bis ganz hin mit, mir ist heute nicht gut." „O.k., tschüss Paps, gute Besserung." Ich drehe rum und wanke nach Hause ca. fünfhundert Meter. Ich lege mich sofort wieder hin. Ich bin total erschöpft und fertig aber ich mache kein Auge zu. Mein Kopf rast. Ich denke immer an irgendwas. Ich komme nicht zur Ruhe, ich drehe mich hin und her. Ich schwitze und bin schweißgebadet. Mir wird übel. Mein Herz schlägt schneller, ich bin aufgeregt. Irgendetwas stimmt nicht, ich habe.... Angst! Wieso habe ich Angst, vor was? Weil ich mich nicht mehr kontrollieren kann? Das Herz wird schneller und pocht bis zum Hals. Irgendwas geht da vor! Das war noch nie so, wo kommt das her? Ich hab´s nicht mehr im Griff! Ich muss zum Arzt! Ich stehe auf und wanke zum Telefon! Hausarztnummer. Sprechstundenhilfe: „Was kann ich für Sie tun?" „Dietrich, mir geht es überhaupt nicht gut, wann kann ich kommen?" Gleich sobald der Arzt da ist, um 8.00 Uhr." „Ja, ich bin da."

Ich lege mich nochmal 45 Minuten. Es wird nicht besser, trotz der Gewissheit des Arzttermins. Die innere Unruhe hört nicht auf, ich komme nicht zur Ruhe. Panik beginnt! Weil ich nicht verstehe was da gerade mit mir los ist. Ich kann nicht mehr liegen. Ich habe Angst dass es eskaliert. Ich muss zum Arzt! Jetzt!!. Jetzt sofort!!!. Ich stehe auf ziehe mich an, 30 Minuten früher als vorgesehen. Ich sage Marliese Bescheid. Ich gehe langsam. Mir ist schwindelig. Der Magen dreht sich um. Die Magensäure spielt verrückt. Ich konzentriere mich auf die Atmung. Langsam ein und aus. Konzentriere dich! Hörst du, konzentriere dich! Langsam ein und aus. Ich bleibe stehen, halbe Strecke. Ein und aus. Mir ist schwindelig. Weiter, los geh weiter! Es ist niemand auf der Straße, ich bin noch allein. Wenn ich hier umfalle findet mich erst mal keiner. Weiter! Los, mach schon!! Ich gehe, langsam, Atmung langsam ein und aus. Ich beginne zu zittern. Ich bin an der Ecke, von da sind es noch 100m bis zur Praxis, Treppe rauf und fertig. Ich gehe schneller. Kontrollier dich atme ruhig du Idiot. Los, was soll das? du bist schon 2-mal Marathon gelaufen, du weißt wie das geht wenn du am Arsch bist und weiter musst, reiß dich zusammen! 50 Meter, das Zittern nimmt zu, die Arme, die Atmung wird unruhig, ich bin gleich da, die Tür unten ist auf, ja, Gott sei Dank! Hoch, los die Treppe hoch. Ich klingle, Ich zittere am ganzen Körper alles ist durcheinander, die Atmung, der Herzschlag, er rast, das Herz holpert, ich spreche abgehackt: „Ich, ich, kann nicht nicht mehr, ich weiß weiß nicht was los los ist. Hilfe!" Ich falle der Helferin in den Arm, sie stützt mich. Gleichzeitig ruft sie sofort nach dem Arzt.

„Herr Dietrich, kommen Sie auf die Liege im EKG Zimmer! Hören Sie mich, können Sie mich verstehen?" „Was? Ja, EKG Zimmimmer", stottere ich und ich stolpere rein und falle auf die Liege. Ich bin auf der Liege, aber ich liege nicht! Ich zittere am ganzen Körper, die Arme, die Beine, ich kann nichts mehr kontrollieren. „Was ist das, was ist los?" Der Arzt sprintet in den Raum: „Herr Dietrich, Herr Dietrich, hören Sie mich?" Er schreit mich an: „Hören Sie mich?" Währenddessen misst die Helferin den Blutdruck, den Puls und versucht ein EKG anzulegen. „Ja. Ich höhöre Sie, was ist das, was ist los?" Ich zittere immer noch, das hört nicht auf, scheiße, scheiße scheiße!!. „Herr Dietrich es ist kein Herzinfarkt, hören Sie: es ist kein Herzinfarkt hören Sie mich?" „Jja –a kkein Inffarkt." „Ihre Herz-Steuerung spielt verrückt, Sie haben Rhythmusstörungen, Blutdruck und Puls sind durcheinander, aber es ist kein Infarkt o.k.?!" „Jja, o-ok." „Beruhigen sie sich! Beruhigen sie sich!" „Ich pprobbiers jja schoon ddie gganze Zeit." „Wir geben Ihnen was zur Beruhigung das wirkt schnell!" „Jja." Die Schwester richtet Tropfen. Bei dem Gezittere kann sie nicht stechen. Ich schlucke die Tropfen. Sie kippt mir alles in den Mund. „Wir haben den Krankenwagen gerufen. Die sind in 15 Minuten hier. Sie kommen sofort ins Krankenhaus in die Kardiologie." Das Mittel wirkt schnell. Bevor die Sanitäter da sind ist noch Zeit für ein kurzes EKG. „Sie haben Herzrhythmusstörungen und Vorkammerflimmern, laut EKG. Haben sie mich verstanden?" „Jja aaber wiesso ddenn?" „Die Steuerung spielt verrückt, die Nerven, der Sinusknoten ist durcheinander aber es ist kein Infarkt! Hören Sie es ist kein Infarkt, das wird wieder, das wird alles wieder o.k., hören Sie?" Das Mittel wirkt, ich werde ruhiger, das Zittern nimmt ab. Ich kann langsam wieder reden ohne zu stottern. Das Herz schlägt immer noch unruhig, ich sehe den Monitor, dazu irgendein komisches Kribbeln, irgendwas was ich nicht definieren kann und noch nie hatte, linke Seite, unheimliche innere Nervosität, wie ein Ameisenhaufen. Vielleicht ist das das Flimmern, ich weiß es nicht. Ich weiß es nicht Scheiße, Scheiße, Scheiße! Was ist bloß los, was zum Teufel ist da los?

Das Sedativum entspannt mich etwas.

Die Sanis sind da, kurze Übergabe des Patienten, der Hausarzt erklärt alles, gibt das EKG mit und meine Akte. „Alles ist gut", meint der Sani. Du hast ja keine Ahnung, denke ich.

„Wir rufen Ihre Frau an Herr Dietrich", sagt die Schwester noch. „Ist das o.k.?" „Ja auf jeden Fall, bitte", rufe ich durch den Gang aus dem EG nach oben zurück.

Die 15 Minuten bis ins Krankenhaus sind wie eine Ewigkeit. Das erste Mal in meinem Leben mit Blaulicht, aber immerhin noch ohne Horn. Sonst hatte ich mit Mutter bei solchen Fahrten immer gesessen. Heute „durfte" ich auch mal liegen, klasse.

Ich bin körperlich etwas ruhiger. Die Innereien in der oberen Brust sind immer noch durcheinander, nach dem was ich merke. Die Gedanken schießen wild durcheinander. Was ist nur los? Woher kommt das? Das hatte ich doch noch nie! Gott sei Dank bin ich noch bis zum Arzt gekommen, jetzt bin ich wenigstens unter Beobachtung.

Der Sani wieder: „Alles wird o.k. nur die Ruhe." Halt die Klappe, denke ich, er meint´s ja gut, aber ich habe einfach nur…. Angst!!

Die Ewigkeit ist vorbei, wir sind an der Notaufnahme angekommen. Gleich rein, Kanüle gelegt, Blutverdünner gespritzt und an den Monitor für die Herzüberwachung angeschlossen.

Die Unregelmäßigkeit und Unterschiede in den Abständen der Vor- und Hauptkammer kann ich auch sehen. Beruhigt nicht gerade. Scheißgefühl, wenn man sieht, dass was nicht in Ordnung ist. Sonst war das immer alles bestens. Ich beruhige mich langsam, weil ja jetzt nichts mehr schief gehen kann, denke ich. Der Kardiologe wird gerufen und ist kurz darauf da.

Er schaut sich die Unterlagen, das EKG vom Hausarzt und seine Mitteilung an. Ich erzähle ihm, noch mal kurz, wie das alles so vor sich ging heute Morgen. „Ja und jetzt bin ich hier."

„Also Herr Dietrich, die Herzrhythmusstörungen sehen wir ja hier auch auf dem Monitor, das Vorkammerflimmern diagnostizieren wir anhand des Pulses und des niedrigeren Blutdrucks. Wenn die Vorkammer flimmert, dann arbeitet sie nicht synchron im Rhythmus des Herzens, sondern dagegen und dadurch verringert sie die Herzleistung um ca. 20-30%. Das ist bei einem sonst gesunden Menschen nicht direkt lebensbedrohlich, weil diese

Restleistung bis zur Genesung durchaus ausreicht. Es ist aber kritisch, weil sich als Folgeerscheinung durch die Blutverwirbelung an den flimmernden Klappen Blutgerinnsel bilden können. Wenn diese dann ins Gehirn transportiert werden kann dies zu einem Schlaganfall führen. Daher haben wir Ihnen den Blutverdünner gegeben und Tropfen für den Blutdruck. Normalerweise ergibt sich in den meisten Fällen innerhalb von 1-2 Tagen eine Spontankonversion, d.h. das Herz findet zu seinem normalen Rhythmus zurück und auch das Flimmern verschwindet. Wenn dies nicht der Fall ist, kann man diesen Vorgang medikamentös unterstützen. Es gibt auch noch die Möglichkeit das Herz unter Narkose anzuhalten und dann mit einem Defibrillator wieder neu zu starten, sozusagen. Dann ist auch wieder alles im Takt. Sie sehen also, wir haben verschiedene Optionen das wieder in Ordnung zu bringen. Manche Menschen merken nicht mal, ob sie Vorkammerflimmern haben oder nicht, sondern nur unter Belastung."

Soweit die Kurzinformation des Oberarztes der Kardiologie. Super, denke ich, mal kurz das Herz anhalten, alles halb so schlimm, bleib einfach ruhig, und denke dabei unwillkürlich an den Film „Flatliners." „Kann das denn wieder passieren?" „Ja." Ja super, der volle Jackpot, denke ich. Also vielleicht merke ich gar nicht ob ich mal wieder Vorkammerflimmern habe, kann aber, wenn´s dumm läuft, einen Schlaganfall davon bekommen. Ist ja aber nicht so schlimm, weil ich ja immer Blutverdünner nehmen kann und im Notfall mal kurz ein Boxenstopp eingelegt wird und mit einer Frontalbeschleunigung elektrisch alles wieder in den richtigen Rhythmus versetzt werden kann. Wie gut dass es die moderne Medizin gibt. Ich weiß nicht ob der Oberarzt, der mich sicherlich beruhigen wollte, mir in diesem Moment mit der ausführlichen Info gerade den Gefallen meines Lebens getan hat, was er ja nicht wissen kann. Jedenfalls ist meine kurze Beruhigung irgendwie erst mal wieder weg.

Wisst Ihr was absolut toll ist? Ich habe diesen Tag, der einer der schlimmsten in meinem Leben war, eben runtergeschrieben ohne Symptome, es war spannend, ich hab´s nochmal nacherlebt, aber ich habe mich nicht dabei aufgeregt. Das ist ein wahnsinnig tolles Gefühl!

Ich mache jetzt nur mit den „Highlights" aus dem Krankenhaus weiter, um nicht unnötig zu langweilen.

Was war da eigentlich mit mir passiert?

Ganz klar, ich hatte über eine zu lange Zeit meinen Betriebszustand im roten Bereich. Alle Belastungen zusammen hatten mich überfordert. Dadurch fiel auch dann zusätzlich die Belastbarkeit ab und verschlimmerte die Situation noch mehr. Wie ich später in der Reha erfahren werde kann man diesen Zusammenhang auch qualitativ z.B. in dem folgenden Diagramm darstellen.

Während du älter wirst trainierst du auch deine Belastbarkeit und die Belastungsgrenze steigt zuerst mal an. Ab einem individuellen Alter nimmt diese aber wieder ab, während die tatsächlichen äußeren Anforderungen und Belastungen, die man sich über die Jahre aufgebaut hat, bleiben. Wenn man viele Baustellen hat wird die Situation dann noch sensibler, weil man auch nicht alles langfristig vorplanen kann. Irgendwann droht dann der „rote Bereich."

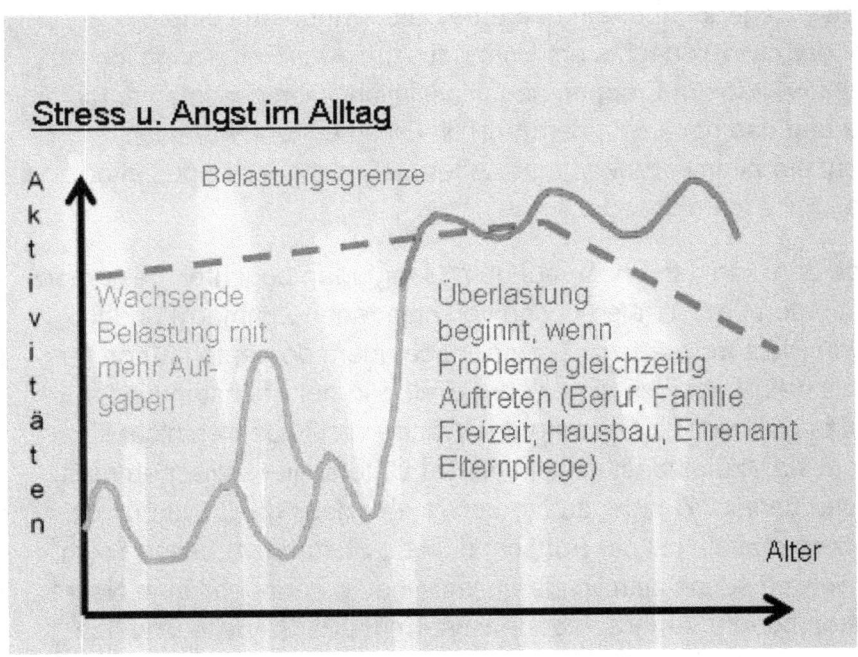

So! jetzt geht´s wieder weiter mit der eigentlichen „Handlung."

Ich verbringe noch 3h in der Aufnahme, bis auf der Kardiologie was frei ist und bleibe am Monitor angeschlossen. Gegen Mittag komme ich dann auf die Station. Der freie Platz entpuppt sich als Stellplatz auf dem Gang, weil alles hoffnungslos überbelegt ist. Wunderbar! Aber was soll´s. Es ist am Gangende, da hat man noch etwas seine Ruhe. Ach ja Ruhe, das ist ja das was ich jetzt am meisten brauche. Ich versuche zu schlafen, geht natürlich nicht auf dem Gang. Ständig ist irgendjemand unterwegs oder ein Bett wird rein und raus geschoben. Die Zeit schleicht vor sich hin, es wird Abend, Blutentnahme, übliche Aufnahmeprozedur. Ich muss nachts auf dem Gang bleiben. Ich frage ob man nicht die Deckenbeleuchtung in dem Gang wenigstens ausschalten kann. Geht nicht, mindestens die Notbeleuchtung muss an bleiben. Gott sei Dank ist bei der Notbeleuchtung jede zweite Lampe aus, aber ausgerechnet die schräg über meinem Bett ist natürlich an. Die Nachtschwester treibt noch irgendwo einen Paravent auf und stellt ihn vor mein Bett, so, dass mir die Lampe nicht direkt ins Gesicht scheint. Ich dachte ich würde die Nacht einigermaßen in Ruhe rumkriegen. Wird aber nichts draus.

Erstens kommt alle halbe Stunde die Nachtschwester wegen irgendeinem Patienten über den Gang, dann stört die Beleuchtung doch. Und zufälligerweise ist gegenüber ein dementer, alter Mann aus einem Pflegeheim, der ca. 10x nachts um Hilfe ruft. Auf jeden Fall wache ich morgens auf und habe in Etappen nachts vielleicht 4-5h geschlafen. Ich bin hundemüde und das nach so einem Vorfall. Entsprechend habe ich reklamiert auf ein Zimmer zu kommen. Aber bloß nicht in das des alten Mannes, das halte ich nicht aus.

Ich verbringe den Tag dann noch auf dem Gang. Man berichtet, dass man mehrere Patienten umlegt (also in den verschiedenen Zimmern) und für mich dann ein Platz frei wird. Im Zimmer neben dem dementen Mann (er kann ja nichts dafür, aber ich bin halt am Ende). In der nächsten Nacht merke ich, dass die Schalldämmung der Wände vor 30 Jahren nicht sonderlich gut war, zumindest ist kein großer Unterschied zwischen dem Gangplatz und dem im Zimmer zu merken, außer dass das Licht aus ist, immerhin schon mal ein kleiner Fortschritt. Mein Zustand verbessert sich aber nicht, weil ich schon ziemlich fertig war und immer noch keine Nacht richtig schlafen konnte. Am Tage dann Herz Echo, EKG, Visite usw. Ich liege fast nur im Bett, bin müde, habe zwischendurch auch wieder diese Schweißausbrüche und fühle Herzrasen, kann aber nicht schlafen. Werde langsam aggressiv deshalb. Ruf nach der Schwester, EKG am Bett, keine Änderung. Marliese und die Kinder kommen mich immer besuchen, das bringt Abwechslung. Auch die Kollegen, der Nachbar und unser Pfarrer (als Freund, zum Sterben bin ich ja schließlich nicht gekommen) schauen in den nächsten Tagen vorbei, an Unterstützung mangelt es nicht. Vielen Dank an dieser Stelle. Ich bleibe in dem Zimmer und der alte Mann nebenan darf wieder in sein Heim zurück, gut, sehr gut, denke ich. Auch bei mir im Zimmer wechselt mein Kollege gegen einen sehr sympathischen Mann, der bei Aldi Schicht im Zentrallager arbeitet, einen riesen Stress hat und mit einem Blutdruck von 250!!! eingeliefert wurde. Alle normalen Therapien und Medikamentendosen helfen nicht, erst nach der dreifachen Menge geht der Blutdruck auf 160 zurück. Er erzählt nichts Gutes in der Zeit in der ich wach und aufnahmefähig bin. Ich denke: Oh die nächste Nacht wird wunderbar.

Ich lege mich zuerst schlafen. Ich wache abrupt nach ca. 30 Minuten wieder auf. Neben mir holzt jemand den Ketscher Wald mit einer Kettensäge ab, die auf Vollgas läuft. Mit seinen 1,98m Länge und 140kg hat der sympathische Kollege einen solchen Resonanzkörper beim Schnarchen, dass ich mich nach dem Hilfe rufenden Mann sehne. Zwischenrufe, Kopfkissen über den Ohren, hilft alles nichts. Letzte Hoffnung: Nachtschwester. „Hallo Schwester, ich brauch Ohrenstöpsel und ein Schlafmittel sonst drehe ich durch, wenn ich auch die dritte Nacht in Folge kein Auge zumache, Sie kennen ja meine Diagnose. So richtig heilungsprozessfördernd ist das Ganze hier nicht." „Ja, sehe ich ja ein, aber wir haben keinen anderen Platz, wir sind überbelegt."

Schlafmittel wirkt 5h, Ohrenstöpsel reichen nicht aus. Ich bin morgens kurz vorm Durchdrehen. Vor allen Dingen werde ich immer erschöpfter. Das ist keine normale Müdigkeit mehr, wo du schläfst und nach 10h dann wieder fit bist. Das ist irgendwie tiefer, trotz Erschöpfung kannst du nicht schlafen, der Körper ist hundemüde, aber der Kopf rast, du findest keine erholsame Ruhe. Ich drehe noch durch. Eine gute Nachricht hat der Tag. Beim EKG morgens wird eine Spontankonversion festgestellt, d.h. alles scheint wieder im Takt zu schlagen, juhu! Ich kann mich aber vor lauter Erschöpfung nicht wirklich drüber freuen. Den Tag über wälze ich mich im Bett herum, der Besuch des Zimmerkollegen nervt mich. Ich habe keinen Hunger. Ich frage die Schwester ob sie nicht noch ein paar Schlaftropfen hat. „Ja, kein Problem", 20 Tropfen. „Die hauen auch einen Elefanten um", sagt mir dann die Abendschwester. Vor dem Abendessen habe ich nochmal so ein Gefühl des Herzrasens und einen Schweißausbruch, ich schreie nach der Schwester, die Ärzte kommen. Ich zittere, EKG. Diagnose negativ, alles rhythmisch. Verstehe ich nicht, das war so ein Gefühl wie am Morgen im Bett bevor ich zum Hausarzt ging. Trotzdem Entwarnung. Na ja, wenn die meinen, aber ich bin ja nicht verrückt.

Am Abend rede ich dann mit der Schwester, ich kann nicht mehr, ich habe Panik vor der nächsten Nacht im Sägewerk. Es wird ein ziemlich einseitiges Gespräch:

„Schwester, ich kann nicht mehr, ich bin körperlich und psychisch am Ende, ich habe eine massive Stressbelastung, bin wegen Herzrhythmusstörungen hier und habe seit 3 Nächten nicht geschlafen, da kann ich auch unter einer Bahnhofsbrücke pennen. Ich weiß, dass die Station überbelegt ist, aber das ist mir schnurz. Ich brauche heute Nacht ein Zimmer für mich alleine egal wo, egal wie groß. Sie haben bestimmt einen Baderaum, eine Putzkammer, einen Patientenraum oder sonst was. Einen Raum, der nachts leer ist und in den ein einziges Bett reinpasst." „Nein, das kann ich nicht machen, Sie müssen auf einem Zimmer bleiben." „Doch, das können Sie und wenn ich auf eigene Gefahr irgendwo anders schlafe, es ist überall besser als jetzt, ich kann nicht mehr, verstehen Sie? Von mir aus holen wir auch den Chefarzt. Sie haben da vorne doch einen Baderaum für behinderte Pateinten, da habe ich heute Mittag mal reingeschaut." „Ja, da ist aber kein Platz, da stehen die ganzen Rollstühle drin." „Dann kommen die halt zusammengeklappt in eine Ecke. Tagsüber bin ich ja dann wieder im Zimmer." „Wenn Sie meinen, dann können wir ja mal schauen." „Ja, ich bitte Sie darum."

Wir schauen uns den Raum gemeinsam an. Ideal, sogar mit Behindertentoilette, mein eigenes Reich für die Nacht. „Ich muss das aber mit der Nachtschwester abklären. Und wenn in der Nacht ein Zwischenfall ist und wir das Zimmer brauchen, dann müssen Sie raus." „Ja, dann schieben Sie mich einfach auf den Gang und danach wieder rein."

Alles geregelt, volles Risiko. Ich bekomme Ohrenstöpsel und eine Schlaftablette. Ich bin einfach nur am Ende. Der Schlaf bringt keine nennenswerte Erholung.

Die nächsten beiden Nächte schlafe ich wenigstens mit Schlaftabletten etwa 6h jeweils. Das bringt zwar kaum was in meinem erschöpften Zustand aber wenigstens die steigende Aggressivität geht weg und ich überstehe die Tage bei normaler Müdigkeit. Aber Erholen ist nicht.

Ich verstehe das alles nicht. Wieso kann ich nicht mehr schlafen. Und wenn ich schlafe, wieso geht es mir dann hinterher nicht besser?

Die Untersuchungen und weiteren EKG sind alle o.k. auch die Blutwerte, trotzdem habe ich auch nochmal diese Schweißausbrüche und das

Herzrasen, jedes Mal gerate ich in Panik aus Angst es könnte nochmal passieren. Einmal schreie ich auch den Oberarzt an: „Sie sehen doch ich bin fertig, ich weiß nicht was los ist, sehen Sie denn nichts beim EKG, wieso erhole ich mich nicht, wieso kann ich nicht schlafen, wo ich doch hundemüde bin?" aber Fehlalarm, das EKG taktet wieder regelmäßig.

Weil die Folgeuntersuchungen alle o.k. sind ist „mechanisch" am Herzen nichts mehr feststellbar. Ich soll also heute Nachmittag nochmal ein Belastungs-EKG auf dem Fahrrad machen und dann am nächsten Tag entlassen werden.

Ich denke noch innerlich: Ihr seid ja bescheuert (sorry, aber war in der Situation einfach ein spontaner Gedanke), ich mache hier nachts kein Auge zu, bin am Ende, hatte gerade eine schwere Herzattacke, der Kollege wollte mich auch mal notfalls kurz stilllegen, und jetzt soll ich auf dem Drahtesel mal kurz ein Belastungs-EKG machen, ja einfach mal so. Aber na ja, es sind ja genug Ärzte da, wenn was ist dann wird das schon dabei herauskommen.

An diesem Tag spricht der Stationsarzt das erste Mal mit mir über die Möglichkeit einer psychosomatischen Ursache. Das wäre auch möglich. Ich solle in die psychische Betreuung des Krankenhauses gehen. Die wären zwar auf Suchtkrankheiten spezialisiert, hätten aber auch sonst eine breite Erfahrung.

Zum EKG: Also los, vorher noch ein Schluck Wasser, Handtuch, dann rauf auf die Maschine, verkabelt, Füße in die Schlaufen. „Das Gerät schaltet alle 2 Minuten um 50 Watt höher, wenn es nicht mehr geht, melden Sie sich." „Ja, weiß Bescheid, kenne ich", antworte ich etwas genervt. Ich lege los, langsam eintreten. Ich gehe davon aus, dass ich unter Belastung irgendwie wieder Panik und den Zappelphillip kriege, aber wie gesagt, die Helferarmada ist ja near by. Einstieg bei 100 Watt, gemütliches Getrete. 150 Watt, leichter Anstieg der Atmung, alles rhythmisch. 200 Watt, Schweiß, stärkere Atmung, wird anstrengend. Gedanken im Kopf: „So, ab jetzt beginnt der rote Bereich." 250 Watt, ich arbeite, Schweiß tropft, die Lunge pumpt, die Atmung ist tief, ich ziehe den Sauerstoff rein, als ob ich einen Berg rauftreten würde. „1 Minute dieser Leistungsstufe ist um, können Sie noch?" „Ja", ich will's wissen. „Dann halbiere ich jetzt die Stufen." 275 Watt: Schweiß strömt, ich pumpe wie ein Maikäfer, ich merke, wie die Kraft in den Beinen nachlässt, so, wie wenn ich mich früher auch überanstrengt habe und der Muskel sauer wurde. Kein Wunder, habe ja schon lange nichts mehr gemacht und hier die letzte Woche nur gelegen und war psychisch und

schlafmäßig am Limit und darüber. „Gleich passiert's, gleich passiert's, "
denke ich. Der Schlussgong rettet mich über die 2 Minuten, Ich kann nicht
mehr. Ich atme tief ein und aus und erhole mich langsam. „Das war gut für
Ihren Zustand, das EKG ist unter Belastung gut, ich bin fast zufrieden. Es
gibt da nur eine Stelle an der die Kurve etwas stark absinkt, das muss sich
der Chefarzt noch mal anschauen." Wow, toll denke ich, soll ich mich jetzt
darüber freuen? Mir geht's beschissen und keiner kann mir was sagen und
morgen werde ich als „mechanisch gesund" entlassen. Super. Tatsächlich
war das wirklich ein gutes Ergebnis, die Ärzte hatten auch alles aus ihrer
kardiologischen Sicht getan, und das war halt o.k. Daher mache ich auch
niemandem einen Vorwurf. Heute weiß ich welch große Rolle die Psyche
spielen kann, Gedanken, Angstgefühle, Panik. Muss nicht, aber kann. Das
kann man nicht immer, wie in meinem Fall mit einer normalen
Gerätediagnostik nachvollziehen.

Was für mich positiv im Kopf bleibt: Aus dem „mal kurz das Herz anhalten
und einen Restart machen" wird erst mal nichts. Na immerhin.

In der psychischen Beratungsstelle für Suchtkranke unterhalte ich mich dann
intensiv mit der Therapeutin, merke dabei wie ich immer wieder stocke, eine
Pause machen muss und wie mich das anstrengt über die Zeit davor zu
reden, was da alles war, die vielen Baustellen, was im Geschäft alles
schiefgelaufen ist, die früheren Probleme bei der Pflege der Mutter, der
Anbau der nicht fertig war, die ehrenamtliche Arbeit in der Gemeinde, wie
diese ganze Belastung auch in die Familie getragen wurde und und und. Es
schnürt mir dabei die Kehle zu.

Ergebnis: Ich werde also nach der Beratung in der Psychischen Abteilung
mit dem Rat: "Gehen Sie mal nach Mannheim ins ZI und suchen Sie sich
einen Psychotherapeuten", als nicht weiter behandelbar ohne Medikamente
entlassen. Die etwas tiefere Herzkurve ist nicht so schlimm, das kommt als
Nachreaktion vor, „das legt sich wieder in der nächsten Zeit." Mir scheint es
also, ohne dass ich selbst mich so fühle, richtig gut zu gehen.

Am 29.11.11, 6 Tage nach meinem 9/11 holt Marliese mich ab, ich bin
richtig frustriert und fühle mich irgendwie abgeschoben, aber „mechanisch"
kann man wohl nichts mehr für mich tun.

Nächster Tag beim Hausarzt: Der ist wirklich sehr gut, das merke ich jetzt,
wo es drauf ankommt, er will mir wirklich helfen, so weit er kann. „Sie
brauchen eine psychologische Betreuung und unbedingt eine

Rehabilitationsmaßnahme in einer Klinik." „Herr Doktor, ich tue alles, wenn ich da nur wieder herauskomme." „Kann ich mir vorstellen, ich kenne das." „Wir stellen einen Eilantrag bei der Rentenversicherung in den nächsten Tagen. Ich stelle alle Infos zusammen, alle Atteste, den Krankenhausbericht von diesem und letztem Jahr, eine eigene Beschreibung der aktuellen Situation und der Vorgeschichte. Der Arzt macht den Rest und schreibt oben links „EILANTRAG" mit rotem Kuli drauf. „ Das müsste normalerweise klappen."

Die Zeit danach zu Hause:

Die ersten 2 Wochen bis ich einen Termin bei einem Neurologen habe waren für mich eine psychische Katastrophe.
Ich bin zu Hause. Gott sei Dank. Ich freue mich richtig auf´s Ausschlafen endlich, endlich. Ich kann aber nicht! Wieso denn nicht? Wieso wache ich nach 2h Schlaf nass geschwitzt auf und zittere? Ich bin glockenwach! Ich laufe in der Nacht im Speicherzimmer umher. Nach den ersten beiden Nächten bin ich nach „oben ausgezogen", damit meine Frau wenigstens durchschlafen kann. Ich gehe an den Kühlschrank oder trinke was. Ich fühle mich total fertig, kann aber kein Auge zumachen. Ich werde auch aggressiv und raste aus. Verdammt, verdammt nochmal, was ist bloß los, das gab´s doch vorher noch nie! Hier habe ich doch meine Ruhe, wieso klappt das nicht? Im Krankenhaus war das ja noch nachvollziehbar, aber jetzt?
Nach ca. einer Woche lassen die nächtlichen Schlafstörungen etwas nach. Ich komme zu 4-5 Stunden Ruhe und die Schweißausbrüche werden seltener.
In der Situation mache ich einen Deal mit dem CHEF ganz da oben. Ich weiß, man kann mit IHM nicht dealen. Man kann um etwas bitten und hoffen, dass es klappt. Trotzdem habe ich genau das auch gemacht, was andere auch machen, ich habe gebetet. Ich bete selten um etwas für mich, weil ich eigentlich relativ zufrieden bin. Aber da habe ich einfach nur um mein Leben gebetet. Ist nichts Schlimmes, tut nicht weh, auch nicht bei einem Mann. Ich werde seitdem auch später noch für andere Menschen beten. Vielleicht wären die Situationen später auch ohne mein persönliches Gebet gut ausgegangen, man weiß es nicht. Aber geschadet hat es nichts. Bei mir nicht und für die anderen Menschen auch nicht.
Es ist übrigens verblüffend, wie viele Menschen in sehr brenzligen Situationen dann doch beten und bei Gott oder wie er auch immer heißt Hilfe suchen und sei es auch nur für einen kurzen Moment.

Die Suche nach einem Neurologen und Psychotherapeuten war zermürbend. Das Verweisen von Arzt zu Arzt, die Ankündigung von langen Wartezeiten, die eigene Suche eines Neurologen und eines Gesprächstherapeuten war sehr frustrierend und hat ebenfalls noch weiter belastet. Ich fühlte mich hilflos und alleine gelassen, weil ich selbst keine

Verbesserung und Fortschritt sah. Die Zentrale zur Vergabe für Therapieplätze für psychosomatische Störungen hat mich erst mal wegen Aus- und Überlastung bis nach den Weihnachtsferien vertröstet. Wenn ich dann Glück hätte wäre vielleicht wieder ein Platz bei einem Therapeuten frei. 5 Wochen warten, das geht nicht sage ich am Telefon, ich bin fertig, ich bin am Ende, wenn ich den Geschirrspüler ausräumen will (ist kein Scherz, war wirklich so) und ich soll ohne ärztliche Unterstützung erst mal 5 Wochen warten? „Kann ich leider nichts machen, schöne Weihnachtszeit." Ja klasse, mit jedem Kratzer am Finger kann ich zum Hausarzt laufen, mit jedem Nieser bekomme ich einen Termin, bei Zahnschmerzen komme ich sofort dran ohne Wartezeit, noch am selben Tag und bei einem psychischen Problem kann ich mal locker 5 Wochen warten?! Ja dann kann wohl alles nicht so schlimm sein! Wahrscheinlich stelle ich mich bloß an und in Wirklichkeit bin ich gesund! Ja, das wird's wohl sein!
Mit jeder Katze oder Hund hat man schneller eine ärztliche Betreuung als in meinem Fall. Vielleicht löst sich der eine oder andere Fall ja auch auf diese Weise von selbst....
Ich war auf jeden Fall schockiert. Sicherlich liegt es nicht an den Therapeuten. Eine psychische Behandlung braucht eben viel mehr Zeit und es gibt einfach zu wenige Ärzte. Aber an der Situation muss was geändert werden. Wenn man bedenkt, dass eine erhebliche Gefahr besteht, dass Depressionen nach mehr als 6 Monaten teilweise oder dauerhaft chronisch werden können. Daher ist eine Behandlung vor dieser Zeit entscheidend für den Erfolg. Dann braucht man sich über die daraus resultierenden Folgekosten, geschweige denn über die Anzahl Patienten, die nicht mehr aus der Situation heraus kommen, nicht zu wundern. Aber gerade denen will ich trotzdem Mut machen!

Ich suche also nach einem Therapeuten für psychosomatische Störungen.

Telefonbuch, gelbe Seiten, Internet. Alles abklappern, zwischendurch mal Pause machen und versuchen auch am Tag zu schlafen. Aber die Jahreszeit vor Weihnachten ist schlecht. Alle sind belegt oder schon in Urlaub. Einen Anruf habe ich noch auf der Liste. Anrufbeantworter. Ich spreche drauf so gegen 9.30 Uhr, mache mir aber keine Hoffnung. Gegen 11.00 Uhr Rückruf. „ Ja, Herr Dietrich, habe Ihren Anruf abgehört, heute um 12.40 ist ein Termin abgesagt, da kann ich sie rein nehmen und dann entscheiden wir ob wir weitermachen. Wow, Glück gehabt. Gut. Heute sogar noch. Wie lange der Termin dauert hat sie nicht gesagt, aber die Versicherungskarte sollte ich bitte mitbringen.

12.30 bin ich da, klopfe höflich an. Sie kommt kurz heraus: „Ich habe gerade noch jemanden in Behandlung bitte nehmen Sie noch im Wartezimmer

Platz, ich rufe sie dann herein." „Danke." 12.45Uhr, ich höre wie die Tür aufgeht, Verabschiedung, dann „Herr Dietrich bitte." „Ja ich komme."

Die folgenden 15 ! Minuten werde ich nicht vergessen!

„Haben Sie ihre Versicherungskarte dabei, bitte? Also bei mir dauern die ersten Vorstellungs- und Beratungsgespräche immer ca. 15 Minuten. Bitte nehmen Sie dort Platz. Haben Sie an eine Langzeit oder Kurzzeittherapie gedacht?" Ich krame noch nach meiner Karte und bin über die Frage erst mal verwundert, weil ich mir darauf eine Antwort von ihr erwartet hatte. „Hier die Karte." Sie steht auf und geht zum PC. „Reden Sie ruhig weiter, ich nehme nur gleichzeitig Ihre Daten auf, ich höre Ihnen zu." Sie beginnt zu tippen. „Ich weiß nicht, ich bin das erste Mal in so einer Situation ich kann mich da noch nicht so festlegen, ich wollte das mit Ihnen herausfinden."

„Also, Kurzzeittherapien biete ich nicht an, das rentiert sich nicht wegen dem Punkte-Abrechnungssystem der Krankenkassen (hat sie wörtlich gesagt), daher mache ich nur Langzeittherapien. Außerdem biete ich Entspannungskurse an, die dauern in der Regel 12 Wochen, 1x wöchentlich, der eine Kurs hat gerade vor 4 Wochen angefangen, da könnten Sie dann erst wieder ab März einsteigen und in den anderen ab Februar. Was ist denn eigentlich Ihr Problem?"

Der Drucker rattert. Ich bin einen Moment still, weil ich es eigentlich unverschämt finde, dass ich hier in einer total hektischen Art und Atmosphäre von mir berichten soll. Sie setzt sich nach ca. 10 Minuten, die inzwischen vergangen sind, mir gegenüber hin, auf den zweiten runden Sessel in Pink-Leder, mit einem Schreibbrett und einem Ausdruck.

Ich denke nicht mehr an die Zeit. Endlich habe ich die Gelegenheit bei einem Therapeuten mal was von meinen Problemen los zu werden und ein paar Ratschläge zu erhalten, denke ich. Ich fange an und erzähle vom 23.11.11 und der Situation im Geschäft und den verschiedenen Baustellen. Sie macht ein paar Kreuze auf ihrem Ausdruck. Nach 15 Minuten (insgesamt), von denen ich gefühlte 5 Minuten hatte, um meine eigentliche Situation zu schildern, stand sie auf, und sagte sinngemäß: „Herr Dietrich, da kommt nach meiner Ansicht eher eine Kurzzeittherapie in Frage, ich gebe Ihnen mein Diagnoseblatt mit (das Blatt mit den Kreuzen). Hier ist noch ein Prospekt über meine Kurse, die ich Ihnen vorhin beschrieben habe. Wenn davon etwas für Sie in Frage kommt, dann melden Sie sich einfach bitte vorher. Vielen Dank, ich habe jetzt leider einen Folgetermin."

Ich stand vor der Tür. Ich trottete zum Auto, wie ein begossener Pudel. Erst zu Hause hatte ich so richtig begriffen, was da eigentlich abgelaufen war. Ich war nur der Lückenfüller für einen abrechenbaren Beratungstermin. Alle anderen Gespräche bei weiteren Therapeuten dauerten auch für's Kennenlernen mindestens 50 Minuten. Bei manchen hatte ich 3 Sitzungen vorab. (Unter bis zu 5 Therapeuten darf man sich von der Krankenkasse aus einen heraussuchen. Man will sich ja nicht unbedingt jemandem anvertrauen, wenn kein Vertrauensverhältnis entsteht). Ich hatte für meinen ersten Termin mal wieder den Volltreffer gelandet. Glückwunsch. Ich war richtig frustriert. Da brauchst du Hilfe und dann das. Das ist mir aber nur dieses eine Mal passiert alle anderen Kollegen waren so wie man es sich vorstellt, wenn man zu einem Therapeuten kommt. Ich will hier also auf keinen Fall diese Erfahrung verallgemeinern.

Ich will euch damit aber auch Mut machen, nicht aufzugeben, wenn's beim ersten Mal nicht gleich klappt und die Chemie mit dem Therapeuten noch nicht stimmt. Man darf ja bis zu 5 Mal „testen".

Weitere Situationen beschreibe ich in Kurzform, nur um den zeitlichen Verlauf bis zur Reha darzustellen und damit nicht zu sehr zu langweilen.

Seit Dezember 2011 habe ich, trotz Krankenstand zu Hause, immer wieder Zwischenfälle in kurzen Abständen, wie z.B.:

- Anfang Dez.11: Wir waren bei Freunden auf einer Geburtstagsfeier eingeladen. Konnte in der Nacht davor nicht schlafen, war den ganzen Tag erschöpft und bis 17.00 Uhr im Bett. Konnte diese Unruhe und Erschöpfung dann nicht mehr ertragen und wollte einfach nur raus. Meine Frau konnte das nicht verstehen, warum ich trotz Erschöpfung nicht zu Hause blieb, wir haben uns gestritten. Ich konnte einfach nicht länger zu Hause bleiben. Partymusik war laut, ich versuchte zu ignorieren und einfach nur zu feiern wie früher. War danach fertig. Musste mich 2 Tage erholen.

- Mitte Dez.11: Endlich habe ich einen Termin bei einem Neurologen, nach langen Telefonaten und nachdem ich mehreren Sprechstundenhilfen meine Verzweiflung mitgeteilt habe, dass ich nicht mehr kann. Die zentrale Vergabestelle von Terminen für psychosomatische Beratung hat mich auf 4 Wochen später ins neue Jahr verwiesen!!!

- Der Neurologe verschreibt mir eine leichte Dosis Mirtazapin. Endlich kann ich wenigstens 5-6 Stunden am Stück wieder schlafen.

Langsame Erholungsphase tritt ein, so dass ich zum ersten Mal ab ca. Mitte Dez. nach vier Wochen wieder einen geregelten Tagesablauf habe. Belastbarkeit: 1 von 10.

- 20.12.11: starke Nervosität und Aufregung, nervöses Kribbeln in der linken Brust und im Ganzen linken Arm, kurz vor Hyperventilation (körperliche Reaktionen), ähnlich dem 23.11.11, Einnahme von Sedativum.

- 29.12.11 endlich ein Termin bei einem Therapeuten, den mir der Neurologe empfohlen hat und bei dem gerade etwas frei wurde, Gott sei Dank! Das erste Gespräch verläuft sehr erfolgversprechend, die Chemie scheint zu stimmen.

- Ich hatte zwischen den Feiertagen 2011 nachgefragt ob bei der DRV der Eilantrag angekommen sei. Ja, der Antrag sei da, aber nicht auf Eilig- Status. „Ja aber ich habe doch gesehen wie der Arzt Eilig mit rotem Kugelschreiber links oben in die Ecke geschrieben hat." „ Da steht eilig, aber deshalb ist es kein Eilantrag. Auf der Seite der Krankenkasse fehlt auf Seite 2 in dem Feld ein Kreuz." „Ja, die Krankenkasse hat mir die Unterlagen so zugeschickt." „Dann ist es kein eilig-Antrag." „Und wie mache ich aus einem Antrag einen Eilig-Antrag?" „Das geht jetzt nicht mehr, der Antrag ist ja bereits eingegangen." „Ja aber wenn doch nur versehentlich ein Kreuz fehlt, sonst hätte der Hausarzt das ja nicht extra mit rot vermerkt." „Das muss ich klären, wenn, dann kann das nur die Versicherung machen." „ Können Sie bei der Versicherung anrufen, ich gebe Ihnen meine Daten." „Nein, die Versicherung stellt dann den Antrag und muss sich bei uns melden." „Geben Sie mir bitte Ihre Telefonnummer, ich rufe bei meiner Versicherung selbst an, damit sie sich bei Ihnen meldet." Er gibt mir seine Telefonnummer oder die der zuständigen Stelle. ICH rufe bei meiner Versicherung an. Der Kollege dort ist sehr hilfsbereit und meldet sich bei der DRV. Nach 30 Minuten erhalte ich eine Rückmeldung von der Versicherung, dass das Kreuz nachgetragen sei. Eilantrag. Endlich! So ein Verwaltungskram!
Am 04.01.12: Ich erhalte den Bescheid der DRV und reiße den Umschlag auf, voller Erwartung: Ich halte den Ablehnungsbescheid der Reha Maßnahme in den Händen. Was soll das denn? Sind die bescheuert? Ich bin verzweifelt, ich fühle mich richtig „am Arsch." Denken die vielleicht ich mache hier Spielchen? Da hat man über 20 Jahre schön seinen Beitrag bezahlt und dann das!

Folge: starke Symptome auf der linken Seite Nervosität, Anspannung Kribbeln, Schlaflosigkeit, Schweißausbrüche, Grübeln (was wird, wenn ich keine Genehmigung erhalte?), innere Unruhe. Mein

Hausarzt versteht die Entscheidung auch nicht. „Das kann nur ein Fehler durch eine Routinebearbeitung in den Ferien sein. Normalerweise geht so ein Antrag mit dem Symptomen sofort durch", meint er. „Wir legen Widerspruch ein."
Machen wir dann auch so schnell wie möglich. Die Eingangsbestätigung der DRV des Widerspruchs erfolgt noch im Januar 2012.

- 14.01.12 Aufregung ebenfalls mit starken nervösen Symptomen linke Seite beim Abholen von Tochter Sara heulend an der Bushaltestelle (Anfang der Mobbing-Situation von Sara in der Schule) Sonst habe ich solche Sachen einfach weggesteckt oder sie dann beruhigt und die Angst genommen, jetzt zieht das bei mir voll rein. Bin auf einmal wegen jedem Kleinkram anfällig.

- 21.01.12: Bluthochdruck laut Handmessgerät, Schweißausbruch morgens, Schlaflosigkeit, starke Unruhe und Nervosität vor 24h Blutdruckmessung beim Hausarzt. Ergebnis der Messung negativ, Blutdruck o.k.

- Ab 02.02.12 Mirtazapin testweise abgesetzt.

- 05.02.12: Gleiche Symptome im Verabschiedungsgottesdienst von Kirchenältesten.

- 07.02.12: Schweißgebadet aufgewacht, unruhiger Traum

- 12.02.12: Nervosität Anspannung, gleiche Symptome, nach unruhiger Nacht nach Fernsehfilm mit Tochter Viktoria.

- 14.02.12: 5.30 Uhr aufgewacht, Nervosität, nervöse Symptome und Kribbeln. Zunehmend, Angst vor Eskalation, da weiterer Fortschritt nicht in Sicht und Grund unbekannt. Beruhigungsmedikament, Besuch beim Hautarzt. Seit dem nehme ich Mirtazapin wieder regelmäßig. Ich komme ohne nicht aus. Ein Abhängigkeitsgefühl macht sich breit obwohl das laut Beipackzettel nicht der Fall ist.

- 25.02.12: Aufregungssymptome nach ca. 2h Ältestenkreissitzung (ich bin im Ältestenkreis der evangelischen Kirchengemeinde und war in der Sitzung lediglich Protokollführer, ich wollte wieder in kleinen Schritten mit leichter Belastung anfangen) ich habe die Sitzung dann abgebrochen. Ging also voll daneben. Bin noch nicht so weit. Ich kann diese Symptome, die immer wieder auftreten einfach nicht mit Entspannung kontrollieren. Und muss dann ggf. ein Sedativum nehmen.

- Erste Panik macht sich breit, nach 3 Monaten immer noch keinen stabilen belastbaren Zustand erreicht, der eine geregelte Arbeit zulassen würde. Warum, warum? Reha läuft nicht, immer noch Warteschleife, es ist zermürbend. Ich freunde mich mit dem Gedanken an, dass nichts mehr werden wird wie früher. Ich spüre, wie die Angst in mir wächst, Zukunftsangst.

- Ich hätte vorher nie vermutet, dass ich mich vom Charakter oder meinen Gedanken, das was meine Lebensfreude und meinen Spaß am Leben ausmacht, das was mich zu einem freundlichen und lebenslustigen Menschen macht (so beschreiben mich zumindest meine Freunde-einige von Ihnen) ändern könnte.
Plötzlich kommen so komische Gedanken auf wie:
Wenn das alles nicht mehr wird, wie sieht dann die Zukunft aus? Ich bin doch der Rückhalt der Familie und verdiene die Kohle, wie geht´s dann weiter? Kann ich die Verantwortung für die Familie tragen? Wie werden wir uns neu organisieren müssen?
Das ging ja noch. Das sind normale Fragen, die sich einfach stellen.

- Die nächste Stufe ein paar Wochen später war dann etwas härter: Werde ich zur Last für die Familie? Auf was müssen meine Kinder dann verzichten, kann ich, können wir ihnen dann noch die geplante Ausbildung geben, die sie sich auch wünschen? Wird Marliese dann auch arbeiten gehen müssen, wenn ja, wie viel? In wieweit wird das zur Belastung für die ganze Familie?

- Stufe 2 wurde dann leicht gefährlich: Albtraum: Mich erwischt´s und meine 3 Mädels stehen alleine da. Ich sehe sie von unten, wie bei den Spaßfotos, die man macht, wenn man die Kamera auf den Boden legt und alle lachen von oben im Kreis ins Bild, nur lachen sie nicht, sie weinen.
Dann fällt Sand in meine Augen....
Verdammt nochmal was passiert da mit mir!
Ich ertappe mich dabei, dass ich abends anfange 1-2 Bier zu trinken, nur um besser abschalten oder einschlafen zu können. Das ist ja nicht viel, kann ja nicht schlimm sein. Der wesentliche Unterschied ist nur: Wenn dann habe ich mir die ganze Zeit ein Bier aus Genuss gegönnt oder als Belohnung für irgendwas. Jetzt trinke ich es aus Angst davor nicht einschlafen zu können. Das ist Mist!
Nach der dritten Nacht wache ich wieder auf, nach diesem scheiß Traum. Ich bin nervös. Ich zittere. Ich stehe auf und mache meine Entspannung. Ich fahre mich runter. Ich bin zwar müde, aber Gott sei Dank, es klappt.

Klar bespreche ich das auch alles mit meinem Therapeuten, ohne den hätte die Talfahrt sowieso einen noch höheren Beschleunigungsfaktor. Er baut mich auch immer wieder auf und wir legen Schwerpunkte auf die Dinge, die vielleicht gut gelaufen sind in der Woche und wir analysieren und „entschärfen" auch manche Befürchtungen. Aber einmal in der Woche ist zu wenig. Und das Grundproblem bleibt: Ich kenne nicht die Ursache, warum ich keine Fortschritte mehr mache, obwohl ich die ganze Zeit zu Hause bin.

- Dann fasse ich einen ersten Entschluss: Ich muss da raus aus diesem Loch! Ich muss da raus!
  Dieser Mist fängt an meine Gedanken zu verändern. Er fängt an mich zu verändern!
  Das lasse ich nicht zu! Ich werde einen Weg finden, aber das lasse ich nicht zu! Ich werde um diese Scheiß-Reha kämpfen! Ich werde um meine Familie kämpfen! Ich werde für mich kämpfen! Ich weiß zwar noch nicht so richtig gegen wen, aber ich werde mich nicht in die Ecke hocken und abwarten!

- Ich brauche Hilfe von außen, ich brauche den Rat von Ärzten, die Erfahrung von Betroffenen, ich muss raus, ich muss mehr mit meinen Freunden drüber reden, dafür sind gute Freunde da. Ich muss notfalls googeln oder mich einlesen. Das ist bei mir kein Beinbruch oder eine Platzwunde, die ganz von selbst heilt, weil der Körper ja ein Abwehrsystem hat.
  Wenn ich es in mich hinein fresse, frisst es mich auf. Die, die dann über mich lachen oder reden, auf die kann ich sowieso nicht zählen. Das ist dann alles Schein. Später werde ich vielleicht eh nicht alle Beziehungen aufrechterhalten können, dann lieber auf die konzentrieren, die ernst sind. Leere Versprechungen wie: „Ja, ich melde mich per Telefon und wir können uns dann ja mal alle viertel Jahr treffen und quatschen", und dann passiert nichts, die bringen mich nicht weiter. Und ich habe jetzt keine Reserven mehr für andere. Ich brauche meine ganze Kraft für mich.
  Es ist erstaunlich wer alles mit dem Thema Überlastung schon zu tun hatte, wenn man mal darüber spricht. In der Zeitung und im Spiegel, Stern und überall liest man von Burnout, von 30% der Erwerbstätigen mit Überlastungssymptomen, von zu hohem Leistungsdruck, dass das schon in der Schule beginnt, dass Schüler und Jugendliche schon damit kämpfen. Plötzlich sieht man die vielen Warnschüsse und Achtung-Schilder, an denen man vorher einfach vorbeigefahren ist.

- Ein Bekannter empfiehlt mir das Buch von Dale Carnegie: „Sorge Dich nicht, Lebe!" Ich lese bis zur Hälfte. Das Buch hilft mir sehr viel.

Es schlägt ganz klare Vorgehensweisen für bestimmte Situationen vor. Ich nehme mir die mit dem Worst Case Szenario heraus.

1. Überlege, was am Schlimmsten passieren kann.
2. Überlege dir Lösungen, um diese Situation zu vermeiden oder zu meistern.
3. Handle danach.

Klingt einfach.
Mein Problem war die ganze Zeit schon mal Punkt 1. Ich wollte kein Worst Case Szenario akzeptieren und hatte Angst davor.

Das bedeutet also nichts Leichteres, als mich gerade mit den Fragen, die mich oben noch so zermürbt haben, konkret auseinander zu setzen.
Aber wenn ich da raus will, wenn ich meine Angst loswerden will, dann muss ich da dran!

Was war also das „Horrorszenario"?
Das ist einfach:

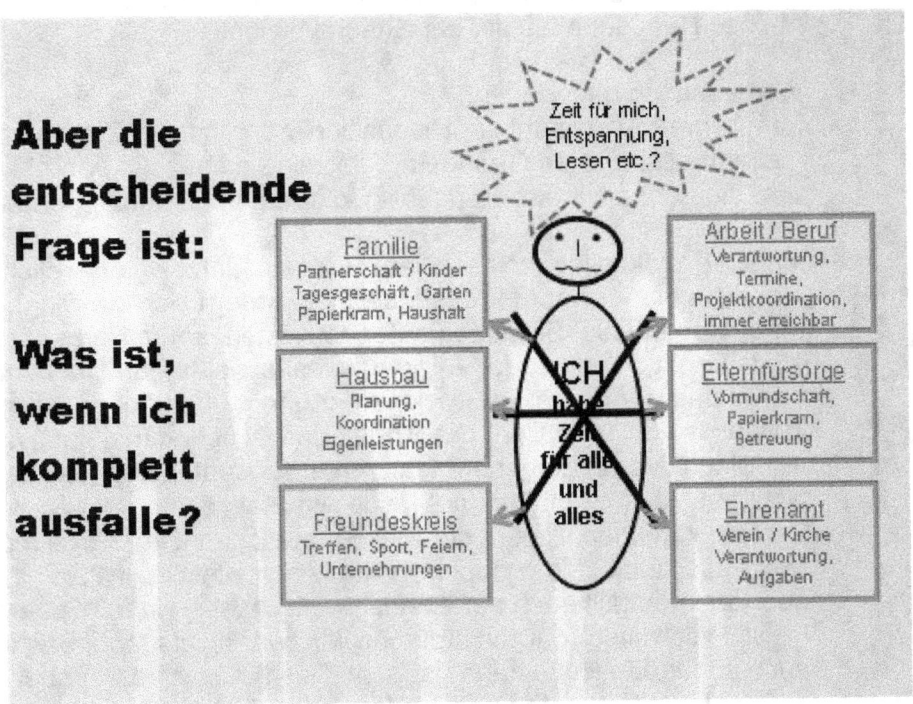

Das kann verschiedene Szenarien bedeuten:

Erstens, ich falle psychisch ganz aus, komme aus meiner Situation nicht mehr heraus. Also brauchen wir für diese Situation einen Plan B.

Zweitens, ich bekomme nochmals Herzprobleme und die Symptome aus dem Vorkammerflimmern, also z.B. Schlaganfall. Dem wollte ich mich regelmäßigem Sport jetzt entgegen wirken, um einfach rein physisch besser belastbar zu sein und auch ein Ventil zu haben, um den Kopf frei zu bekommen.

Auf jeden Fall sollte ich das vermeiden. Denn dann habe ich erst ein richtiges Problem. Und nicht nur ich, sondern auch meine Familie, und wir mit unserem gesamten Umfeld. Also aufpassen! Auch später im Job, wenn es wieder darum geht rein zu kommen.

Und jetzt erst mal zum Plan B:

Ich komme von der Belastung her nicht mehr auf die Beine und verliere meinen Job, so wie ich ihn heute ausübe. Punkt. Ich verliere den Job, nicht weil mich mein Chef rausschmeißen will, sondern weil ich ihn einfach nicht mehr ausüben kann. So, wie wenn du nach einem Unfall im Rollstuhl sitzt und vorher Briefträger warst.

Um das ganze etwas abzumildern, gehe ich davon aus, dass ich nicht die Firma komplett verlassen muss, sondern vielleicht eine andere Tätigkeit ausüben kann. Aber ich rechne damit, dass 50% meines Nettogehaltes auf der Strecke bleiben.

Was kann ich dagegen tun?

Familienrat: Alles steht zur Disposition. Langfristiger Zeitplan bis zu meinem sechzigsten Geburtstag, das sind noch zehn Jahre! Dann wird die Lebensversicherung fällig, die rettet uns dann irgendwie über den Rest.

Ich bin Projektleiter, ich kalkuliere Budgets. Jetzt kalkuliere ich halt mal mein eigenes zum Weiterleben. So ändern sich die Dinge eben.

Einsparpotentiale: Ein Auto (laufende Kosten, kaum Bares, da schon 15 Jahre alt), Verkauf des Elternhauses (scheiße!, das tut richtig weh!), das ist der größte Brocken, der bringt über die 10 Jahre einen Zuschuss von 1000 Euro pro Monat, das ist schon mal gut. Dann ist allerdings unsere „eigene Zusatzrente" für später weg, das ist gar nicht gut. Aber es gibt notfalls keine Alternative.

Vereine kündigen, Reiten der Kleinen streichen. Die Große muss für Ihre Ausbildung selbst jobben. (Hätte sie sowieso teilweise gemacht, aber dann entfällt auch der elterliche Zuschuss). Urlaube streichen. FEWO verkaufen (daran verdienen wir zwar nichts, aber das war auch so für den Ruhestand gedacht. Das Risiko ist dann aber zu groß). Haushaltskosten und Laufendes runterfahren.

Alles in allem erreichen wir das Planziel 50% nicht ganz, kommen aber schon mal in die Nähe.

Im Notfall: Marliese geht halbtags arbeiten. Mir ist das nicht so recht, weil sie immer noch gut die Kleine unterstützt in der Schule, so einfach ist G8 auch nicht. Und ich bin ja dann auch nicht richtig fit. Aber wenn es nicht anders geht, dann muss es halt sein. Für sie ist es auch kein Problem. Bei vielen anderen Familien ist das ja Tagesordnung, weil das Gehalt eines Elternteiles gar nicht mal ausreicht, also werden wir das auch auf die Reihe kriegen.

Was hat es gebracht?
Im Wesentlichen hatte die Planung 2 sehr wichtige Folgen:
1.) Wir haben erst mal so richtig wahrgenommen, was man sich so alles nebenbei leistet. Woran man sich schon gewöhnt hat, weil es halt angenehm ist und weil es dazu gehört, was man hat, weil es die anderen auch haben, was man aber im Notfall gar nicht braucht, was vielleicht sogar noch Geld kostet.
Und wir haben gemerkt, dass es uns doch eigentlich aus materieller Sicht ganz gut geht. Es gibt Einiges, auf das wir verzichten könnten, wenn wir es müssen. Und dass wir Reserven haben, die andere nicht haben. Was machen die dann in so einer Situation? Die sind dann richtig „bescheiden" dran.
Das verändert auch den Blick auf Menschen, die z.B. nach einem Unfall mit bleibenden Schäden zu Recht kommen müssen oder generell auf Behinderte oder Kranke. Und auch auf alte Menschen, was wir hoffentlich ja auch mal werden. Wenn die Menschen ihren Lebensmut nicht verlieren und sich nicht aufgeben trotz ihren Einschränkungen, dann verdient das den allergrößten Respekt!
Und ich weiß auch inzwischen schon, was ich als Tattergreis mit meinem Turbo-Rollator mache (so lange der Kopf hoffentlich klar bleibt). Ich mache den Märchen-Opa im Kindergarten 1-2x die Woche zusammen mit meiner Frau. Kindern ist so leicht eine Freude zu machen und Opas und Omas können das besonders gut.
Der erste Effekt war also: Hey du kannst was unternehmen, du bist nicht hilflos. Was du brauchst ist ein Dach über dem Kopf, was zu essen und eine Arbeit, die dir das ermöglicht und du hast zusätzliche Ressourcen.
Wir haben im Bekanntenkreis eine Familie, die haben diese Ressourcen nicht. Beide Eltern hatten einen normalen Job, sie damals Sekretärin, er arbeitete im Lager. Sie wurde arbeitslos, weil das Kleinunternehmen Konkurs machte, er verlor seinen Job wegen Einsparungen. Beide über 50, beide wurden nach unten durchgereicht. Zeitarbeit, minimaler Lohn, nach fünf Jahren und in dem Alter kommst du da nicht mehr raus. Trotz etlicher Versuche, Bewerbungen etc.

2.) Die Existenzangst war weg! Es gab eine Lösung, einen Ausweg! Zwar müssten wir dafür vieles aufgeben und unser Lebensabend würde auch anders aussehen als gedacht, aber wir hätten einen. Ich hätte dann zwar immer noch einen leichten Knacks in der Birne, aber es geht weiter. So wie bei all den anderen auch, die erst gar kein Elternhaus haben und keine zwei Autos und die sich auch keinen Urlaub leisten können. Ich kenne das noch aus meiner Kindheit, als meine Mutter putzen gegangen ist, um uns über Wasser zu halten. Da war auch nicht mehr drin. Also: Nicht aufgeben! Und so weit war es ja noch lange nicht.

Fortsetzung der Entwicklung:

- 08.03.12: Erschöpfung und abgespannt nach mehrtätiger Arbeitsphase mit leichten kurzen handwerklichen Arbeiten im Haus, täglich (max. ca. 3h). Abends Geburtstagseinladung, währenddessen leichte und danach starke nervöse Symptome.

- 10.03.12: Gartenarbeiten am Rasen, gleiche Symptome wie am Vortag, abends eine Beruhigungstablette und 1 Mirtazapin.

- 11.03.12: Im Gottesdienst wieder starke Nervosität, Aufregung, innere Unruhe Kribbelsymptom gesamte linke obere Seite und Arm, Gefühl kurz vor Hyperventilation, ich konnte mich nur durch konzentrierte Entspannung und Atemtechnik entspannen. Das war wie ein Rückschlag, ich fühlte mich danach wie vor 8 Wochen, hatte wieder starke Zweifel jemals 100% zu erreichen. Ich denke wieder daran, was aus der Familie wird,
Ich habe den Fall dann auch wie die anderen vorher intensiv mit meinem Verhaltenstherapeut besprochen. Versuche die Symptome beim Auftreten weniger zu beachten, aber trotzdem entsprechend entgegen zu reagieren

- 20.-24.03.12: Bei der Verlängerung der Virenschutzprogramme auf unseren 2 Laptops hatte ich Beeinträchtigungen und verstärktes Auftreten der bereits genannten Symptome, die auch wieder in der Schulter und bis in den Arm auftraten, dass ich die Installationen abbrechen und in mehreren Schritten über mehrere Tage durchführen musste. Konnte mich nicht länger konzentrieren ohne unkontrolliert zu werden. Daher habe ich auch diesen Bericht über einen längeren Zeitraum erstellt.

- 14.04.12: Besprechung im Ältestenkreis in der Gemeinde (ich hatte zuvor schon angekündigt, dass ich mich aufgrund meiner Situation bei der Besprechung zurückhalten werde):
Bei der Besprechung im Ältestenkreis der Gemeinde hatte ich an einem Tag 2 mal wieder diese körperlichen Symptome, wieder jedes Mal die Anspannung Druck, Nervosität, Kribbeln, habe eine Pause gemacht, um diese durch Bewegung (leichtes Joggen) und

Atemtechnik und Abreaktion (Aggressivität) abbauen zu können. Dies hat beide Male funktioniert, darüber war ich froh. War dann am Montag erschöpft-> Erholungstag. Am Dienstag Joggen ca. 8km, am Mittwoch Fahrradfahren zum Zahnarzt. Donnerstags war ich dann total erschöpft und bis nachmittags ca.15.00 Uhr im Bett. Langsame Erholungsphase bis Samstag.

- Am 26.04.12 informiert mich mein Kollege telefonisch abends, dass zum 01.11.2012 ein neuer Vorgesetzter eingestellt wurde. Der Termin war ja bekannt, aber noch nicht ob bis dahin auch ein Bewerber gefunden würde. Und wenn ja, wie würde er seine Funktion uns gegenüber wahr nehmen?
  Unsicherheit! Wir sprachen auch über die aktuelle Projektsituation und die Belastung der Kollegen und wie es mir geht. In der Nacht bin ich um 2.30 und 6.00 aufgewacht, war jeweils verschwitzt und konnte kaum einschlafen. Habe dann ein leichtes Beruhigungsmedikament genommen, um einschlafen zu können.

- Auf der Beerdigung des Vaters eines guten Freundes am 04.05.12 musste ich nach der Trauerfeier abbrechen und konnte nicht mit ans Grab (körperliche Symptome).

- 06.05.12: Ich fühle mich als würde ich einfach ganz langsam zwischen den Rädern der Verwaltung zermahlen. Die Deutsche-Renten-Versicherung (DRV) sagt sie habe noch keinen Bericht des Gutachters am 02.05.12. Beim Gutachter (GA) wurde der Bericht aber schon am 10.04.12 an die DRV abgeschickt.
  Heute Morgen, nachdem ich mir am Vortag viele Gedanken darüber gemacht hatte warum der Bericht des GA noch nicht bei der DRV sein könnte, bin ich um 5.00 Uhr aufgewacht nach einem Traum, bei dem ich langsam in einen Trichter mit glatten Wänden rutsche und aus dem ich nicht mehr rauskomme, am Ende war ein sich langsam drehender Mühlstein.

- 07.05.12 Meine Frau hat starke Unterleibschmerzen, ich bin seit 4.30 Uhr wach, kann auch nicht mehr einschlafen, mache die Kinder um 6.00 Uhr fertig, innere Unruhe, Schmerz bei meiner Frau legt sich langsam bis zum Abend. Müder Tag. Schlafe abends nach der Aufregung schlecht ein, bin angespannt, nehme 2 Kytta zur Beruhigung.

- 08.05.12: 5.00 Uhr wach, starke innere Unruhe, stehe auf, frühstücke, denke nach über das Gutachten, mache noch mal die Kinder, kann nicht mehr einschlafen, ruhe mich auf dem Sofa aus. Beruhige mich durch Atmungsübungen. Fahre mit dem Rad zum

Gesprächstermin in die Stadt, bin danach müde, aber Anspannung ist fast weg. Magenbeschwerden sind noch da. Nehme Maloxan. Bis zum Abend haben sich die nervösen Magenbeschwerden nur leicht gebessert, Schonkost und Diät am Abend.
Kein Fernsehen mehr.

- Ich schreibe einen Brief an die DRV, ich weiß nicht mehr weiter:

Sehr geehrte Damen und Herren,

ich bitte um ihr Verständnis, aber mittlerweile weiß ich nicht mehr was ich machen soll. Was im Dezember 2011 mit einem Eilantrag auf eine Reha-Maßnahme begonnen hat zieht sich nun schon über fünf Monate bis heute hin.

Erst habe ich sofort eine Ablehnung erhalten, dann, nach meinem Widerspruch habe ich 8 Wochen auf eine erste Antwort gewartet. Nach den acht Wochen kam die Info es wäre ein Gutachtertermin erforderlich. Nach der Gutachterauswahl habe ich vier Wochen auf einen Termin bei Herrn Dr. Gutachter gewartet. Die Untersuchung hat dann am 04.04.12 beim Herrn Dr. Gutachter in Mannheim stattgefunden. Er sagte mir, dass er seinen Bericht umgehend weiterleitet und die DRV würde sich bei mir melden

Weil ich jetzt nach vier Wochen nach der Untersuchung noch keine Rückmeldung erhalten hatte, habe ich am 02.05.12 bei der DRV angerufen und von Frau XY die Info erhalten, dass von Herrn Dr. Gutachter noch kein Gutachten vorläge.

Nach meiner Rückfrage bei Herrn Dr. Gutachter sagte man mir, dass das komplette Gutachten bereits am 10.04.12, also schon seit drei bis vier Wochen an die DRV geschickt worden sei. Demnach würde es seit dieser Zeit bei der DRV liegen und wäre noch nicht erfasst oder gelesen worden.

Bitte verstehen sie meine Situation, mein Therapeut hat in seinem Attest vom 04.01.12 bereits die Dringlichkeit nach seiner Einschätzung bescheinigt. Dass sie ein unabhängiges Gutachten wünschen ist auch nachvollziehbar. Aber für mich vergeht inzwischen eine ewig lange Zeit, ohne dass sich weiter etwas verbessert. Ich fühle mich nicht ernst genommen, komme mir vor wie ein Simulant oder jemand, den man einfach übersieht.

Eine Stunde in der Woche bei meinem Therapeuten ist nicht ausreichend. Herrn Dr. Gutachter habe ich auf seinen Brief hin einen ausführlichen Stand und die Entwicklung meines Zustandes geschrieben. Sicherlich hat er dies zusammen mit seinen Gesprächsnotizen in seinem Gutachten berücksichtigt.

Ich fühle mich mittlerweile hilflos und auch immer mehr niedergeschlagen und weiß auch nicht mehr was ich noch machen soll, es vergeht einfach eine so lange Zeit, ohne eine intensive Behandlung. Ich habe mich bei allen Schritten um den weiteren Ablauf gekümmert. Mit meinem Therapeuten habe ich lediglich 1x/ Woche die Gelegenheit Probleme zu Besprechen. Wir hatten so gut wie noch keine Zeit über die Entwicklung zu reden die vor mir liegt, meistens haben wir nur die aktuellen Brände gelöscht (auftretende körperliche Symptome, Mobbing unserer kleinen Tochter in der Schule, Abistress der großen Tochter, Abschalten und Distanzieren von der ehrenamtlichen Arbeit in der Kirchengemeinde, Anrufe vom Geschäft usw.)

Nach jeder Antwort von ihnen war ich bis jetzt niedergeschlagen, weil es wieder nicht weiter ging. Ich arbeite ja gerne mit und bin kooperativ, aber das lange Hinziehen belastet mich inzwischen sehr. Ich bin auch seit dem 23.11.11 berufsunfähig, laut meinem Hausarzt würden solche Fälle vorgezogen, um die Arbeitsfähigkeit schneller wieder herstellen zu können.

Ich fühle mich als würde ich einfach ganz langsam zwischen den Rädern der Verwaltung zermahlen. Heute Morgen, nachdem ich mir am Vortag viele Gedanken darüber gemacht hatte warum der Bericht von Dr. Gutachter noch nicht bei ihnen sein könnte, bin ich um 5.00 Uhr aufgewacht nach einem Traum, bei dem ich langsam in einen Trichter mit glatten Wänden rutsche und aus dem ich nicht mehr rauskomme, am Ende war ein sich langsam drehender Mühlstein..... Ich konnte dann nicht mehr einschlafen und bin aufgestanden und habe mir Notizen für diesen Brief an sie gemacht, um die Gedanken aus dem Kopf zu bekommen und abzuarbeiten.

Je länger das dauert, desto größer werden auch meine Sorgen wie es weitergeht, mit der Arbeit, der Rückkehr, der Familiensituation, kann ich wieder voll arbeiten, was ist mit der Ausbildung der beiden Kinder und mit unserem Haus, wenn es nicht klappt?

Seit 2 Tagen habe ich auch wieder massive Magenbeschwerden.

Ich verstehe ja, dass ich nicht der Einzige bin mit einem Antrag und, dass sie sicherlich sehr viel zu tun haben, aber ich bitte sie auch um Verständnis für meine Situation und um ihre Hilfe. Was würden sie an meiner Stelle tun? Was machen andere, die auch in der Warteschleife hängen?

Ich mache zwar regelmäßig Sport, weil mir das die Ärzte für mein Herz geraten haben, das tut auch gut, aber ich spüre auch den Unterschied, dass ich körperlich Fortschritte mache, aber die psychische Belastbarkeit weiterhin ein Problem ist. Vor allem, weil ich in vorher alltäglichen Situationen immer noch unbewusst und unkontrolliert in Anspannung, Aufregung und innere Unruhe und Druck geraten kann und dann auch körperliche Symptome habe, wie Kribbeln und starke Nervosität in der linken Schulter bis hinunter in den ganzen Arm.

Können sie mir bitte eine Angabe machen wie es voraussichtlich zeitlich weitergehen wird? Wie lange muss ich noch auf eine Rückmeldung warten, kommt dann noch eine Warteliste bei der Klinik etc…? Vom Geschäft und den Kollegen werde ich auch danach gefragt.

Vielen Dank, gerne erwarte ich ihre baldige Antwort.

Mit freundlichen Grüßen

- 09.05.12: Schlechte Nacht, 1x Kytta zum einschlafen, weitere Magenbeschwerden. Von 23.00-2.00 geschlafen, dann 2h wach Unruhe, Schwitzen, von 4-7.00 weitergeschlafen, Unruhe am Morgen, noch leichte Magenbeschwerden.
Zahnarzttermin abgesagt.
Insgesamt schlechte Phase seit dem 02.05.12: Ursachen: Probleme und Verzögerungen mit dem Gutachten, Hin und Her, Wartezeit, man muss sich um alles selbst kümmern. Vorher ging es mir besser, auch ohne Mirtazapin. (2-3 Wochen)

- 10.05.12 ca. 6 h Schlaf, morgens wieder nervös, noch ohne Mitazapin, Magenbeschwerden, Magensäure, Kytta zur Beruhigung + Iberogast für die Mahlzeiten. Wesentlich weniger belastbar wie in der Woche vorher. Nach Sauna leichte Entspannung.
Werde auf der Straße angesprochen: „Wenn man es nicht wüsste, so schlecht siehst du gar nicht aus." Klar, ich versuche ja auch nach außen normal zu wirken, sonst wird ja alles noch schlimmer. Tatsächlich geht es mir aber anders. Ich versuche auch zu verdrängen, weil ich nicht so sein will und weil ich dagegen ankämpfe und auch nicht verstehe, warum es nicht besser wird mit der Belastbarkeit.

- 11.05.12: Schlafen von 23.00-400Uhr, aufgewacht, Pfeifgeräusche im rechten Ohr, wieder Magenbeschwerden wegen innerer Unruhe. Um 5.00 aufgestanden, stark erschöpft, von 7-11.30 Bettruhe: Bin noch nicht stabil ohne Medikamente, Gefühl wie Ameisen im Körper. Rufe bei der TKK an ob es auch eine direkte Variante der Einweisung gibt, weil ich nicht mehr kann.
  Gehe zum Hausarzt der sagt mir, dass die DRV den Bericht beim Gutachter nicht mehr selbst anfordert (er habe sich dort erkundigt). Ich sollte das für die DRV machen. Ich rege mich total auf, DRV hatte ja schließlich das Gutachten verlangt, ich kann ja nichts dafür, dass es dort verlorenging. Ich spreche Herrn Dr. Hausarzt auf eine Direkteinweisung an, er empfiehlt jetzt aber doch noch die DRV Rückmeldung abzuwarten, die ja jetzt kurzfristig kommen müsste. Er verschreibt mir wieder Mirtazapin und Pantoprazol, einen Magensäureblocker gegen Magenschleimhautentzündung und Magen und Dünndarmgeschwüre.
  Ich schreibe an den Gutachter, dass er das Gutachten, das er vor 3 Wochen schon mal abgeschickt hatte, noch mal schickt an die DRV.

ICH HÄTTE NOCH WEITER ZU HAUSE VERSAUERN KÖNNEN, WENN ICH NICHT SELBST NACHGEFRAGT HÄTTE.

Ich fühlte mich in dieser Phase wieder in den Januar zurückgeworfen mit den körperlichen Symptomen: Unruhe, Nervosität, Schlaflosigkeit, schlechtes Einschlafen, Schwitzen, Zittern, Umherlaufen nachts etc. Trinke seitdem nur stilles Wasser wegen Kohlensäure.

- 12.05.12: erste gute Nacht mit Sedativum und Pantoprazol (Magensäureblocker). Erschöpfung geht zurück, noch sehr wenig belastbar, noch Magendrücken aber Säure und Reizung geht zurück. Schlafe nachts separat, um ungestört zu sein und meine Frau und die Kinder auch nicht zu wecken, wenn ich unruhig bin oder aufwache.

- Bis 17.05.12: ähnlich wie 12.05, langsame Erholung durch die Medikamente und besseren Schlaf, leichter Sport, aber immer noch labil und vorsichtig. Tagsüber innere Nervosität und Reizbarkeit.

- 22.05.12: Termin beim Psychotherapeuten: Er sagt, er habe keine Zeit die Anfragen meiner Versicherungen auszufüllen, seine Priorität sei die Behandlung von Patienten. Ich sagte, dass ich das verstehe, aber wer sonst solle meinen Zustand beurteilen. Es kam zu einer kontroversen Diskussion. Nach ca. fünfzehn Minuten musste ich das Gespräch abbrechen, weil ich so aufgeregt und nervös war und ich

Angst hatte außer Kontrolle zu geraten. Ich ging ans Fenster machte Atem und Entspannungsübungen.

Nach 15 Minuten setzten wir die Sitzung mit normalen Gesprächen fort (Themenwechsel) Das zeigte mir, dass ich auch hier bei kontroversen Gesprächen, bei denen ich auf etwas angewiesen bin, bei weitem noch nicht stabil reagiere.

- 24.05.12: Schwimm und Sauna Tag: War gut, entspannend, schaute auf dem Nachhauseweg noch bei meinem Arbeitskollegen vorbei. Er war noch bei der Arbeit, seine Frau wies mich auch an der Tür ab, dass es jetzt gerade gar nicht passe.
  Ich machte mir (völlig unnötig) Sorgen ob es was mit mir zu tun hatte, weil ich jetzt schon so lange arbeitsunfähig und zu Hause war und mein Kollege einen Teil der Projekte mitmachen muss. Obwohl er mich 2 Wochen vorher mit dem Fahrrad besucht hatte.
  War unsicher und grübelte. Situation wurde erst 5 Tage später geklärt, als ich einen anderen Kollegen wegen was anderem anrief und er mir sagte, dass bei Kollege 1 gerade Urlaubspacken angesagt war für den nächsten Tag. (Gesprächsthema bei der nächsten Sitzung) Also absoluter Fehlalarm. Auf so Gedanken wäre ich früher nie gekommen.

- Ansonsten bis zum 06.06.12 langsame Besserung der Magenbeschwerden mit Pantoprazol ,Iberogast (Magentropfen und Maaloxan gegen die Magensäure). Sportlich wieder mehr belastbar. Annäherung an den Gesundheitszustand von Ende April.

- Bis 09.06.12: Kofferpacken, ausfüllen Fragebogen und Vorfreude auf die Reha.

- Diese körperlichen Symptome, die ich vorher (vor dem 23.11.2011) nie hatte (Kribbeln Anspannung, Druck in der Schulter, im Arm, Nervosität) treten teilweise nach wie vor in unterschiedlichen Situationen täglich leichter oder schwerer auf. Daher habe ich Angst vor einer chronischen Belastung, auch wegen den beschriebenen Rückschlägen.

- Der meiste Teil der Therapiegespräche wurde bisher auf die Bearbeitung der Problemsituationen während der letzten Woche verwendet. Eine Stunde pro Woche ist zu wenig. Ich empfinde dass mein Zustand stagniert, aber ich habe meinen alten Leistungsstand bei weitem noch nicht erreicht.

DIE ANGST UND PANIK darüber, dass ich aus diesem Kreislauf nicht mehr herauskomme, dass ich nicht wieder der Alte werde, dass alles zusammenbricht.

Zusammenfassung des Zustandes aktuell vor der Reha:

- Ich bin immer noch wesentlich weniger belastbar als vor dem 23.11.11. Das merke ich auch bei normalen Situationen und im täglichen Ablauf. (siehe Beispiele oben)

- Zu Hause spüre ich keine weitere Verbesserung mehr.

- An manchen Tagen kann ich kein Telefon ertragen, will mich auch mit niemandem unterhalten und gebe es dann meiner Frau zum Abnehmen.

- Kaffee und Tee können diese Anspannungen auch auslösen, daher verzichte ich oder trinke zurzeit höchstens entkoffeinierten Kaffee, um den angegriffenen Magen zu schonen auch nur stilles Wasser und meistens Kamillentee.

- Seit Ende Dezember habe ich immer Notfall-Beruhigungstropfen bei mir, weil immer wieder solche Situationen auftreten (siehe oben).

- Zu Hause wird meine Situation auch zur Belastung, weil meine Probleme in die Familie hineingetragen werden. Dies wiederum belastet mich selbst ebenfalls. (kleine Tochter ist traurig weil ich krank bin, große Tochter hat Abi-Stress).

- Ich hatte 2x versucht Mirtazipin (leichtes Sedativum mit schlafförderner Wirkung) abzusetzen, leider ohne Erfolg. Ohne das Medikament Mirtazipin schlafe ich nachts unruhig, wache teilweise mehrmals auf und bin auf Dauer erschöpft und noch weniger belastbar. In Absprache mit meinem Therapeuten nehme ich das Medikament jetzt weiterhin regelmäßig ein.

- Ich habe vor allem Angst davor, wie es beruflich weitergeht, wie oben bereits beschrieben. Das Problem war nicht die Krankheitsphase, da war ich mit Berufsunfähigkeitszusatzversicherung, Krankengeld und der Zusatzzahlung des Arbeitgebers abgesichert. Aber was kam danach, wenn ich meinen Job nicht mehr auf die Reihe kriegen würde?

- Zur Zeit traue ich mir einen Wiedereinstieg in die Arbeit noch nicht zu, da diese Anspannungszustände und Symptome auch nach 5

Monaten immer noch unbewusst und unerwartet auftreten und ich sie oft nur mit längeren Entspannungsphasen (Atemtechnik) oder auch Bewegung und Sport (zum Abbau von Stresssymptomen) wieder normalisieren kann, das ist bei der Arbeit nicht möglich. Daher hoffe ich jetzt auf weitere Fortschritte bei der Reha und werde natürlich so gut ich kann mitarbeiten.

- Ich hoffe und mein Ziel ist es, dass ich nach der Reha-Kur und einer stufenweise Wiedereingliederungsphase so weit wie möglich meine alte Arbeitsleistung erreiche.

- Vor allem bei Projektbesprechungen, Aufgaben mit Kundenkontakt nach außen und Präsentationen, bei denen unvorhergesehene Probleme und Stresssituationen auftreten können, sehe ich noch große Probleme, die ich erst schrittweise angehen muss. Aber ich bin zuversichtlich, schließlich habe ich das alles ja früher schon oft auch auf Englisch oder Französisch gemacht.

- Im November diesen Jahres geht unser derzeitiger Bereichsleiter in den Ruhestand. Die Situation breitet mir Kopfzerbrechen, wie wird mich der neue Chef einschätzen, kann ich nach der Wiedereingliederung in der Abteilung bleiben oder wird man eine „Alternative" für mich suchen?

- Ich bin als Stellvertretender Vorsitzender in der Gemeinde Ehrenamtlich tätig, da erhalte ich oft Rückfragen z.B. zu unserem aktuellen Kirchenumbau. Diese Zuständigkeit habe ich weitgehend geblockt und delegiert. Dabei benötige ich Abstand (Kur), um davon abschalten zu können. Ich werde das Amt aufgeben.

- Am 11.03.12 hatte ich im Gottesdienst vor den Abkündigungen dieses Anspannungsgefühl und die körperlichen Symptome auf der linken Seite sehr extrem, so dass ich es beinahe nicht kontrollieren konnte. Eine bekannte Krankenschwester hat sich neben mich gesetzt.
  Dieser Vorfall und auch die anderen beiden mit dem Gutachten haben mich nach so langer Zeit zu Hause sehr frustriert und mir Angst gemacht.
  Ich frage mich was wir jetzt selbst noch tun können, ich hatte sehr auf eine baldige Kurmaßnahme mit entsprechender fachärztlicher Betreuung gehofft, um Rückschläge und Fehler zu vermeiden, leider war dies nicht der Fall.

- Mit meinem Therapeuten bespreche ich immer die aufgetretenen Situationen, das hilft mir sehr, wir arbeiten vor allem an der

Beurteilung und Einschätzung der Situationen und an verschiedenen Optionen für meinen Umgang damit.

- Früher war ich immer ein Mensch und ein Kollege, der die anderen auch unterstützt hat, der ehrenamtlich engagiert ist und auch in einem großen Freundeskreis und sportlich immer aktiv ist.

Es bedrückt mich auch, dass meine Familie darunter leidet, und dass meine ohnehin überbelasteten Arbeitskollegen jetzt meinen Teil mitarbeiten bzw. Projekte aufgeschoben werden müssen (wobei auch Fehler entstehen, Terminverzögerungen, zusätzliche kosten etc.).

Aus heutiger Sicht, 1,5 Jahre nach Ende der Wiedereingliederung, muss ich sagen, dass ich relativ unvorbereitet und unwissend in die Reha gegangen bin. Heute würde ich selbst versuchen mehr Hintergrundwissen über das Thema Burnout, psychische Belastungen, Reaktionen des Körpers darauf etc. zu sammeln. Damals fühlte ich mich einfach hilflos, in einer bis dahin unbekannten Situation, in der nichts mehr so richtig verlief wie vorher und wie ich es wollte.

Die Grundlegenden Erfahrungen für meine persönlichen Änderungen machte ich anfangs bei meinem Therapeuten und dann erst richtig komprimiert in der Reha bei den Therapien und in den Gesprächen mit den anderen Patienten. Ein paar Buchempfehlungen für Hintergrundwissen sind in den Kapiteln angegeben.

Für einen ersten Einstieg ist auch z.B. der Vortrag von Herrn Dr. Poppelreuter: „Burnout, vorbeugen, erkennen, verstehen, handeln", den man sich auch aus dem Internet kostenlos herunterladen kann, sehr hilfreich. Ein weiteres Buch, das auch vor allem die Situation und den Belastungsalltag bei der Arbeit sehr detailliert untersucht ist: „Psychische Belastungen am Arbeitsplatz, Ursachen-Auswirkungen-Handlungsmöglichkeiten". (Poppelreuter/Mierke) Das Buch zeigt sehr gut Beispiele für verschiedene Belastungen aus der Praxis auf, analysiert diese hinsichtlich Risiken und alternativen Handlungsmöglichkeiten und gibt praxisorientierte Ratschläge. Für meinen Fall habe ich dort auch mehrere Punkte gefunden, mit denen ich mich identifizieren konnte.

Aus meiner Erfahrung würde ich bei den Rahmenbedingungen, die zu einem Burnout beitragen können, allerdings zusätzlich zum Arbeitsumfeld auch die persönliche (Freundeskreis) und familiäre Situation mit ergänzen wollen.

Ebenso der Vortrag von Business und Management Coach Frau Ramona Meinhardt zum Thema: „Burnout Prävention - Vorbeugen ist besser als Heilen." Der Vortrag enthält eine gute Grundlageneinführung zum Thema über die Ursachen und eine Reihe von guten Vorschlägen, um sein eigenes Verhalten unter die Lupe zu nehmen und auch im privaten Bereich zu entschleunigen

4.) Der Aufenthalt in der Reha Klinik:

Heute ist der 27.06.13, 19.45 Uhr, ich sitze gerade im Flugzeug, auf dem Rückweg von einer Geschäftsreise. Ich bin etwas müde, aber ich genieße es dieses Kapitel anzufangen, weil diese Zeit mein Leben und meinen Gesundheitszustand sehr verändert hat.

11.06.2011. Die Fahrt in die Reha Klinik:

Meine Frau bringt mich morgens zum Bahnhof, ich bin so froh endlich losfahren zu dürfen. Ich setze soviel Hoffnung in die Reha, nachdem sich mein Zustand im letzten viertel Jahr nicht mehr verändert hat und mich die Pannen bei der DRV so runtergezogen haben. Endlich, endlich, endlich!! Obwohl ich weiß, dass andere noch immer keinen Platz haben und auch schon lange warten.

Wir verabschieden uns und Marliese drückt mich ganz fest. „Ich wünsche dir alles Gute und drücke die Daumen, melde dich wenn du ankommst, wir besuchen dich, pass auf dich auf."

Ein paar Tränen beiderseits, dann steige ich ein.

Der Zug fährt los, ich suche meinen Platz. Ich kann ihn mir nicht merken, irgendwie bin ich aufgeregt. Ich muss zweimal umsteigen. Hoffentlich verpasse ich den Anschluss nicht. Wie war noch mal meine Sitznummer und der Wagen? Zuerst der Wagen: 7. o.k. Ich muss drei Wagen nach vorne. Ich gehe los.

Gut Wagen ist o.k., Jetzt der Platz. Auf dem Ticket steht Sitz 143, anderes Wagenende. Manche sitzen, ich arbeite mich vor. Verflixt die Sitznummer, wieso kann ich mir nicht die Sitznummer merken? In welcher Tasche habe ich noch mal das Ticket? O.k. 143 ach ja. Er ist frei ein Einzelsitz am Wagenende. Gut, ich habe Platz fürs Gepäck.

In Fulda muss ich umsteigen. Welche Uhrzeit ? in 2,5 Stunden, Umsteigezeit ca. 20 Minuten, müsste klappen. Ich freue mich.

Ich lese ein Magazin, die Zeit vergeht, ich bin kurz im Bordrestaurant.

Noch 15 Minuten bis Fulda. Welches Gleis zum Umsteigen o.k. Ticket, ach ja, Gleis 4, ich komme auf 2 an, ist also nicht weit, ist zu schaffen in 20 Minuten. Trotzdem werde ich langsam nervös und aufgeregt. Der Zug hält, ich steige aus, Treppe runter rechts ab, Gleis 4 Treppe hoch, außer Puste, alles klar, noch 15 Minuten bis zur Abfahrt. Mann, was ist denn los, wieso diese Hektik, kann doch nichts schiefgehen. Auf dem Weg zum nächsten Sitzplatz hole ich wieder das Ticket raus bis ich da bin.

Oh Mist, nächster Zugwechsel in Leipzig, Gleis 22. Mann! Das ist größer. Ich komme auf 5 an. Umsteigezeit 11 Minuten, scheiße, wenn das mal klappt. Ich werde nervös. In den 1,5h schaue ich bestimmt 3 mal auf das Ticket: Gleis 22, 11 Minuten, Gleis 22 11 Minuten.

Der Zug hält, ich stehe ganz vorne, raus, runter, wieder rechts rum, Wegweiser zu Gleis 6-24, ich renne. Bei Gleis 18 ist Schluss, der Wegweiser zeigt raus aus dem Bahnhof. Blick auf die Uhr, 6 Minuten. Verdammt, wo ist Gleis 22, bin ich hier bei Harry Potter?

Ich stehe vor dem Bahnhof auf einem Vorplatz ich drehe mich um, keine Wegweiser. Ich frage einen Passanten, Antwort: „Ja, das sind die Gleise vom Regionalbahnhof da drüben über der Kreuzung." Uhr: 4 Minuten, Mist, Panik. Ampel rot. Scheißegal, rüber geht's, Rollkoffer hinterher, ich renne, rein in den Regionalbahnhof, Gleis 22, geradeaus , ich renne, ich komme außer Puste, Mann ich habe nichts mehr drauf, dafür dass ich mal Marathon gelaufen bin. Uhr: 2 Minuten, in der Ecke hinten ein Wegweiser: Gleise 20-24, weiter, um die Ecke, verdammt , ein langer Gang, ich pruste mich zwischen den Menschen durch, ich habe Seitenstechen, Gangende, Abfahrtszeit, ich sehe den Zug, ich sehe den Zug, ich renne, der Koffer rattert hinter mir her, ich renne, ich steige ein und die Tür schließt sich sofort hinter dem Koffer.

Ich huste bin außer Atem, innerlich total nervös, ich bin kurz davor zu zittern. Mann, was ist los?

Ich weiß es nicht, ich weiß es nicht!

Ich versuche mich zu beruhigen, meine Gedanken zu ordnen, ich schaue aus dem Fenster und suche einen Sitz. Blick auf's Ticket, mal wieder, muss schon langsam durchlöchert sein vom Draufgucken. Der Zug fährt zur letzten Haltestelle, ein Vorort von Chemnitz, wo ich mit dem Auto abgeholt werden soll. Geschafft, gut.

Noch 45 Minuten dann ist alles o.k. bleib ruhig, einfach ruhig alles o.k.

Ich komme an. Diesmal keine Hetze, Auto wartet ja. Kleiner Bahnhof, 2 Gleise, kann mich nicht verlaufen. Unterführung, da steht ein Auto. Ein freundlicher junger Mann: „Sind Sie Herr Dietrich?" „Ja." „ Ich darf Sie in die Klinik bringen." „Gut, vielen Dank", ich freue mich.

15 Minuten später bin ich da. Mein zu Hause für die nächsten 5 genehmigten Reha Wochen. Ich setze so viel Hoffnung in diese Zeit, ich erwarte so viel und weiß nicht wie das alles funktionieren soll in dieser kurzen Zeit, wo ich doch schon seit 7 Monaten! schon versuche wieder auf die Reihe zu kommen und es einfach nicht weitergeht. Und wenn es nicht klappt? Was wird dann?

Egal, ich bin jetzt da, ich werde alles mitnehmen was ich kriegen kann, ALLES. Ich will wieder der Alte werden, ich will wieder einen Geschirrspüler ausräumen und einen Einkauf machen können ohne dabei in Panik zu geraten, ich will raus aus diesem inneren scheiß Loch! Hey Gott da oben, hast du gehört? Ich will da raus!!!.

Ich gehe rein, die Tür fällt hinter mir ins Schloss, der junge Mann hilft mir mit dem Koffer. Eine freundliche junge Frau spricht mich an: „Sie sind sicher Herr Dietrich?" „Ja." „Herzlich willkommen in der Klinik. Ich würde gerne die Aufnahme mit Ihnen machen und Ihnen das Zimmer zeigen, dann können sie sich schon in aller Ruhe einrichten. Später, wenn noch die anderen Mitpatienten angekommen sind, dann machen wir einen gemeinsamen Rundgang und ich zeige Ihnen alles Wichtige für die ersten Tage, damit sie sich zurechtfinden."

„Gut, vielen Dank." Hört sich alles entspannt und gut organisiert an. Aufnahme, persönliche Daten, ärztliche Unterlagen, ein paar Fragen zu Medikamenten, 30 Minuten später bin ich ein vollwertiges Mitglied von der Besatzung in CB. Zimmer ist schön, gemütlich, Tisch 2 Stühle, bequemes Bett, im EG, schönes Bad. Gott sei Dank kein Fernseher, kann im Moment auch nur teilweise Musik hören. Telefon ja, Verbindung nach draußen muss man anmelden und extra bezahlen. Ich werde sehr selten telefonieren, wie ich später feststelle. Ich genieße die Ruhe und die Stille und manchmal sogar die Einsamkeit. Komisch, wo ich doch früher immer gerne unter Leuten war. Wenn ich bloß an die Gemeindefeste in den letzten 15 Jahren denke.

Es ist noch Zeit bis zum Rundgang, ich gehe in die große Eingangshalle, mal sehen wer da noch so alles kommt. Die Halle ist noch fast leer. Ich setze mich zu einem Mann, sagen wir „Günter", wir kommen etwas ins Gespräch. Er erklärt mir noch mal Einiges, was ich seit dem Empfang schon wieder vergessen hatte, dass die erste Woche zum Ankommen und kennenlernen sei und dass sich die Ärzte sehr viel Mühe geben. Es sei aber kein Hotel, teilweise wirklich anstrengend.

Nach und nach füllen sich die Ledersofas nach den Aufnahmegesprächen und bald sind wir vollzählig. Eine interessante Truppe von Neuen. Noch 9 Frauen und ein Mann um die 40. Alle sehr nett, machen gar keinen großen niedergeschlagenen Eindruck. Wir sitzen schnell zusammen und unterhalten uns. Mit dem neuen Kollegen, ich nenne ihn mal Frank, auch ein „Outgeburnter" werde ich später noch viel Tischtennis spielen. Es sind viele verschiedene Charaktere darunter, Erschöpfung aus beruflichen Gründen, eine Frau hat ihren Sohn verloren, Krankenschwestern die überlastet sind oder mit den Zuständen auf der Arbeit nicht mehr klar kommen und und und.

Mit Frank schließe ich mich gleich kurz, Zimmernummer, was man gerne an Sport macht usw. Die Zeit verrinnt schnell bis zum Rundgang.

Rundgang: Toll was es hier alles gibt, das Internet hatte nicht gelogen. In den verschiedenen Gebäudeflügeln sind ca. 100 Patienten untergebracht, Ergotherapie, Wassergymnastik, Sporthalle, Therapieräume, Kochen, Basteln, Tonarbeiten, Malen, Korbflechten, Bewegungstherapie, Yoga, Tai-Chi, PMR, Atmungsübungen alles da. Sieht gut aus.

Jeder Patient hat einen Bezugstherapeuten und einen Betreuer, Der Therapeut macht die psychische Betreuung und schlägt die Therapiekurse vor, der Betreuer teilt in die Kurse ein und erstellt den Stundenplan für die Woche. Er ist der Ansprechpartner für organisatorische Fragen. Der Bezugstherapeut für die seelischen. Man muss alle besuchten Kurse abzeichnen lassen. Jeder erhält eine Mappe mit der Kursliste der ersten Woche. Jede Woche gibt es eine neue Liste. Nach dem Rundgang erhalte ich auch meine Mappe.

Mann, wie viel auf der Liste schon drauf steht, da ist ja schon fast alles voll. Im Zimmer schaue ich genauer drauf. Die Raumnummern, wo waren die noch mal alle? Die medizinische Zentrale, ach ja im Seitengang zu den Therapiezimmern in Block 1. Zimmer meiner Betreuerin? Keine Ahnung mehr.

Der Plan war schon gut belegt, morgens und mittags je 2 Einheiten im Schnitt, Arzttermine, Therapiegespräch usw.

Zu Hause hatte ich noch mit 2-3 Sachen am Tag gekämpft und hier jetzt schon die ganze Woche so voll. Laut „Günter" ist die erste Woche harmlos in der zweiten geht es langsam los und in der dritten Woche haben sich die Termine fast verdoppelt. Wie soll ich das schaffen in so kurzer Zeit, ich habe gerade mal die Zugfahrt hinter mich gebracht. Ich versuche ruhig zu bleiben. Trotzdem macht sich Unsicherheit breit. Na ja vielleicht geht es den anderen ja auch ähnlich, wir werden sehen.

Auspacken, einrichten, alles für den nächsten Tag richten, Wecker stellen, Stundenplan bereit legen, ach ja, Fragebogen noch ausfüllen über Krankheiten und Befinden, wie man angekommen ist usw.

Der Fragebogen ist anstrengend, an manchen Fragen lese ich mich fest und kann mich nicht mehr richtig konzentrieren. Dann gebe ich auf und beschließe den Rest morgen zu machen. Wir müssen erst übermorgen abgeben.

Der erste Tag in der Reha Klinik:

Keine Angst, ich werde euch jetzt nicht mit meinem Tagebuch aus CB langweilen und jeden Tag haarklein beschreiben.

Ich werde mich auf die wichtigsten Erfahrungen, die ich in dieser Zeit gemacht habe, beschränken.

Morgens das erste Frühstück im Speisesaal, ach ja, vorher muss man sich bis 11.00 Uhr mit dem Schlüssel am Speisesaal registrieren, damit der medizinische Dienst weiß, dass alles in Ordnung ist, ansonsten erfolgt sicherheitshalber eine Kontrolle im Zimmer. Das ist auch gut so, man weiß ja nie, welche Probleme neue Patienten so haben können. Hausordnung muss sein. Dient der eigenen Sicherheit. Außerdem: strengstes Alkoholverbot! Bei Zuwiderhandlung wird die Reha abgebrochen und man darf schlimmstenfalls den bis dahin geleisteten Aufenthalt selbst aus eigener Tasche bezahlen.

Ich hab natürlich die Registrierung am ersten Tag gleich mal wieder vergessen und gehe nach dem Frühstück in die Zentrale des MD zur Rückmeldung.

Dann kommt auch schon der Terminplan zum Einsatz: Erst mal die medizinischen Eingangsuntersuchungen morgens: Das Übliche, Gewicht, Blut, Urin, Medikamente etc. Gespräch mit dem Arzt, mit der Chefärztin, mit der Therapeutin. Die Therapeutin ist anstrengend. Die ganze Krankheitsgeschichte, schon wieder, aber Sie will mich ja auch kennenlernen. Ich merke, wie ich öfter stocke, es mir den Hals zuschnürt und ich aufhöre zu erzählen. Ich rege mich immer noch jedes Mal unwillkürlich auf, ich habe das nicht unter Kontrolle. Besonders immer dann, wenn ich zum Ablauf des eigentlichen Vorfalls mit dem anschließenden Krankenhausaufenthalt komme.

Die Therapeutin schlägt die ersten verschiedene Arbeitsgruppen und Entspannungskurse für die Therapie vor. Mit diesem Blatt soll ich am nächsten Tag dann die Betreuerin zur Erstellung des Stundenplanes für die erste Woche aufsuchen.

Am Nachmittag des ersten Tages gehe ich noch mal in den Trakt für die Kreativgruppen, ich will sehen welche Malerausstattung vorhanden ist.

Keiner mehr da. Das Kreativzimmer ist offen, ich gehe rein, schaue mich um, niemand zu sehen. Pinsel stehen auf einem Regal.

„Hallo guten Tag, wie darf ich Ihnen helfen?" Eine junge sehr freundliche Frau lächelt mich entspannt an.

„Oh, Entschuldigung, dass ich hier so hereinspaziere. Ich wollte gerne in der Kreativgruppe ein Bild malen und mich dazu einfach mal umschauen was es hier alles gibt."

„Wasser-, Acryl-, oder Textilfarben, Pinsel, Leinwände, alles da Sie müssen nur sagen was Sie brauchen, auch Seidenmalen ist möglich."

„Oh, das hört sich gut an. Haben Sie Keilrahmen ca. 1m x 0,8m?"

„Nein, so große leider nicht, maximal 30x40cm, aber auf eigene Kosten kann ich Ihnen gerne eine Adresse in der Nähe sagen, wo sie welche kaufen können."

„Das wäre super, ich will vielleicht für eine gute Bekannte ein Bild malen!"

Sie gibt mir die Adresse, ja!, das hat schon mal geklappt! Ein erstes kleines Erfolgserlebnis! Mit großer Auswirkung, wie sich später herausstellen wird.

Der erste Morgentreff:

Irgendwie bin ich ziemlich aufgeregt. Außerdem war ich zu spät, alle saßen schon in der Runde. Ich hatte mich auf dem Weg zum Zimmer des Morgentreffs für unsere Gruppe zuerst im Block geirrt. Ein Platz war frei gehalten. Ziemlich am Ende der Runde, neben einem Kollegen mit, wie ich gleich erfahren werde, ähnlicher Diagnose und Überlastungssymptomen.

Vorstellungsrunde, wenn neue Patienten in die Gruppe kommen, stellen sich alle anderen vor, erzählen kurz von sich und geben eigene Tipps für den Tagesablauf. Ansonsten ist dieser tägliche Morgentreff dazu gedacht, dass jeder kurz wichtige Erfahrungen, Ereignisse vom Vortag berichten und, wenn erforderlich auch einen Sondertermin mit dem Therapeuten vereinbaren kann.

Alle sind sehr freundlich, erzählen wie gut man betreut wird, was man an Aktivitäten machen kann, worauf man achten sollte usw. Einige erzählen auch kurz über sich, das fällt nicht jedem leicht. Dabei fließen auch schon mal ein paar Tränen oder man bricht ab.

Die Runde kommt immer näher zu mir. Ich bin der drittletzte. Na, ist ja nicht schlimm, ich erzähle einfach das, was ich meinem Therapeuten zu Hause, dem Neurologen und dem Gutachter von der DRV auch schon alles erzählt habe. Also alles ganz easy, denke ich, aber die Anspannung nimmt von Person zu Person zu und ich merke auch wie mein Puls steigt.

Ich bin dran. Name, Beruf, Alter, Familienstand, glücklich verheiratet, 2 Kinder alles kein Problem. Ich will vom 23.11.13 erzählen und von den Ursachen und was danach so alles passiert ist bis ich jetzt endlich hierher kam, in Kurzform. Ich fange an zu stottern, ich werde nervös, meine Stimme zittert. Meine Atmung wird heftiger. Ich versuche mich zu konzentrieren, langsam zu sprechen, es wird etwas besser, aber es strengt unheimlich an. Es ist still im Raum, sehr still, ich fühle wie alle auf mich hören. Nach der Hälfte von dem was ich eigentlich alles sagen wollte kommt dann ein hastiges: „Das war´s für heute" bei mir raus und ich breche ab. Die Therapeutin bedankt sich und ermuntert mich: „Wenn Sie morgen noch mehr erzählen möchten können Sie das gerne tun, wenn nicht, dann ist das vollkommen o.k." Der Kollege neben mir ist schon 2 Wochen hier und kennt sich ganz gut aus. Er ist Polizist. Er gibt mir etliche gute Tipps und wir werden in den nächsten 3-4 Wochen noch viel und auch persönlichen Kontakt haben, z.B. beim Tischtennis. „Die Aufregung ist am Anfang ganz normal. Nach einer Woche fühlst du dich wie zu Hause, immer mit der Ruhe."

Mann, was war das in der Morgenrunde? Was ist das? Was ist los? Ich bin Projektleiter, ich stelle mich bei jedem neuen Kunden vor schon tausendmal, seit 23 Jahren, ich halte Meetings und Präsentationen in 3 Sprachen. Was zum Teufel ist bloß los? Ich verstehe das alles nicht mehr. Bloß weil ich über meinen Burnout und den Krankheitsverlauf berichten will komme ich derart ins Schwitzen, dass ich abbrechen muss! Scheiße! Scheiße! Scheiße! Das wird nie was in den 5 Wochen hier. Das reicht nicht. Verdammt, verdammt noch mal!

Ich bin total fertig und frustriert. Gleich am ersten Tag. Volle braune Masse!

Nach dem Morgentreff kommen dann noch die ärztlichen, körperlichen Untersuchungen, Blutdruck, EKG, Blutbild usw.

Blutdruck ist etwas zu hoch mit 140/100, Harnsäurespiegel ist ebenfalls zu hoch. Beide Werte müssen täglich morgens kontrolliert werden. Der Rest der Werte ist o.k. Dauert ca. 1 Woche bis alles in der Reihe ist. Hoher Blutdruck kommt wahrscheinlich von der generellen Anspannung. Früher hatte ich damit nie Probleme.

Mittags machen wir das Gleiche noch mal im Einzelgespräch, die Therapeutin und ich. „Machen Sie eine Pause, wenn Sie sich dabei aufregen. Atmen Sie ruhig beim Sprechen. Schauen Sie zum Fenster raus, wenn Sie eine Pause machen, denken Sie an etwas anderes, was Ihnen Spaß macht." O.k., danke für die Tipps. Es fällt wieder schwer und ich stocke ein paar Mal, aber es klappt. Es sind aber auch weniger Zuhörer und Sie als Therapeutin ist eher eine Vertrauensperson.

Mit der Zeit, je öfter ich auch mit den anderen Kollegen spreche, wird es immer einfacher. Später kann ich mir dann auch denken warum.

Nachdem ich dann meine ganzen Probleme erst mal, soweit in einer Stunde möglich, ausgebreitet oder angerissen habe, empfiehlt mir die Therapeutin verschiedene Seminare, Arbeitsgruppen, Kurse und Entspannungsmethoden.

Am Tag darauf geht´s dann auch schon zur Betreuerin. Wir legen zusammen den Stundenplan für die empfohlenen Kurse fest. Mann, das ist kein Erholungsurlaub hier. Die ersten 2-3 Tage sind weniger gefüllt und man kann auch überall im Gebäude mal reinschnuppern, aber dann geht es voll zur Sache. Jeder Tag ist mit mindestens 5-7 Stunden belegt, wenn man alles zusammen rechnet. 1h Mittagspause, 30 Minuten Kaffeepause. Klar, es sind auch Entspannungs- oder Kreativkurse dabei, aber es gibt keinen Leerlauf.

Jeder Kurs musste von der jeweiligen Leiterin als besucht auf dem eigenen Stundenplan abgezeichnet werden. Schwänzen war also nicht drin. Wenn man nicht konnte, warum auch immer, musste man sich mit einer Begründung bei der Kursleitung abmelden. Die war immer sehr verständnisvoll, aber einfach so fehlen kam gar nicht gut an. Nach jeder Woche wechselten die Kurse und der Stundenplan teilweise. Dann trafen sich alle Patienten mit der gleichen Betreuerin und man stellte seinen Stundenplan für die nächste Woche entsprechend den zu belegenden

Kursen selbst zusammen. Die Betreuerin prüfte noch mal auf Vollständigkeit. Jede Woche wurde der alte Stundenplan mit den Unterschriften abgegeben.

In der ersten Woche hatte ich wirkliche Probleme mit der Kursdichte. Öfter kam ich zu spät, weil ich was übersehen hatte oder einfach noch eine Pause im Zimmer brauchte, ohne schon wieder einen Input zu haben. Sehr gut waren von Anfang an die Entspannungskurse und Sport. Da konnte man einfach den Kopf wieder frei machen und runter fahren.

Sportkurs 1:

In Sport 1 sind alle Patienten, die vom Kreislauf her keine Probleme haben.
Am Anfang in der ersten Woche darf ich da nicht rein: Zu hoher Blutdruck.
Ärgert mich natürlich, als früherer Marathonläufer, vor allem, weil dort 1x
wöchentlich Volleyball gespielt wird. Ich hatte früher mal 12 Jahre aktiv
Volleyball gespielt und freute mich deshalb darauf. Am zweiten
Wochentermin kommt dann der Kreislauf dran, oft mit Zirkeltraining oder
anderen Ausdauereinheiten über 45 Minuten. Das geht schon richtig zur
Sache.

Was sehr gut ist: Man kann die Turnhalle frei nutzen, wenn keine Kurse
stattfinden. Nach ein paar Tagen haben wir uns aus den Sportgruppen
schon so organisiert, dass es zusätzlich bestimmte Termine einmal
wöchentlich abends für Volleyball und für Tischtennis gibt. Sobald die Halle
frei ist, wird fast jeden freien Abend in der einen freien Hallenhälfte
Tischtennis gespielt. In der anderen Hälfte ist auch oft Badminton dran. Da
kann man noch mal so richtig alles rauslassen und es entstehen auch sehr
gute Kontakte und Gespräche außerhalb der Therapiegruppen. Diese
Gespräche mit anderen Kollegen, vor allem beim Tischtennis und Volleyball,
haben mir auch sehr viel an Erfahrung, anderer Sichtweise und auch Ideen
gebracht. Vor allen Dingen zur Einschätzung meiner eigenen Situation. Es
war für mich unheimlich wichtig offen mit meinem Problem umzugehen und
mich nicht abzukapseln. Diese Erfahrung haben etliche andere ebenfalls
gemacht. Vor allem gab es sofort von den Meisten volles Verständnis, auch
außerhalb von Sportgruppen, in den Kreativbereichen. Man brauchte keine
Angst zu haben als „nicht mehr leistungsfähig oder zweitklassig" eingestuft
zu werden. Wir saßen alle im gleichen Boot und hatten das gleiche Ziel: Das
Boot muss wieder in den nächsten sicheren Hafen und wir wollen an Land
und wieder fest auf beiden Füßen stehen. Keiner von den Kollegen/Innen,
die ich kennen gelernt hatte wollte hinterher einen auf Blau machen, Keiner!

Hauptsächlich freitags war Vortragsnachmittag. Es war ein sehr
unterschiedliches und umfassendes Programm über unser Hauptthema
Burnout, Gesundheit und Vorsorge, Lebenseinstellungen,
Entspannungsmethoden etc.

Die wichtigsten Kernaussagen, vor allem zum Thema Burnout, die bei mir im
Gedächtnis hängen blieben, habe ich nachfolgend aufgelistet. Außerdem
sind dabei auch einige Aussagen aus Tageszeitungen oder Journalen
enthalten, die ich Artikeln zum Thema entnommen habe:

- Ein Burnout (BO), kann jeden treffen, das sah man auch ganz einfach an der „Besatzung aus den Mitpatienten" in der Klinik.

- BO ist ein Erschöpfungsprozess, der durch psychische und emotionale Verstrickung mit Arbeit gekennzeichnet ist und schließlich zu körperlichen Symptomen oder definierten Krankheiten führen kann wie z.B. Depression, Herzinfarkt oder chronischen Schmerzen (Spiegel 2012)

- Stufen eines Burnout Syndroms (nach meinen eigenen Erfahrungen): Symptome des Körpers in der Anfangsphase -wie bereits beschrieben-, abnehmendes Engagement, emotionale Reaktionen (überhöhte Anspannung und Reizbarkeit), Abbau der Konzentrations- und Leistungsfähigkeit, Verflachung des emotionalen und geistigen Lebens, körperliche Reaktionen, Verzweiflung (hatte ich auch zusammen mit meinem Therapeuten zu Hause sinngemäß erarbeitet)

- Erschöpfungsstufen:
Schmerzen, Verspannungen, Energieverlust, Schlafstörungen, Grübeln
Psychische Veränderungen: Reizbarkeit, Aggressivität, Schuldgefühle, sozialer Rückzug, Mehrarbeit, Gedächtnisprobleme, Abnahme der Leistung und Lebensfreude, völlige Erschöpfung.
Ende der Spirale: Suizidgedanken, quälende Unruhe, Depressionen.
Jeder 7. stark depressive Patient kann konkrete Suizidgedanken haben. Daher ist die Verhinderung der chronischen Depression sehr wichtig.

- Schätzungsweise 30% aller Beschäftigten in Deutschland haben schon einmal ernsthafte Symptome gehabt oder hatten einen Burnout. (Bestätigte auch ein Artikel in unserer Tageszeitung und im Spiegel)

- Die Konsequenzen nach einem Burnout können sehr unterschiedlich sein. Dies konnte ich auch aus den Gesprächen mit vielen Mitpatienten entnehmen. Sie reichen von vollständiger Arbeitsunfähigkeit bis zur teilweisen Arbeitsfähigkeit mit einem gewissen Behinderungsgrad. Oft ist auch ein anderes Arbeitsumfeld oder eine Umschulung erforderlich. Dies hängt auch sehr von den jeweiligen Randparametern der Arbeit ab, Stress, Konflikte, psychischer Druck, eine als ausweglos empfundene Situation etc. Die „Heilungschancen" nach einem erneuten Zwischenfall sinken entsprechend. Daher soll man langsam und mit Geduld austherapieren, um den größtmöglichen Erfolg zu erzielen.

Wenn man bei Wikipedia nach Suizid oder Suizidrate googelt kann man folgende Informationen finden:

Suizide entsprachen im Jahr 2007   30,7 % der Todesfälle mit äußerer Ursache (Vergleich: Unfälle 60,4 %, darin Stürze 25,2 %, Verkehr 16,9 %).[destatis 1][destatis 2] Der Anstieg der Suizidrate seit 2007 um knapp 9 % korrespondiert mit der zuletzt stark angestiegenen Krankheitslast durch psychische Störungen, speziell Depressionen und betrifft Männer stärker als Frauen.[14]

Der Anteil von Selbsttötungen an den Todesursachen erreicht dennoch bei jungen Erwachsenen sein Maximum, da deren Sterblichkeit durch Krankheit sehr niedrig ist.

In der Altersgruppe der 15- bis 35-Jährigen war Suizid Ursache in einem von sechs Todesfällen (16,5 %). Insgesamt betrug die Suizidsterblichkeit von weiblichen Personen 5,7, von männlichen 17,4 je 100.000 Einwohner. Von den 9402 Suiziden wurden 7009 (74,5 %) von Männern ausgeführt. Wegen der bei Frauen schneller abnehmenden Suizidzahlen hat dieser Anteil steigende Tendenz.[destatis 1][destatis 2]

Die Zahl der Suizidversuche liegt gegenüber den vollendeten Suiziden im Mittel um einen Faktor 10 bis 15 höher, also bei etwa 100.000 bis 150.000!!

Doppelt so viel Selbstmorde wie Verkehrstote und eine 10-15-mal so hohe Anzahl an geschätzten Selbstmordversuchen. Das hätte ich niemals vermutet!

- Schon nach einer 3-6 Monaten andauernden temporären depressiven Phase aufgrund von Krankheit oder anderen Ursachen besteht die Gefahr einer permanenten chronischen Depression. Daher ist es besonders wichtig Menschen, die aufgrund von geänderten Bedingungen (Unfall, Krankheit, Partnerverlust, Verlust eines Angehörigen, Kinder etc.) eine depressive Phase erleben, möglichst schnell zu helfen!

Wenn ich da meine eigene Erfahrung der langen Wartezeit für psychologische Betreuung aufgrund von Unterkapazitäten zusammen bringe mit der laut Wikipedia möglichen Ursache Suizid, der daraus resultieren kann, dann wird mir schwindelig.
Das Problem ist natürlich auch die Erkennung einer Depression und, dass sich jemand bewusst behandeln lassen will. Das Ganze ist ja sehr oft ein absolutes Tabu Thema. Das habe ich auch selbst bei

mir am Anfang festgestellt. Man hat natürlich Angst davor als „plemplem" oder nicht mehr leistungsfähig eingestuft zu werden, wenn man in therapeutischer Behandlung ist. Also ist erst mal eine ablehnende Haltung vorhanden. Je länger der Zustand allerdings andauert, desto geringer die Hoffnung das Ganze ändern zu können. Das hatte ich auch bei mir wahrgenommen. Die Träume, die Gedanken, die sich veränderten, irgendwie bin ich anders geworden ohne es zu wollen.

Jetzt gehe ich offen mit dem Thema um und suche ärztliche Hilfe. Das ist ein eigentlich ein ganz normaler Vorgang, wie bei jeder anderen Krankheit auch. Es ist ein großer Fehler für die Betroffenen, dass dieses Thema in der Gesellschaft oft tabuisiert wird, denn es kann jeden treffen. Ich habe in der Klinik Mitpatienten aus den verschiedensten Berufsgruppen kennengelernt: Ärzte, Krankenschwestern, Lehrer, Polizisten, Pfarrer, Angestellte, Bänker, die besondere Probleme mit der Arbeit, der Familie oder dem sozialen Umfeld hatten.

Und es stimmt. Es war verblüffend, wer sich mir gegenüber dann alles geoutet hat, als ich angefangen habe später auch im Bekanntenkreis zu Hause oder bei Projektreisen meine Situation zu kommunizieren. Plötzlich kamen viele auf mich zu und haben mich nach meinen Erfahrungen gefragt. So wie in der Reha selbst auch. Gerade vor 2 Wochen habe ich wieder bei einem Projekt mit einem Kollegen von einer Softwarefirma gesprochen. Er hat auch umgeschult, von Projektmanagement und Außendienst auf eine interne Arbeit in der Firma. Gleiche Ursache, gleiche Symptome. Nach meiner Ansicht hat es noch einen großen Vorteil, wenn man offen damit umgeht: Wenn man es einmal geschafft hat sich zu outen, dann braucht man auch keine Angst mehr davor zu haben, was die Leute denken oder ob jemand etwas weiß, vermutet oder gehört hat. Auch das nimmt Druck weg. Wer dann zu den wirklichen Freunden gehört, das merkt man von ganz alleine.

- Der Mensch ist kein Computer oder Maschine. Er kann mehrere Aufgaben nur in kurzen Teilsequenzen abarbeiten, wobei jede der Teilsequenzen aber wieder hintereinander bearbeitet wird. Daraus resultiert, dass man bei mehreren angeblich gleichzeitigen Arbeiten oft zwischen den Tätigkeiten hin und her springen muss. Das erzeugt Stress. Man kann sich nicht auf eine Aufgabe konzentrieren. Die Fehlerwahrscheinlichkeit nimmt zu. Meist ist es sinnvoller sich auf eine oder zwei Aufgaben zu konzentrieren. Dadurch kann man sich auch detaillierter mit den Problemen beschäftigen und bessere Lösungen erarbeiten. Außerdem bleiben Dinge besser im Langzeitgedächtnis haften, wenn man sich intensiver damit beschäftigen kann (auch ein alter Hut, passt aber irgendwie gerade gut zum Thema)

- Wichtige Rahmenbedingungen bei Maßnahmen gegen einen
  Burnout:
  Gesundheit fördern, positive Lebenseinstellung, Fehler ernst nehmen
  aber nicht überbewerten.
  Wichtig: Kein Tabuthema (aus meiner eigenen Erfahrung, dann
  macht man sich nicht immer Gedanken, was die anderen wohl von
  dir denken oder wie man vermeiden kann, dass sie etwas davon
  erfahren), Früherfassung (das habe ich auch selbst während der
  Wartezeit erfahren, die ich vorne bereits beschrieben habe)
  Entspannung, Erholungsphasen, gesunde Ernährung, Sport und
  Bewegung.

In Wirklichkeit zahlt sich bei der Arbeit zu hoher Druck und der Stress für
keinen aus.

Weder für den Arbeitnehmer noch für den Arbeitgeber. (Es gibt auch
positiven Stress, wenn er nicht zu stark ist und von einem Erfolgserlebnis
„gekrönt" wird, Lob, Anerkennung etc., der ist ja o.k. und kann sogar
„beflügeln")

In vielen Fällen sind die Arbeitsbedingungen und vor allem der Umgang der
Menschen bei der Arbeit miteinander, ein ausschlaggebender Faktor für den
psychischen Druck. Das trifft nicht nur auf das Verhältnis
Vorgesetzter/Mitarbeiter sondern auch auf die Kollegen untereinander zu
(Mobbing). Das ist keine Weisheit.

Mit Arbeitsbedingungen, wie letztens in der Presse zu lesen war, ähnlich bei
Aldi oder Lidl und auch anderen Branchen, ist keinem geholfen. Ein
ehemaliger Bereichsleiter berichtet in seinem Buch über Aldi ausführlich
darüber. („ALDI einfach billig").

Wenn Mitarbeiter sich bei ihrer Arbeit wohl fühlen und ihre eigene Motivation
aus der Anerkennung und den Erfolgserlebnissen ziehen, dann sind sie viel
engagierter, innovativer und auch bereit mehr zu leisten als gefordert, als
unter Druck und Angst um den Arbeitsplatz oder die Existenz. Und sie
bleiben gesund. Ein kranker Mitarbeiter ist für einen Betrieb immer teurer,
als ein gesunder. Und auch ein Mitarbeiterwechsel kostet Geld. Gerade bei
Berufen, in denen die Erfahrung eine wesentliche Rolle spielt, kann man
langjährige Mitarbeiter nur auf dem Papier kurzfristig durch Neue ersetzen.
Es ist ganz normal, dass neue Kollegen auch Einsteigerfehler machen,

manchmal die gleichen wie ich oder wir früher. Also brauchen sie auch eine Einarbeitung. Praktische Erfahrung ist in bestimmten Berufen einfach erforderlich, vor allem wenn sie viel mit dem Umgang zwischen Menschen zu tun haben. Auch im Vertriebsbereich weiß jeder, wie wichtig Kundenkontakte und Kundenbeziehungen sind, die oft erst wachsen müssen.

Projektarbeit und Management hängt zu mindestens 30% vom Umgang der Projektpartner ab. Wenn alle Beteiligten ein Team bilden, an ihrer Stelle Verantwortung übernehmen und am gleichen Strang ziehen, läuft die Kiste in der halben Zeit. Wenn Alle versuchen einen schwarzen Peter im Kreis herum zu schieben und keiner Entscheidungen trifft oder Verantwortung übernimmt, dann weiß auch jeder was dabei herauskommt. Und das hat auch was mit dem Zwischenmenschlichen Umgang, Problemmanagement und mit Kommunikation zu tun. Auch nichts neues, ich weiß, wollte es aber noch mal erwähnen, weil es hier einfach genau passt. Das ist auch ein Teil von „sozialer Kompetenz." Dazu kann man jede Menge Literatur im Internet finden. (Mitarbeiterführung, Motivation und Trainingsseminare, Managementseminare usw.)

„Das wichtigste Kapital in einem Unternehmen sind seine motivierten und engagierten Mitarbeiter" habe ich früher mal irgendwo gelesen.

Das mit der Motivation ist auch so eine Sache. Entweder man hat Spaß an seiner Arbeit und macht die gerne und ist dann auch durch die Anerkennung und die Erfolgserlebnisse motiviert oder man hat keine Lust und arbeitet nur seine Zeit ab. Gehalt und Druck, Sonderkonditionen usw. machen dabei oft nur in zweiter Linie was aus. Ich suche mir ja normalerweise einen Beruf aus, weil ich ihn gerne ausübe. Schließlich verbringe ich 30-40% meiner Lebenszeit damit. Wenn die Rahmenbedingungen dann nicht stimmen, kann ich ja auch den Arbeitgeber wechseln (soweit das meine Situation und mein anderes soziales Umfeld zulassen.)

Zum Thema Multi-Tasking:

Das mit dem häufigen Wechsel zwischen verschiedenen Aufgaben und dem daraus entstehenden Stress ist auch insofern interessant, wenn man bedenkt, dass sich Dinge erst im Langzeitgedächtnis abspeichern, wenn man sich ca. 20 Minuten damit beschäftigt. Das kann im Umkehrschluss bedeuten, dass die Wahrscheinlichkeit für Fehler zunimmt und man vergesslicher ist, wenn man an zu vielen Dingen gleichzeitig arbeitet und hin und her springt. Danach muss man sich wieder mehr konzentrieren und es entsteht ein kleiner Teufelskreis. Die Theorie passt auch zu den immer mehr zunehmenden Notizzetteln und Merkern, die ich mir im letzten halben Jahr vor dem 23.11.11 gemacht hatte. Das war am Ende richtig chaotisch.

Die ständige Erreichbarkeit, ist ja alles gut und schön. Auch der Kundenservice ist wichtig und bei dringenden Problemen sicherlich auch erforderlich. Wenn es um Probleme geht, die nicht nur Zeit sondern auch Geld kosten, dann muss natürlich auch gehandelt werden. Aber dann ist auch die Manpower dazu erforderlich. Ich sehe doch auch auf Baustellen, wie es den Technikern und Monteuren unserer Lieferanten teilweise geht, wenn es einfach zu viel wird. Das ist kein Einzelfall mehr. Jetzt erst kürzlich wieder im Bekanntenkreis: Ein Kollege in der IT Service Abteilung einer anderen Firma, immer erreichbar, zu viele Aufgaben und Funktionen gleichzeitig, 45 Jahre, massiver Burnout, seit 3 Monaten ausgefallen, wartet auf Reha.

Leider entwickeln sich in vielen Fällen die Arbeitsbedingungen in eine Richtung, dass wir ihnen von Natur aus immer weniger langfristig gewachsen sein können. Weil wir dazu nicht „gebaut oder konstruiert" sind. (stammt nicht von mir) Vielleicht würde es sich lohnen darüber mal nachzudenken. Denn die Kosten die durch diese Überlastungen, und es werden ja immer mehr, für die Gesellschaft entstehen sind enorm. Genauso wie die Kosten für den Ausfall der Mitarbeiter im Betrieb. Aber diese Themen sind nicht Teil dieses Buches, außerdem habe ich da auch viel zu wenig Detailwissen. Interessant wären die Zusammenhänge trotzdem schon. Vielleicht gibt es dazu ja auch schon Untersuchungen und ich weiß wegen meiner Lesefaulheit nichts davon. Genau, das wird's wohl sein..

Erysipel: Zwangspause von 2,5 Wochen, so ein Mist!!!

Nachdem die Möglichkeiten für das Malen auf Leinwand ja perfekt waren und mir die Therapeutin aus dem Kreativbereich auch noch mit einer Quelle für die Keilrahmen die wichtigste Info gegeben hatte, legte ich also los. Mit dem Einverständnis der Ärzte und Therapeuten durfte ich meine Malutensilien mit auf's Zimmer nehmen und konnte dann jederzeit nach Lust und Laune an dem ersten Bild arbeiten. Es war ein Keilrahmen 1x1m und ich zeichnete die beiden Figuren mit Bleistift vor. Ich hatte keine Staffelei auf dem Zimmer und stellte den Keilrahmen mit Zeitungsunterlage als Tropfschutz auf eine Kommode. Klappte ganz gut, nach 3 Abenden war die Bleistiftversion der Umrisse fertig. Es war eine andere Art der Konzentration. Ich war hinterher auch immer müde und schlief sofort ein, es war aber keine Erschöpfung, die eine innere Unruhe oder Nervosität erzeugte, wie vorher, komisch, aber interessant. Daher konnte ich relativ regelmäßig weiter daran arbeiten.

Leider kam eine unerwartete Unterbrechung dazwischen.

In den ersten Abenden hatte ich mich beim Zeichnen der Konturen wegen der Kommodenhöhe beim unteren Bildteil auf den Boden gekniet. Das war bei den 2 ersten Abenden noch ganz o.k. Etwas später hatte ich dann am linken Knie eine rote Druckstelle, die ich aber erst mal nicht beachtete. Sie entzündete sich und wie üblich bildete sich ein Pickel. Auch nichts Schlimmes. Was macht man mit Pickeln als mutiger, unerschrockener Mann? Genau, einmal kräftig mit den Fingernägeln der beiden Zeigefinger und – spritz-, weg ist er. War er auch. Aber nicht ganz. Die Stelle entzündete sich von innen heraus weiter und der Pickel ging nicht weg. Natürlich passierte das gerade am Wochenende, so dass ich die Ärztin eigentlich wegen einer normalen Hautentzündung nicht rufen lassen wollte. Mit der Krankenschwester des ärztlichen Dienstes versuchen wir es am Samstag mit verschiedenen Entzündungssalben und Verbänden. Half aber nichts. Bei schönem Wetter setzte ich mich dann am Samstagmittag auf einer Liege in die Sonne und ruhte das Knie aus. Auch wieder ein Fehler von mir, weil die Sonnenwärme das Ganze verschlimmerte. Die Entzündung wurde größer und der Schmerz nahm zu. Das war ungewöhnlich. Daher beschloss die Krankenschwester des ärztlichen Dienstes richtigerweise mich am Sonntag ins nahegelegene Krankenhaus zu schicken. Das waren ca. 2 km entlang der Straße, nicht Wert ein Taxi zu bestellen. Also bin ich gelaufen. Die entzündete Stelle hat etwas gespannt und gezogen aber es ging. Allerdings war die Entzündungsflache inzwischen beträchtlich angewachsen und hatte fast Handflächengröße erreicht. 30 Minuten Wartezeit in der Notaufnahme, dann kam ich dran. Die Ärztin, die gerade Notdienst hatte war ziemlich fit, machte aber sofort einen besorgten Eindruck. „Wann haben Sie das letzte Mal Penizillin eingenommen?" „Vor ca. 9 Monaten." „Haben Sie eine Unverträglichkeit?" „Nein." „Also, das ist ein Erysipel, eine Entzündung, die sich unter der Haut sehr schnell ausbreiten kann und ab einer kritischen Größe gefährlich ist." Wenn ich sie damals richtig verstanden habe kann das in Richtung Blutvergiftung o.ä. gehen. „Also Bewegungsverbot für das Bein, hinlegen und die Entzündung kühlen. Den ganzen Tag, dass sie sich nicht weiter ausbreitet. Sie ist schon sehr groß, sie darf nicht weiter wachsen. Dazu nehmen Sie Penizillin ein, 2x500mg täglich über mindestens 10 Tage." Die Normaldosis, die ich kannte lag bei 1x500 täglich über 5 Tage. „Danach sehen wir uns die Entwicklung an. Wenn das Erysipel bis dahin noch nicht vollkommen weg ist und die Entzündungswerte normal sind, dann müssen wir die Behandlung verlängern." „Äh, Bewegungsverbot, was bedeutet das genau?" „Das Knie nicht beugen, so wenig wie möglich gehen, wenn, dann mit gestrecktem Bein, absolutes Sportverbot jeglicher Art. Hochlegen und permanent kühlen. Wie sind Sie eigentlich hierher gekommen?" „Gelaufen, ist ja nicht weit, die 2km, das ging schon." „Um Himmels Willen, auch noch bei der Hitze, kein Wunder, dass sich das Erysipel da so munter ausbreiten kann. Sie fahren mit dem Taxi zurück. Und beginnen Sie mit dem Penizillin sofort. In 10 Tagen bitte wieder melden."

Klasse. Absolut toll, wunderbar! Jetzt bin ich in der Reha. Habe endlich herausgefunden, dass ich mich mit Sport und Bewegung richtig „regulieren" kann und habe hier die besten Trainingsmöglichkeiten und dann so eine Megascheiße!! 2 Wochen Bewegungsverbot. Nix. Kein Sport, nicht einmal Yoga oder Tai Chi als Entspannungsübungen, da gehen mir ganze 2 Wochen flöten. Und dann dieser ganze Umstand, immer Kühlpads mitnehmen in die anderen Kurse und die Flosse hochlegen. Oh Mann, jetzt warte ich 7 Monate auf diese Reha und dann auch noch das. Wie viele blöde Pickel hatte ich schon mal eben kurz beseitigt? Und ausgerechnet jetzt passiert so ein Käse. Voller Griff in die braune Masse, bis über den Ellenbogen. Glückwunsch!
Ich hatte mich damals zuerst ziemlich darüber aufgeregt, aber es war nicht zu ändern. Also: alternative Strategie, was machen wir am besten aus der Zeit? Lesen? Ich bin ja ein Lesemuffel. Ach ja, ich habe ja noch die Malausrüstung auf dem Zimmer. Also malte ich zuerst mal den 1x1m Schinken fertig. Das ging ganz gut, im Liegen oder Sitzen im Bett. So ein Keilrahmen ist nicht besonders schwer. Ich konnte ihn mit der linken Hand

halten und ausbalancieren und immer auf einer Ecke, im Bett sitzend, auf der Bettdecke auf den Oberschenkeln abstützen und mit der rechten Hand malen.

Ging gar nicht so schlecht. Immer so 30 Minuten, dann eine Entspannungspause für die Arme und dann wieder weiter. Ich legte mir dazu leise meine Lieblings CD ein. Das 1x1m Bild war in einer Woche komplett fertig. Was ich am dritten Tag feststellte war, dass ich mich zwar auch konzentrieren musste, das klappte aber irgendwie besser als einen langen Text lesen. Ich musste mir keinen Inhalt merken. Ich begann sogar dabei Entspannung zu üben, die Pinselstriche mit der Atmung zu koordinieren. Das war ein bisschen wie alternatives Entspannungstraining. Gegen Ende des Bildes war ich auf jeden Fall so weit, dass ich 4-5 Stunden, mit Pausen, an dem Bild arbeiten konnte. Hei, das war ein Fortschritt, der mir gar nicht sofort bewusst war. Das hatte ich vorher noch nie geschafft, so lange am Stück konzentriert an etwas arbeiten. Das gab Auftrieb. Ich besprach das mit meiner Therapeutin und bestellte in der Kreativgruppe erst mal alles was an Keilrahmen in der Größe 30x40cm da war. Das Erysipel war ja noch nicht abgeheilt.

Mit den Nachbestellungen habe ich in der Reha während meiner Zwangspause ca. 15 von den kleineren Rahmen mit Micky Maus und Minnie Portraits bemalt. Für die Kinder zu Hause, zur Verabschiedung von Kollegen usw. Ich hatte den Spitznamen „der Mausmaler." Nach 2 Wochen war die Folgeuntersuchung natürlich negativ. Die Prozedur musste eine Woche verlängert werden. Mist!

Dann half mir allerdings meine Therapeutin weiter. Wir stellen einen Antrag auf 2 Wochen Verlängerung, Sie können ja die ganzen Therapien und Anwendungen nicht ausführen. Vor allem die Entspannungsübungen und die Wassergymnastik. Die 2 Wochen wurden auch genehmigt. Ich hatte jetzt also statt den zuerst genehmigten 5 Wochen 7 Wochen insgesamt. Blöd war die Sache trotzdem, weil die anderen Kollegen, die ich kennen gelernt hatte auch öfter draußen was unternahmen und ich dann brav mein Bett hüten durfte. Na, ja, war halt nichts zu machen.

Nach der dritten Woche war das Erysipel ziemlich abgeklungen und ich nervte die Sporttherapeuten, dass ich wieder mitmachen durfte. Die Leiterin blieb hart. „Herr Dietrich, so lange die Entzündungswerte nicht optimal sind haben sie keine Chance." „O.K., dann lasse ich die regelmäßig prüfen." 3 Tage später waren die Entzündungswerte auf 0 und der Arzt gab grünes

Licht. Eine Stunde später stand ich bei der Leiterin auf der Matte, ob ich am Nachmittag wieder mitmachen dürfte. „Die Entzündungswert sind auf 0, ich habe heute Morgen das o.k. vom Arzt erhalten." „Das muss ich mir noch mal bestätigen lassen, dann können sie heute Mittag kommen. Aber wie ist es denn mit der Beweglichkeit, Sie haben das Knie ja jetzt drei Wochen nicht bewegt." Treffer ins Schwarze, sie ist clever. Ich konnte das Knie gerade mal 10-20° beugen, das war´s. Also für vollen Sport reichte das auf keinen Fall. „Ich mache soweit mit wie es geht und passe auf wegen Zerrungen usw., versprochen." „ Wir machen heute sowieso Zirkeltraining, da können sie sich ja dann aussuchen was geht." Perfekt, ab da bin ich wieder mit im Boot und mache auch tagsüber Dehnungsübungen für die Beweglichkeit und zur Muskelstärkung wo es ging. Beim Treppensteigen, beim Gehen, beim Yoga, im Zimmer und nach einer weiteren Woche mit Dehnungsübungen an der Schmerzgrenze bin ich wieder bei 90°Beugung, uff, harte Arbeit, aber ich bin durch und habe jetzt noch 2 Wochen bei voller Beweglichkeit, falls nicht noch was passiert. Einen sehr positiven Effekt hatte die ganze Sache aber doch. Ich hatte in der Zeit nämlich eine alternative Entspannungsmethode entdeckt, ich hatte jetzt nicht nur die Hau Ruck Methode mit dem Sport, das Malen wirkte auch sehr gut und ich hatte die Entspannung dabei trainieren können, d.h. mir war jetzt klar: Malen bedeutet relaxen und das war dann auch so.

Weil ich die meiste Zeit im Bett verbracht hatte vergingen die 3 Wochen auch ohne dass ich mit den anderen Kollegen tagsüber oder am Wochenende viel Kontakt hatte und bis ich wieder fit war gingen die meisten auch schon wieder nach Hause. Es fand sozusagen ein „Generationenwechsel" statt und ich war jetzt auf einmal selbst der Dienstälteste im Morgentreff. Nach 2 sehr schönen und lustigen Verabschiedungen von meiner Tischgruppe und den Mädels der Anfangsgruppe, waren wir dann nur noch zu dritt übrig.

Ich überlegte mir einen Plan. Mein Ziel war, aus der Reha so viel wie möglich rauszuholen, hier hatte ich die beste Unterstützung. Je weiter ich hier kommen würde, desto einfacher wären die nächsten Schritte zu Hause. Ich beschloss mir eine Aufgabe zu stellen, die ich in den restlichen 2 Wochen noch schaffen konnte. Es musste etwas sein, was Spaß macht: Malen!
Ich sprach mit meiner Therapeutin über die folgende Idee:

„In der Klinik gibt es einen Projektor, der für die Vorträge in der Turnhalle verwendet wird. Ich will ein großes Motiv mit Disney Figuren malen. Dazu gibt es verschiedene Möglichkeiten: Entweder auf irgendeine Wand oder auf Keilrahmen. Ich projiziere ein Motiv auf die Unterlage und male die Konturen nach. Die Flächen kann ich dann tagsüber ohne Projektor machen. Es gibt auch die Möglichkeit, daraus eine Gruppenarbeit zu machen, wenn jemand Lust hat. Ist so was möglich?"

„Trauen Sie sich das zu?", fragt sie nach. „Ja, und wenn es nicht fertig wird, dann ist das halt so, ich mache das eben so weit, wie ich komme." „Gut. Für den Projektor müssen Sie bitte den Hausmeister fragen. Wenn Sie eine Arbeit in der Gruppe machen wollen, dann bitte mit der Leiterin der Kreativgruppe die möglichen Nutzungszeiten der Räume außerhalb der normalen Kurse absprechen. Einen Aushang für Interessierte können Sie am schwarzen Brett machen." „O.K, ich probier´s." Hausmeister und Projektor waren kein Problem, ging noch am selben Tag. Mittags radelte ich wieder in den Laden, in dem ich die ersten Keilrahmen gekauft hatte. Die Verkäuferin erinnerte sich noch. „Ich brauche noch mal 3 Keilrahmen: 0,8x1m, 1x1m, 1,2x1m. „Oh, da haben sie aber noch was vor." „Ja, schauen wir mal…, können Sie mir die bitte wieder nach Arbeitsende vorbei fahren?" Ich winkte mit einem 5 Euro Schein. „Stecken sie ihre 5 Euro weg, ich mache das auch so."

Fehlte nur noch das Motiv. Es sollte ein Triptychon werden, ein Motiv über alle 3 Rahmen. Der Trick, gegenüber mir selbst, dabei war einfach: einen Rahmen würde ich auf jeden Fall schaffen, der Rest war dann Kür, je nachdem wie es läuft, also völlig stressfrei. Und das Motiv:? Ja genau, zu Hause hatte ich doch vor 10 Jahren ein Bild auf die Garagenwand gemalt, mit 22 Disney Figuren, aus 7 Titelbildmotiven der Micky Maus Serienhefte zusammengesetzt. Nur für die Kinder natürlich. Das sollte Viky zu Hause einfach mit mehreren Details abfotografieren, die Bilddateien an die Klinik mailen und ich kann loslegen. Meinen privaten Laptop hatte ich ja dabei.

Es funktionierte sehr gut. Zwar war die Resonanz nicht gerade überwältigend, weil die Meisten Kollegen einfach auch schon Arbeiten in den Kursen begonnen hatten und der Kursplan entsprechend dicht war. Ich malte alle 3 Rahmen bis zum Schluss alleine. Aber ich schaffte alle 3 Rahmen und das gesamte Motiv mit allen Figuren und wurde genau am letzten Tag des Klinikaufenthaltes fertig. Das war ein sehr schöner Erfolg und ich freute mich richtig darüber.

Dann kam noch das i-Tüpfelchen am letzten Tag im Morgentreff, als ich die Bilder dabei hatte: Eine Kollegin hatte die Idee die 3 Bilder dem

Kinderkrebskrankenhaus in Chemnitz zu stiften. Das war's, Volltreffer. Das war die Arbeit wert. Danke! Meine Therapeutin erklärte sich noch bereit die Übergabe zu organisieren und mich auf dem Laufenden zu halten. Alles funktionierte prima, eine Woche später hatte ich zu Hause eine Mail in der sich die Klinikleiterin des Kinderkrankenhauses für die Spende bedankte. Perfekt, der Aufwand hatte sich auf ganzer Linie gelohnt. Für mein Training und für das Kinderkrankenhaus.

„Meine Therapeutin und ich":

(die „Dialoge" habe ich sinngemäß entsprechend dem Thema rekonstruiert, es sind keine genauen Mitschriften oder Zitate)

Sie ist ein sehr freundlicher Mensch. Sie will mir helfen. Aber Sie gibt nur Hilfestellung. „Arbeiten müssen Sie selbst." „Sie müssen im gemeinsamen Gespräch mit mir herausfinden welche Probleme sie haben, wo die Ursachen sind, was Sie selbst dagegen tun können und welche Veränderungen erforderlich sind. Es gibt da kein Allheilrezept, jeder Mensch ist anders." Und sie ist hart. Sehr hart, wenn es sein muss. Sie bringt mich an den Rand meiner Belastbarkeit. Sie bringt mich zum Kern meines Problems. Sie geht vorsichtig und verantwortungsvoll mit mir um. Sie kann mich sehr gut einschätzen. Sie lässt aber auch nicht locker. Ich kann nicht abhauen oder mich „aus dem Staub" machen. „Wenn wir diese Stunde keine Lösung finden, dann eben in der nächsten, auf jeden Fall bevor Sie abreisen." Aber Sie lässt mich auch nicht allein. Sie merkt, wenn ich selbst nicht weiter komme und gibt mir Hilfestellung. Sie hat Erfahrung.

Sie ist gut, richtig gut. Zumindest für mich, das kann ich auf jeden Fall sagen. Danke K.M! Ohne Sie hätte es nicht geklappt, mit mir nicht und mit dem Buch hier auch nicht. Typischer Fall von Kettenreaktion. Manchmal bringt ein kleiner Stein vieles ins Rollen.

Die erste Stunde verläuft recht unspektakulär. Sie fragt mich wie ich angekommen bin, wie ich mich fühle ob ich schon Kontakt zu anderen Patienten habe ob mir das Zimmer gefällt und wie mir das Kantinenessen schmeckt.

Ihr fällt auf, dass meine Werte von der Aufnahmeuntersuchung nicht ganz o.k. sind. Der Blutdruck ist leicht erhöht und der Harnsäurespiegel ist zu hoch. „Da waren Sie sicher aufgeregt, das legt sich, aber bei der Harnsäure müssen wir dran bleiben. Wie ernähren Sie sich?" „Vollkornprodukte, wenig Fleisch, Obst, Gemüse, 1-3 mal pro Woche abends eine Flasche Bier." „Das ist o.k. dann müssen wir den Wert einfach beobachten. Hier ist absolut alkoholfreie Zone", weist sie noch mal auf die Klinikregeln hin. „Ja, kein Problem, machen wir", antworte ich.

Danach berichte ich mal wieder, wie schon so oft, das was ich dem Hausarzt, dem Neurologen, meinem Therapeuten zu Hause und dem Gutachter berichtet habe. Ist ja aber o.k., sie will ja alles von mir selbst erfahren. Da hört sich manches anders an als man es liest. Wobei ich mir sicher bin, sie hat die Berichte auch vorher alle gelesen. Das merkt man. Aber es könnte ja auch sein, dass es inzwischen Veränderungen gegeben hat. Ich erzähle ihr von den vielen gleichzeitigen privaten und beruflichen „Baustellen", von der Belastung im Job, die zu viel wurde, von dem Projekt, das ich gegen die Wand gefahren habe usw.

Dann macht sie mir Vorschläge für die Therapiekurse, erklärt mir warum sie die einzelnen Kurse belegen würde (hatte ich ja schon beschrieben).

Es ist auch ein Kurs „Angstgruppe" dabei. „Warum Angstgruppe?" frage ich. „Da machen Sie ganz interessante Dinge und ich denke mir, dass Ihnen das auch was bringen wird. Sie brauchen davor keine „Angst" zu haben." „ Ist schon o.k. war nur eine Rückfrage."

Ich berichte jetzt nicht jede Stunde, weiß ich auch im Detail gar nicht mehr, sondern nur die für mich wichtigsten Highlights.

<u>„Wer oder was ist die, der oder das Wichtigste in Ihrem Leben?"</u>

Hatte Sie mich in einer der Stunden am Anfang gefragt.

„Meine Kinder Sara, Viktoria und meine Frau", war die Antwort wie aus der Pistole. „Und dann?" „Dann? Ja, dann kommt die Arbeitsstelle, weil wir ja irgendwie leben müssen und ich den Unterhalt verdiene. Danach kommen die engen Verwandten, dann die guten Freunde, denen man seine kleinen und großen Sorgen anvertrauen kann und mit denen man auch mal in Urlaub fährt usw." Das war ungefähr der zweite Teil meiner Antwort.

„Aha, das ist ziemlich deckungsgleich mit 95% aller Familienväter ohne familiäre Probleme. Was denken Sie würde vielleicht ein Single auf die Frage antworten?"

„Keine Ahnung, schwer zu sagen, wie man als Single denkt. Meine Frau und ich, wir haben sehr gerne Familie mit unseren beiden Kindern. Das wäre für uns richtig langweilig, ohne Kinder. Klar ist es auch manchmal anstrengend und es gibt die verschiedensten Probleme, je nach Alter. Aber es ist einfach toll und unheimlich bereichernd, was man an Wertschätzung, Gefühlen, Spaß und Freude auch zurückbekommt. Außerdem wächst die Beziehung unheimlich an dieser Herausforderung. Es wäre ohne Kinder für uns persönlich aus heutiger Sicht so, als hätten wir einen Teil unseres Lebens verpasst. Alles zu seiner Zeit. Reisen und Urlaub heben wir uns für etwas später auf.

Aber zurück zur Frage: Ich denke er wird vielleicht die Kinder weglassen, bei seiner aktuellen Lebensgefährtin anfangen und dann beim Job usw. weitermachen."

„Herr Dietrich, waren Sie schon mal in Lebensgefahr?"

„Äh, ich verstehe den Zusammenhang nicht, ja, irgendwie ist man immer ein bisschen in Lebensgefahr, beim Autofahren, beim Fliegen, aber deswegen bleibe ich ja nicht zu Hause. Dann wäre ich ja richtig depressiv, ich will ja daran arbeiten, dass alles wieder normal wird."

„Sie haben mir doch in den ersten Stunden ziemlich detailliert die Vorgeschichte und die Ereignisse bis zum Krankenhausaufenthalt und auch die Zeit danach bis zur Reha berichtet. Hatten Sie da Angst in Lebensgefahr zu sein?"

Ich dachte noch mal nach.

„Am Anfang hatte ich zwar ziemliche Angst nach den Herzsymptomen, war dann aber beruhigt, als mein Hausarzt sagte es sei kein Infarkt. Da dachte ich – wird schon alles wieder irgendwie. Als dann aber der Arzt im Krankenhaus meinte, dass die Folgeerscheinungen aus dem Herzkammerflimmern Blutgerinnsel auslösen können, die zum Schlaganfall führen könnten und manche Menschen gar nicht merken, wenn sie Vorkammerflimmern haben (fühlen sich halt etwas müde), da hatte ich dann nach der Aussage, „das kann auch wieder auftreten" wirklich Angst. Ich bin auch davon ausgegangen, dass die Besserung viel schneller voran geht. Wie bei anderen Krankheiten auch, dass der Körper das mit eigenen Bordmitteln schnell wieder auf die Reihe bekommt. War aber nicht so. Damit blieb auch die Angst eines erneuten Zwischenfalls und unterschwellig vielleicht die Befürchtung, dass es beim nächsten Mal nicht mehr gut geht. Ein Beispiel hatte ich ja aus der Nachbarabteilung im Geschäft. Dort war einem Kollegen Ähnliches passiert. Klar, die Randbedingungen waren unterschiedlich. Aber letztendlich waren es möglicherweise auch Herzprobleme aufgrund von Überbelastung, Sorgen und Stress. Er hatte keine zweite Chance. Tot! Sofort! Bei seiner Frau auf dem Beifahrersitz nach Hause auf der Autobahn. Ende, 2 Kinder eine Frau zurück gelassen.

Ja, seitdem habe ich Angst und reagiere sensibler, „sicherheitsbetonter" als früher. Ich habe auch öfter die Anfangssymptome, nach denen dann der Ausraster erfolgt ist. Das macht mich nervös und hellhörig. Weil ich ja jetzt die Folgen kenne und es schon einmal passiert ist. Vorher wusste ich nicht wohin das führen kann. Jetzt weiß ich es, das verunsichert mich."

„Sie haben also Angst, dass Sie bei einem erneuten Zwischenfall entweder starke gesundheitliche Folgen haben werden oder dabei sterben könnten?"

„Ja."

„Und Sie haben zur Zeit Angst davor, dass die Besserung keine weiteren Fortschritte macht und Sie immer noch in manchen Situationen, die für Sie Stress bedeuten und Sie in Anspannung versetzen, die Anfangssymptome wie bei dem „Zwischenfall" haben. D.h. Dass es wieder passieren kann und Sie sich im Moment noch sehr labil fühlen."

„Ja, im aktuellen Zustand bin ich den Anforderungen im Geschäft, bei Diskussionen, Streitgespräche oder Verhandlungen noch keinesfalls gewachsen. Da könnte ich meine Reaktionen nicht kontrollieren. Die

Belastungsgrenze ist dafür noch viel zu niedrig." Meine Hände werden feucht und ich beginne zu verkrampfen nach der ganzen Diskussion.

„Was wäre für Ihre Frau und die Kinder das Schlimmste, bei einem erneuten Zwischenfall mit weiteren Folgen als beim ersten Mal?"

„Na, dass ich dann ein Pflegefall werden würde, dass sich unser Familienleben komplett ändert. Dass ich nicht mehr für die Kinder und die Frau da sein könnte, dass wir nicht mehr zusammen spielen, Ski fahren usw. Dass ich im Bett liegen müsste und nichts mehr mit meinen 3 Mädels unternehmen könnte. Die finanzielle Situation wäre eine andere, wir müssten vieles aufgeben. Es ist alles anders, wenn plötzlich ein so enges Familienmitglied extrem krank ist. Plötzlich fallen mir alle Beispiele aus dem Freundes und Bekanntenkreis ein (die zähle ich jetzt hier nicht auf)." Ich fange an zu schwitzen, der Puls steigt.

„Wenn ich Sie richtig verstanden habe, dann haben Sie auch Angst davor, dass ein erneuter „Zwischenfall" schlimmstenfalls tödlich für Sie enden könnte."

Stille.

Sie beobachtet mich.

Ich bin nervös, ich presse meine Finger zu einer Faust. Ich schwitze.

Ich nehme Anlauf, innerlich.

Ich hole Luft.

„Ja!!" presse ich laut aus meinen Lungen.

„Ja, ich habe eine Scheißangst, dass es wieder passiert und daneben geht irgendwann, verdammt nochmal! Weil ich nicht weiß, wie ich aus dem Scheiß- Kreislauf rauskomme, in dem ich drinstecke. Ich habe zu Hause vor der Reha immer wieder Entspannung probiert. Ich weiß nicht, vielleicht mache ich was falsch, keine Ahnung. Aber es gibt immer wieder emotionale Situationen, die mich überfordern, bei denen ich es mit normaler Entspannung nicht schaffe. Dann nehme ich Baldrian und abends Mirtazapin. Ich will mich aber wieder selbst unter Kontrolle haben! Ich will nicht von Medikamenten abhängig sein oder werden! Alles andere heilt irgendwie wieder, kriegt der Körper wieder auf die Reihe. Sogar große Operationen, Transplantationen, neue Gelenke usw. Aber wieso hören diese

Scheiß-Symptome nicht auf, wieso dieses Zittern, diese Anspannung, dieses nervöse Kribbeln auf der linken Seite. Ich bin jetzt 8 Monate aus dem Job raus. Wieso wird das nicht besser?" Ich bin auf 180.

Wieder Stille.

„Wie geht es Ihnen jetzt"

„Ich bin aufgeregt, das merken sie doch", sage ich leicht aggressiv. „Jetzt hab ich´s raus. Es geht mir besser, auch wenn ich irgendwie verzweifelt gewirkt habe."

„Sollen wir eine Pause machen?"

„Ja bitte", ich trinke ein Glas Wasser und komme langsam wieder runter.

„Ist es für Sie o.k., wenn wir weiter machen oder wollen Sie für heute abbrechen?"

„Nein, probieren wir´s, ich muss ja trainieren, wenn ich es schaffen will. Sie sind ja dabei."

„Gut. Ich werde Sie nicht überfordern und Sie melden sich, wenn es zu anstrengend ist. Die Ausgangsfrage von heute war: Was ist für Sie das Wichtigste. Die Frage lautet nicht: Wer liegt Ihnen am meisten am Herzen?

Nachdem was Sie jetzt gerade alles gesagt haben, wie würden Sie die Frage jetzt beantworten. Denken Sie nach, antworten Sie nicht spontan, lassen Sie sich Zeit."

Die richtige Antwort ist so einfach. Aber warum kommst du am Anfang nicht drauf? Warum muss ein anderer dich mit der Nase drauf stoßen?

Weil du selbst immer voraussetzt,

dass alles o.k. bei dir selbst läuft,

dass du gesund bleibst,

dass du keinen Unfall hast,

dass du allem gewachsen bist,

dass du alles im Griff hast,

dass du wieder gesund wirst,

dass alles nach deinem Plan läuft

und wenn es mal nicht so ist, dafür gibt es ja das Krankenhaus, den Arzt, die Versicherung. Man kann alles wieder hinbiegen. In den letzten 50 Jahren ist nie was wirklich Schlimmes passiert, warum denn jetzt? Risikoreich leben tust du auch nicht, kein Bungee-Jumping, keine Extremsportarten, du rauchst nicht, treibst regelmäßig Sport, ernährst dich normal, keine Seitensprünge, kein Alkohol, also warum soll da irgendwas schief laufen?

Ist es aber. Du hast auf die Zeichen von deinem Körper gepfiffen, du hast es besser gewusst. Du hast Angst bekommen zu versagen, du wolltest nicht sagen: Ich kann nicht mehr, weil es ja allen anderen auch so ging. Auch die neuen geplanten Mitarbeiter haben von sich aus gekündigt (siehe Kapitel: Anfang). Auch das noch! Dann kam der Schuss vor den Bug! Schluss Junge, wenn du nicht hören willst, dann zieh ich halt selbst die Notbremse, meinte dein Sicherheitssystem Und das hat es dann auch gemacht, die Notbremse gezogen. Gott sei Dank ist die Maschine bei der Vollbremsung ganz geblieben. Nur die „Steuerung" hat Einen abbekommen.

„Sie haben Recht," beginne ich meine zweite Antwort auf die Eingangsfrage. „Ich und meine eigene Gesundheit sind für mich selbst das Wichtigste! Auch wenn es egoistisch klingt, aber wenn ich selbst nicht o.k. bin, dann werde ich sehr schnell zu einer Belastung oder zum Verlust für meine 3 Mädels und das ist viel schlimmer. Ich will nicht, dass Sie weinend von oben auf meine Holzkiste starren."

„Ich muss also mit allen Mitteln darauf achten und alles tun, dass ich mich irgendwie erhole und dass es mir gut geht. Auch wenn ich dabei manchen Anforderungen nicht gerecht werden kann, wenn sie mich zu stark belasten. Meine 3 Mädels haben dafür Verständnis. Wenn jemand kein Verständnis dafür hat, dann ist das nicht mehr mein Problem. Ich habe bis auf weiteres nur noch eine einzige Aufgabe: In dieser Reha alles zu tun und zu lernen was möglich ist, um meine Situation und meinen Zustand zu verbessern. Einen Weg mit Ihnen und Ihren Kollegen/Innen zu finden dauerhaft aus diesem Kreislauf raus zu kommen.

Wenn ich besser verstehen würde was da so alles passiert bei diesen ganzen körperlichen Reaktionen, das würde vielleicht auch weiter helfen."

„Herr Dietrich, Sie sind ja noch gar nicht lange hier, das geht nicht alles auf einmal. Warten Sie noch etwas ab und haben Sie Geduld. Sie haben schon sehr viel erreicht. Erinnern Sie sich an den ersten Morgentreff und an das, was Sie damals den anderen in der Runde mitteilen konnten? Und dann vergleichen Sie mal dazu das, worüber wir heute miteinander gerade gesprochen haben. Sie machen Fortschritte. Aber Sie müssen diese Fortschritte auch selbst sehen. Das ist keine Schnittwunde, auf die man ein Pflaster klebt, dreimal pustet und alles ist wieder gut. Das braucht Zeit. Sie haben heute sehr viel erreicht. Vielleicht ist Ihnen das gar nicht bewusst, aber glauben Sie mir. Und ich denke das ist auch genug für heute."

Ich atme durch.

„Gut, danke, das baut ein bisschen auf. Aber es war wirklich anstrengend zwischendurch wollte ich einfach aufstehen und gehen. Ich hätte irgendwas an die Wand schmeißen können, das passiert mir normalerweise nie. Aber es war besser den Druck raus zu lassen, als weg zu laufen. Ich bin zwar jetzt fertig, aber erleichtert. Ich denke ich werde mich heute Mittag im Sport mal so richtig auspowern."

„Dann viel Spaß heute Mittag."

„Danke."

Mann, ich bin 50 Jahre alt und erzähle einer jungen Frau, die meine Tochter sein könnte meinen ganzen Mist. Wer hätte das gedacht? Aber irgendwie ist Sie clever. Sie stellt einfach die richtigen Fragen. Sonst nichts. Das macht sie verdammt gut, merke ich. Und ich werde später feststellen, dass Sie es noch viel besser kann.

An diesem Nachmittag spielten wir Volleyball. So gut hatte ich schon seit 20 Jahren nicht mehr gespielt. (Kunststück, hatte ja mit 30 Jahren aufgehört aktiv zu spielen).

<u>Arbeitseinteilung Stundenplan Pausen:</u>

Heute haben wir ein neues Thema:

„Herr Dietrich, wie sah denn bis jetzt ihr Tagesablauf aus?" Sie hatte mir in der letzten Stunde einen leeren Stundenplan mit gegeben und da sollte ich aufnehmen, wie meine Arbeitswoche sich denn so zusammensetzte. „Ich habe meine Hausaufgaben gemacht." Das war mit ein Bestandteil der Therapien. Man bekam immer mal wieder ein paar Aufgaben außerhalb der Kurse, die man eigenständig bearbeiten musste. Oft nichts Großes, aber einfach um zu sehen, wie man damit umgeht.

Wir gehen den Stundenplan zusammen durch. Da steht eigentlich nichts Außergewöhnliches drin, die Arbeit, die Zeit mit der Familie, am Wochenende Garten, Haus, Baustelle am Elternhaus, mal Unternehmungen mit Freunden, Ehrenamt bei der Gemeinde, mal Hausaufgaben abends mit den Kindern, Papierkram, 1x am Wochenende Joggen, wenn Zeit ist.

Oha, ich merke gerade, das ist nicht so wenig.

„Was für Hobbies haben Sie?"

„Sport." „Ist das alles?" „Eigentlich schon, im normalen Arbeitsalltag. Früher hatte ich sowieso nie viel Zeit für mich selbst, da war ich froh, wenn ich mit Sport etwas für meine Gesundheit tun konnte. Ich bin ein ziemlich fauler Leser, ansonsten bastele ich immer irgendwo an irgendwas. Irgendeine Arbeit gibt es immer, am Haus, im Garten, am Auto, jetzt beim Umbau des Elternhauses vorne auf dem Grundstück. Jetzt in der Zeit, in der ich nicht arbeiten konnte, war ich einmal pro Woche mit meiner Frau schwimmen und anschließend in der Sauna. Das war richtig gut und erholsam. Das ist wie „Stecker ziehen" und ein kompletter Reset. Wenn ich nach Hause komme bin ich zwar körperlich müde, aber der Kopf ist so richtig entspannt. Dafür habe ich sonst aber keine Zeit."

„Schauen Sie sich den Wochenplan doch mal genau an, was fällt ihnen auf?" Ich schaue auf den Plan. „Keine Ahnung was Sie meinen."

„Wo ist denn die Zeit eingetragen, die Sie für sich haben. Damit meine ich jetzt nur für Sie selbst, nicht für die Familie, die Kinder, Baustelle oder Freunde, also keine private Zeit mit anderen, sondern nur Zeit für sich selbst. Für ein Hobby, das sie selbst haben, bei dem Sie sich nicht nach anderen richten müssen."

Ich schaue wieder auf den Plan. Hm, sie hat Recht, „ist eigentlich kein Platz mehr irgendwo", antworte ich. „Aber die Unternehmungen mit der Familie und den Kindern, die machen ja auch Spaß und da kann ich auch an was anderes denken und nicht nur an die Arbeit", folgt gleich meine Verteidigung hinterher.

„Was ist der Unterschied zwischen dem Nach Hause kommen nach der Sauna und dem Nach Hause kommen nach einer Unternehmung mit der Familie oder den Freunden?" „Wie gesagt, bei der Sauna ist der Kopf einfach leer, relaxed. Ich kann drin sitzen und an nichts denken. Mit dem Schwitzen geht alles raus, auch der Stress. Und beim Entspannen zwischen den Gängen auch. Es ist wie ein Löschen des Arbeitsspeichers, aber nicht der Festplatte, dann wären ja alle Arbeitsprogramme und Basisdaten weg", versuche ich zu scherzen.

„Und bei der Unternehmung?"

„Na, ja, da denkt man zwar meistens nicht an die Arbeit im Geschäft, wenn man sich nicht gerade sowieso darüber unterhält, oder tauscht auch gegenseitig seine privaten Pläne und Probleme aus, aber so richtig einen leeren Kopf hat man nicht. Es ist halt mehr Abwechslung ohne zeitlichen Druck, aber kein richtiges komplettes Abschalten.

„Freuen Sie sich immer auf diese Unternehmungen?"

„Ja, wir haben einen großen Freundes- und Bekanntenkreis, gerade auch durch die die ehrenamtliche Arbeit von meiner Frau und mir in der Gemeinde. Sie macht da ein Bücherkaffee einmal in der Woche, ich bin im Ältestenkreis und sie ist noch im Gottesdienstteam mit dabei. Manchmal wird es dann aber auch viel, wenn man in den Kalender schaut und die nächsten 5-6 Wochen sind ebenfalls am Wochenende verplant und man muss sogar für die Freizeit Termine machen. Aber wie gesagt, es sind ja Termine, die auch Spaß machen und es ist dann irgendwie blöd einen Termin im Freundeskreis abzusagen, wenn man sich lange nicht gesehen hat." „Setzt Sie das unter Druck, die Erwartungshaltung von Bekannten sich mal wieder zu treffen nach längerer Zeit?" „Eigentlich nicht, aber wenn´s dann eben viel wird, dann denkt man schon mal: Uff, wäre jetzt auch schön mal frei zu haben, aber das Treffen wird schon Spaß machen, das letzte ist schon eine Weile her und war ja auch schön. Es gibt einen Unterschied: Wenn du gerade gut drauf bist und Zeit hast freust du dich richtig drauf.

Wenn du aber sowieso schon am Limit bist, dann ist es irgendwie wie ein bisschen -noch ein zusätzlicher Termin-."

„Wie geht es Ihnen zurzeit, also direkt vor Antritt der Reha, haben Sie da jetzt die ganze freie Zeit an jedem Tag Unternehmungen durchgeführt?"
„Nein, kaum. Natürlich waren wir mal auf Geburtstagen o.ä., mal in der Stadt oder im Kino. Aber meistens habe ich zwischendrin einfach meine Ruhe gebraucht. Manchmal sogar einfach einen ganzen Tag nichts tun. Nicht mal Fernsehen abends. Was ich früher oft gerne gemacht habe. Einfach keinen Input, keine Konzentration, gar nichts. Fast so wie in der Sauna. Bei mehreren Sachen hintereinander empfinde ich Druck, es könnte nicht alles klappen oder ich könnte zu spät kommen oder mit irgendeiner Vorbereitung (Blumenstrauß kaufen) nicht fertig werden. Wenn ich nur an die Nervosität bei der Zugfahrt auf der Anreise denke."

„Gut, Sie haben also, vereinfacht zusammengefasst, 2 wesentliche Dinge für sich selbst im Moment festgestellt,

1. dass Sie vor ihrem Burnout und Zusammenbruch so gut wie keine persönliche freie Zeit für sich selbst bisher hatten,

2. dass ihr Körper aktuell viel Zeit der Erholung braucht, dass sich der Kopf erholen muss, weil Sie bei mehreren Anforderungen hintereinander Druck und Stress verspüren.

Das ist doch schon mal nicht schlecht", fasst Sie kurz und knapp zusammen.

„Nach einer Überbelastung kann es vorkommen, dass der Körper sehr viel früher auf Einflüsse und Wahrnehmungen von außen reagiert als vorher. Das ist dann eine Art Sicherheitsverhalten, um eine erneute Gefahrensituation der Überlastung zu verhindern. Daran müssen Sie mit viel Geduld arbeiten. Der Körper und der Kopf brauchen jetzt einfach mehr Ruhe und Erholungsphasen. Und zwar wirkliche Erholung, keine Abwechslung. Richtig „auf den Parkplatz fahren, Gang raus, in den Himmel schauen und an nichts denken." Da hilft auch ein lustiger Abend mit den Freunden nichts, bei dem es jede Menge Input der verschiedensten Art gibt und nach dem man dann doch wieder aufräumen muss. Wobei nicht das Aufräumen das Problem ist, sondern, dass es keine wirkliche Entspannung, kein „Reset" ist, wie in der Sauna, so wie Sie es selbst beschreiben."

Sie benutzt meine Worte, damit ich es auch selbst kapiere, was sie meint. Ich sag ja: Sie ist gut!

„Als Aufgabe zur Vorbereitung der nächsten Stunde überlegen Sie sich doch mal einen Wochenplan, an dem Sie 3 mal täglich eine 20 Minuten Pause haben und eine Extra mit einer Stunde. Zeit nur für Sie selbst, in der Sie keine Einwirkungen von außen, keine Anrufe, einfach nichts, haben. Der Plan soll für die Zeit sein, wenn Sie wieder arbeiten, nach der Wiedereingliederung. Nehmen Sie dabei auf nichts Rücksicht. Priorität 1 haben die Pausen. Nicht die Freunde, nicht die Familie, nicht die Arbeit. Nur Sie. Seien Sie konsequent!"

Als Ergebnis kam letztendlich ein Wochenplan heraus, bei dem ich den Schwerpunkt auf die Erholungsphasen und Pausen verschob, die Arbeitszeit für meine Projekte unterbrachte, keine Sonderarbeitszeiten oder Überstunden vorsah, Zeiten für die Familie reservierte und die Tätigkeiten für Ehrenämter unter der Woche komplett strich. An einem der Wochenendtage war dann die Option offen mit Freunden was zu unternehmen, der andere blieb erst mal frei.

Das war ein Plan, der zeitlich als machbar erschien, wenn ich auch im Moment noch nicht genau wusste ob ich meine Hauptfragen lösen konnte:

Warum ticke ich aus?

Was kann ich dagegen tun, um es zu verhindern?

Was kann ich tun, wenn ich es nicht verhindern kann?

Ihre Anregung war dann noch: „Sie sind jetzt 50 Jahre alt und werden nicht jünger. Prüfen sie immer wieder, wie sie mit ihrem Arbeitspensum und dem Wochenplan zurecht kommen und ob sie alles gut bewältigen können, ohne eine Rückfallgefahr. Es ist keine Schande wenn sie irgendwann ihre Arbeitszeit reduzieren. Es gibt auch Kollegen die wechseln den Beruf oder müssen ganz aufhören. Seien sie achtsam und handeln sie nach ihrer Gesundheit. Fragen sie sich nicht ob Sie es sich materiell leisten können. Sie werden es sich leisten müssen, wenn es schief geht. So einfach ist das! Und denken Sie mal über Folgendes nach: Bin ich arm dran, weil ich hier bin oder bin ich gut dran, weil ich eine zweite Chance habe es besser zu machen als vorher?"

Ich sag´s ja, sie ist knallhart!

Eine sehr gute Buchempfehlung von ihr war für mich:

„Gelassen und sicher im Stress" von Professor Dr. Gert Kaluza. Das Buch gibt sehr viele Hintergrundinformationen über die menschliche Psyche und das Verhalten des Körpers, über Ursachen des Stresses und seine möglichen Folgen, aber auch sehr gute Anleitungen und Methoden zur Stresserkennung und Bewältigung. Und es macht Mut zur Selbsterforschung, wie reagiere ich wann und warum und was kann ich dagegen tun oder wie kann ich es nutzen.

Hinarbeiten zum Kernproblem bei der Arbeit:

In der Mitte der Reha, ich hatte ja Verlängerung wegen meinem Erysipel und der Gefahr einer Blutvergiftung, hatten wir dann einen weiteren zentralen Punkt auf der Liste:

„Sie haben mir in den beiden ersten Stunden bereits erzählt, wie sich die gesamte Situation mit der Überlastung schleichend über mehrere Jahre entwickelt hat. Mutter als Pflegefall mit sehr intensiver emotionaler Beanspruchung, Ehrenamt, Hausumbau, immer mehr ansteigender Druck und Stress auf der beruflichen Seite, bis dann auch Ihr Körper darauf reagiert hat."

„Ja, das war in einem Zeitraum von ca. 6-9 Monaten in dem die Beschwerden dann wirklich sehr massiv wurden. Unruhige Nächte hatte ich vorher auch immer mal wieder bei größeren Projekten. Das ist normal denke ich, man will ja seine Arbeit verantwortungsvoll machen. Außerdem war das meist nur über einen begrenzten Zeitraum und dann wieder vorbei.

Dieses Mal gingen die Beschwerden und Symptome aber nicht weg. Am Ende kam dann auch, wie gesagt, alles zusammen: massive Magenbeschwerden, unruhiger kurzzeitiger Schlaf, Grübeln, nicht mehr von der Arbeit abschalten können, Angst es nicht zu schaffen, schweißgebadet aufwachen, Rückenschmerzen, Notizzettel neben dem Bett usw."

„Was haben Sie dagegen unternommen?"

„Am Anfang habe ich gedacht: durchbeißen, ging ja bisher auch gut, wird schon klappen. Wenn der neue Kollege dann mal eingearbeitet ist, dann wird´s besser. Dem ging´s aber dann besser, weil er ging. Und das passierte 2-mal hintereinander. Dann hörten die Beschwerden nicht auf und ich ging zum Arzt. Wurde dann auch unsicher und fühlte mich nicht mehr gut. Ich trieb kaum noch Sport und fühlte mich auch da nicht belastbar, wenn ich mal Zeit hatte, war ich oft schnell müde.

Behandelte die Symptome und Beschwerden dann auch mit Medikamenten. Das half am Anfang kurzzeitig. Weil aber die eigentliche Ursache nicht behoben war ging es nach einer Weile ohne die Medikamente nicht mehr, wurde aber auch nicht besser. Vor einer Stunde konnte ich auch meist nicht mehr einschlafen, erst wenn ich dann einfach zu müde war, um über irgendwas überhaupt noch nachzudenken, fiel die „Grübelschleife" vor Erschöpfung selbst in sich zusammen, bevor ich einschlief. Um mir das zu ersparen griff ich immer öfter mal zu einer Flasche Bier am Abend. Früher trank ich die 1-2x die Woche abends so zum Genuss, oder wenn es was Passendes dazu als Abendessen gab. Jetzt wurde es immer mehr zum Hilfsmittel einschlafen zu können.

Das habe ich bemerkt. Aber ich wollte keine Medikamente nehmen. Das sieht dann gleich nach Abhängigkeit aus. Eine Flasche Bier ist da vom Gefühl her nicht so tragisch."

„Sie haben also sehr viel an den Symptomen und den Folgen gearbeitet. Das hat am Anfang geholfen, war aber am Ende nicht ausreichend, um die Situation zu beherrschen. Sie hätten zusätzlich was an den Ursachen tun müssen. Was könnten Sie sich da als Maßnahmen vorstellen?"

„Ja aber was denn, das ist leicht gesagt. Bei der Arbeit kann ich nicht einfach kneifen, den anderen Kollegen geht es ja auch nicht besser und die Arbeit muss ja irgendwie gemacht werden. Der Chef hat die Situation auch gesehen und versucht für Verstärkung in der Abteilung zu sorgen, 2-mal, hat sich aber keiner der Bewerber zugetraut, obwohl wir alle in der Abteilung entsprechend unterstützt haben. (Situation im Kapitel: Anfang) Also was soll's, Augen zu und durch, wie die Jahre zuvor auch, geht ja nicht anders).

Beim Ehrenamt in der Gemeinde, da kann ich vielleicht am ehesten was reduzieren, wobei da auch die Umbauplanung der Kirche anfangen soll. Ich kann die Leute doch nicht einfach hängen lassen, zumal ich das Projekt selbst mit ins Leben gerufen habe, um den Fortbestand der Gemeinde wegen der Sparmaßnahmen zu sichern."

(Wie sich jedoch heraus stellte wird in den nächsten 2 Jahren rein gar nichts passieren, außer, dass der Ältestenkreis immer wieder die Gemeinde vertrösten wird, dass sie Geduld haben soll).

„Auf der anderen Seite, mit dem Ehrenamt verdiene ich kein Geld. Das brauche ich nicht, um die Familie zu sichern. In einem Jahr sind ÄK-Wahlen. Da kann ich einfach so aussteigen, ganz offiziell ohne Tamtam. Das ist schon mal ein Lichtblick. Da habe ich dann den Kopf etwas freier für den Rest. Vielleicht geht es da dann auch besser. Das kann ich mir als ersten Schritt vorstellen."

„Das ist doch schon mal sehr gut", lobt Sie mich und macht mir ein bisschen Mut.

„Wie ist das mit ihrer Arbeitsstelle? Was ich bis jetzt Ihren Schilderungen entnommen habe, machen Sie Ihren Job gerne, die Teamarbeit mit den Kollegen ist sehr gut, das Verständnis mit dem Vorgesetzten ist auch gut., aber der Umfang der Arbeit ist nicht zu bewältigen. Die Vielzahl der Projekte und die engen Termine machen Ihnen zu schaffen, so dass vieles liegen bleibt und Sie nur noch den Feuerwehrmann überall spielen können, obwohl Sie eigentlich in der Lage wären die Projekte besser zu bearbeiten, wenn die Bedingungen es zulassen würden."

„Ja", kommt wie aus der Pistole geschossen. Meine Hände werden klamm.

„Wie ist das, Sie haben beim ersten Gespräch auch erzählt, dass der aktuelle Vorgesetzte im November in Ruhestand geht und sein Nachfolger zwar fest steht, aber noch nicht bekannt ist, auch nicht bei Ihren Kollegen"

„Ja, das stimmt."

„Was könnte da auf Sie zukommen, was erwarten Sie?"

„Das ist es ja eben, worüber die Kollegen und ich mir auch die ganze Zeit Gedanken machen."

„Warum, und welche Gedanken?"

„In jedem Falle: Ich denke es ist schwer jemandem mit gleichem Fachwissen zu finden wie den aktuellen Vorgesetzten. Zudem muss sich der „Neue" ja erst mal einarbeiten. Das bedeutet auf jeden Fall mehr Arbeit für uns. Außerdem gibt es auch bestimmte Fachgebiete, die der alte Chef selbst alleine bearbeitet hat und von denen wir keine Ahnung haben.

Na, ja, ich denke mir da so einige Szenarien durch:

1.) Er, der „Neue" will sich profilieren und wir sind das „Fußvolk." Das geht dann sowieso in die Hose über kurz oder lang und wir werden noch mal mit einem zweiten Wechsel anfangen müssen.

2.) Er weiß, dass wir gegenseitig aufeinander angewiesen sind und arbeitet gut mit uns zusammen, wobei bei gleicher Erwartungshaltung, wie gesagt, eher mehr Arbeit auf uns zukommt. Es wird mehr Reibungsverluste und Abstimmungsaufwand in der Anlaufphase geben.

Generell ist es in allen Szenarien nicht einschätzbar, wie ein neuer Chef dazu steht ob die Abteilung mich dann noch mittragen kann, wenn ich vielleicht nicht mehr 120% bringen kann. Von den Kollegen befürchte ich da nichts. Aber der „Neue" hat ja sicherlich auch Vorgaben von „oben", die er erfüllen muss. Er wird ja sicherlich an seinem Vorgänger gemessen.

3.) Er hält's nicht lange aus und wir haben den gleichen Salat noch mal. Das ist dann ähnlich wie bei 1. nur schneller und mit weniger Stress, weil er von sich aus weniger Druck machen wird denke ich.

Bei allen Szenarien, die ich mir ausgedacht habe wird's auf jeden Fall erst mal nicht leichter." Ich merke deutlich meine zunehmende Anspannung.

„Was ist für Sie der ungünstigste Fall?"

„Fall 1, aber auch generell, wenn ich den Druck und die Anforderungen nicht mehr aushalte, ich habe ja im Moment noch nicht mal einen vollständigen Lösungsweg, nur ein paar Ansätze, aber noch kein komplettes Konzept. Da sind noch wichtige Fragezeichen offen, bei denen ich nicht weiß wie das werden soll."

„Was könnten Sie sich als Ausweg vorstellen, wenn der ungünstigste Fall eintritt?"

„Das wird schon nicht passieren, irgendwie ging es ja immer, ich werde das schon irgendwie schaffen." Ich versuche die Hintertür.

„Das haben Sie sich bisher immer gesagt oder? Das ist nichts Neues. Und was war das Resultat?"

WAMM! Scheiße, sie hat die Hintertür zugeschlagen! Neuer Anlauf:

„Vielleicht kann ich reduzieren, ich habe ja den Kredit auf mein Elternhaus aufgenommen, um über die nächsten Jahre im Notfall noch was zuschießen zu können. Dann muss die große Tochter für die Ausbildungszeit oder das Studium eben zu Hause wohnen und vielleicht selbst was dazu verdienen."

Ich weiche aus, Sie merkt das, ich will mich wieder rausreden. Die Anspannung nimmt zu, mein Puls steigt.

„Diesen Punkt hatten Sie ja am Anfang schon erzählt, der erste Teil Ihrer Sicherheitsstrategie. Das war schon ein beachtlicher Schritt. Die meisten ihrer Kollegen hier in der Klinik haben einen solchen Schritt entweder noch nicht getan bzw. vor allem verinnerlicht oder haben erst gar nicht die Möglichkeit oder Ressourcen dazu.

Das war aber nicht die Antwort auf meine Frage." Sie holt mich zurück in den Ring, ich wollte mich davon stehlen, aber Sie stellt sich mir in den Weg.

„Was ist der Worst Case in Ihrem Fall?"

Ich fange an zu schwitzen.

„Dass ich,……dass ich, dass ich den Anforderungen nicht stand halte." Mein Blutdruck folgt dem Puls nach oben, ich werde unruhig.

„Hat das Konsequenzen?"

Ich rege mich das erste Mal auf, ich muss meine Anspannung loswerden: „Ja natürlich hat das Konsequenzen!" Ich will nicht weiter sprechen, ich breche ab.

„Welche?"

Pause.

„Möchten Sie eine Pause machen oder etwas trinken?"

Ich werde laut, ich atme heftig: „ Ich, …. Ich,…. Ich verliere meinen Job, verdammt noch mal!!, Scheiße, ich verliere meinen Job und stehe im Regen!!

Klar, ich kann mir einen neuen Job suchen. Aber hier passt alles so gut zusammen. Arbeitsfeld war immer ideal und Verantwortungsbereich, Kollegen sind spitze, Chef war auch gut, Gehalt hat gepasst, der Arbeitsplatz liegt in der Nähe, keinen Anfahrstress und täglich nicht 2-3h unterwegs. Dann wird ja alles noch komplizierter und anstrengender, wenn ich wechseln muss. Und in einem neuen Job muss ich am Anfang ja auch Leistung bringen. Wenn ich es hier unter gewohnten Bedingungen nicht schaffe, wie dann einen Neuanfang? Und wer nimmt schon einen „Ausgebrannten über 50?" keine Chance! Und wer sagt denn, dass ich überhaupt in der Gegend was finde? Vielleicht müsste ich dann ja eine Wochenendbeziehung in Kauf nehmen, nein danke!"

Ich zittere. Ich atme tief ein, ganz langsam und auf dreimal aus. Das ganze mehrmals. Ich trinke ein Glas Wasser und schlucke im Rhythmus zwischen der Atmung. Das entspannt ebenfalls. Nach ca. 5 Minuten (gefühlt 15 Minuten) fragt Sie mich: „Wie geht es Ihnen?"

„Ich habe Angst davor es nicht mehr zu schaffen, ich habe eine Scheiß Angst davor. Ganz einfach!"

Stille.

Ich höre meinen letzten Satz im Kopf immer wieder, wie ein Echo, immer wieder, wie ein Echo, immer wieder…

„Ich kann mich gut in Sie hinein versetzen und Ihre Gedanken und Emotionen nachvollziehen."

„Ich brauche einen Ausweg, eine realistische Alternative, einen Plan B, den ich mir nicht nur schön rede, der muss auch passen, ich muss davon überzeugt sein, dass er klappt, wenn der Worst Case eintritt. Aber den habe ich im Moment noch nicht. Und ich weiß nicht mal, wie ich aus dem verdammten Panikkreislauf rauskomme, wenn mich irgendwas belastet. Wo ist der Ausweg? Sagen Sie mir, wo ist der Ausweg?"

Ich stehe auf und gehe auf und ab. Sie spürt meine Verzweiflung.

Stille.

„Ich kann Ihnen den Ausweg nicht zeigen, ich kann Ihnen nur helfen ihn zu finden. Aber ich kann Ihnen sagen, Sie sind näher dran als Sie glauben."

„Dann ist ja alles bestens", ich werde ironisch, das werde ich manchmal wenn ich mich stark aufrege, passiert normalerweise sehr selten.

Pause.

Sie stutzt etwas, weil Sie so eine Reaktion nicht erwartet hatte, kann das aber absolut professionell abfedern.

„Ich zähle Ihnen einfach mal die Dinge auf, die Sie mir bereits erzählt und selbst schon veranlasst oder in die Wege geleitet haben und die Sie vorhaben zu tun:

- Sie haben sich entschlossen eine Lösung zu finden und haben 7 Monate für eine Reha gekämpft, weil Sie mit Ihrem eigenen Wissen nicht mehr weiter kamen. Sie hatten mit Ihrem Einsatz für die Reha Erfolg und das in einer sowieso äußerst schwierigen Phase.

- Wenn ich Sie hier in der Klinik und in den Gesprächen sehe und auch nach den Rückmeldungen meiner Kollegen aus den anderen Kursen arbeiten Sie mit und an sich soweit es geht, wie sie gerade selbst sehen, bis an die Grenzen ihrer Belastbarkeit. Sie sitzen nicht in der Ecke und haben die Hoffnung verloren. Ich verstehe, dass Sie glauben, dass Ihnen nach 8 Monaten langsam „die Puste" ausgeht. Aber Sie haben auch selbst schon gesagt, dass Sie hier bereits viele neue Impulse erhalten haben. Sie werden Ihr weiteres Leben anders gestalten als vorher. Sie werden andere Prioritäten setzten.

- Sie haben sich selbst schon einen Teil des Plan B erarbeitet, bevor Sie hierher gekommen sind. Sie sind bereit auf Dinge zu verzichten, die Ihnen bisher wichtig waren. Sie haben auf Ihr Elternhaus einen Kredit aufgenommen und sich verschuldet und sind auch bereit es zu verkaufen. Sie werden auf Urlaube verzichten. Damit haben Sie einen enormen Teil des Drucks für die Finanzierung der Familie und der Ausbildung der Kinder bereits ausgeglichen.
Das ist schon sehr viel.

- Es gibt darüber hinaus auch noch einige Alternativen, die wir für Sie notfalls bei Bedarf in die Wege leiten können:

1. Wir, die Sozialstation, sprechen mit Ihrem Arbeitgeber und klären die gemeinsamen Möglichkeiten ab: Teilzeitarbeit, nur Innendienst, reduzierter Verantwortungsbereich, Arbeit in einer anderen Abteilung.
Sie haben über 20 Jahre Berufserfahrung im Projektmanagement. Sie sind kein Anfänger. Normalerweise lassen Unternehmen solche Mitarbeiter nicht einfach so gehen. Und wenn, dann ist das erst mal teuer für's Unternehmen selbst. In Ihrem Falle sind Sie ja seit 15 Jahren dabei. Wenn ich Sie selbst bisher richtig verstanden habe, dann hat eine Lösung bei Ihrem jetzigen Arbeitgeber Priorität vor einer externen Lösung, d.h. zuerst in der gleichen Abteilung, danach ggf. in einer anderen, erst dann extern.
Sie werden mit der Kollegin aus der Sozialstation einen Wiedereingliederungsplan zur Rückkehr an Ihren Arbeitsplatz ausarbeiten. Es wird keine „Hau Ruck Aktion" sein, Hopp oder Topp, alles oder nichts und zwar auf einmal. Nein, es wird nach dem „Hamburger Modell" langsam Schritt für Schritt stattfinden, damit Sie sich wieder an die Arbeit und das Umfeld gewöhnen können. Damit können Sie schrittweise auch Ihre Angst in den Griff bekommen, wenn Sie täglich kleine Erfolgserlebnisse haben. Sie können diese einzelnen Phasen der Wiedereingliederung auch verlängern. Am Ende entscheiden Sie selbst wie leistungsfähig Sie sind und was Sie sich zutrauen. Und dann werden wir zusammen mit dem Arbeitgeber

eine gemeinsame Lösung finden. Ich bin da sehr zuversichtlich.

2. Stellt sich hier keine gemeinsame Schnittmenge heraus, gibt es die Möglichkeit einer Umschulung. Auch in dieser Zeit erhalten Sie eine Unterstützung.

3. Ich schätze Sie nicht so ein, dass Sie überhaupt nicht mehr arbeiten gehen können. Sie wollen eine Lösung finden und es wird auch eine geben.

4. Wenn alles fehlschlagen sollte, was ich nicht glaube, dann gibt es noch die Möglichkeit der Berufsunfähigkeitsrente der DRV. Das ist zwar das absolute Minimum, aber mit Ihrem eingeplanten Eigenzuschuss können Sie da vielleicht auch über die Runden kommen.

Ihre Kurse sind noch nicht beendet. Sie werden noch Einiges erfahren und lernen über die Zusammenhänge, wie der Körper und die menschliche Psyche arbeiten und reagieren. Da kann sich noch Vieles bewegen."

Ich schaue Sie an, meine Therapeutin.

Ich atme durch, tief durch, dreimal aus.

„Ich will es ja versuchen."

„Für heute ist es genug denke ich, gönnen Sie sich eine Auszeit.

Ach, eine Frage habe ich noch, bevor Sie gehen", sagt Sie in stilechter Columbo Manier als ich schon fast die Türklinke in der Hand habe: „Sie hatten 3 Szenarien aufgezeigt, alle drei hatten einen negativen Ausgang, warum?"

„Weil die für mich am meisten der Realität entsprechen und ich mir im Moment nichts anderes vorstellen kann."

„Und wenn „der Neue" einer wäre, der sehr viel Erfahrung als Führungskraft hat, mit Mitarbeitern in besonderen Situationen verständnisvoll umgehen kann und Ihre langjährige Berufserfahrung und Detailkenntnis zu schätzen weiß?"

„Dann sieht das Ganze schon anders aus, das ist klar, darauf brauche ich mich aber nicht vorzubereiten. Dann traue ich mir den Einstieg eher wieder zu. Ich will mich wieder fit machen für den Ernstfall, damit diese Scheiß Angst verschwindet und die Symptome, die ich nicht kontrollieren kann."

„O.k. ich wünsche Ihnen einen schönen Nachmittag. Entspannen Sie sich." „Mache ich, habe heute ja sowieso noch Tai Chi. Wiedersehen und sorry, wenn ich ausgerastet bin." „Da kenne ich Schlimmeres."

„Danke."

<u>Nächste Sitzung: Helfersyndrom, NEIN sagen:</u>

„Sie hatten ja inzwischen auch einen Termin bei der Sozialtherapeutin, bei dem Sie die Vorgehensweise für die Wiedereingliederung gemeinsam besprochen haben."

„Ja, das war sehr gut. Wir haben noch mal darüber gesprochen, ob ich auch wirklich an die alte Arbeitsstelle wieder zurück will. Das habe ich Ihr noch mal bestätigt. Ich will es nicht unversucht lassen. Wenn sich herausstellt, dass ich es nicht schaffe, warum auch immer, dann ist das o.k., dann habe ich es aber wenigstens probiert. Dann habe ich nicht gekniffen. Das ist mir selbst wichtig. Wenn die äußeren Umstände nicht passen würden, dann wäre das was anderes. Dann würde ich das Risiko eines Fehlschlages wahrscheinlich nicht eingehen wollen, weil das Ergebnis schon abzusehen ist. Aber so will ich es nicht unversucht lassen.

Wir haben folgende Vorgehensweise besprochen:

1. Ich will zuerst mit meinem Chef persönlich telefonieren. Unser Verhältnis war immer gut. und ich weiß, dass er es schätzen wird, wenn das Ganze nicht nur formal geregelt wird. Ich werde ihm erzählen, wie wir die Abstufung der Wiedereingliederung besprochen haben.

2. Die Sozialtherapeutin wird dann mit ihm und der Personalabteilung telefonieren, um noch mal den Ablauf zu besprechen, auf was man achten sollte und welche Formalitäten einzuhalten sind.

3. Dann Wird der Papierkram erledigt, Beschreibung der WE, Einholung des schriftlichen Einverständnisses des Arbeitgebers usw. Sobald dann das unterzeichnete Exemplar des Arbeitgebers wieder bei uns eintrifft ist dann alles o.k.

Die WE (nach dem „Hamburger Modell") beginnt bei mir in der ersten Woche täglich mit 2h. Das ist nicht viel, dient eher der Wiedereingewöhnung an den Arbeitsplatz und das Büro. Überall mal wieder „Hallo" sagen. Ist aber für mich wichtig. Ich will gar kein Risiko eingehen. Lieber ein paar Wochen länger, als abbrechen, das bringt gar nichts, sondern macht alles nur schwieriger. Kleine langsame Erfolgserlebnisse Schritt für Schritt, mit Geduld eben. Insgesamt sind dann Steigerungen mit 1-2h/ Woche geplant. Die WE Phase dauert 10 Wochen, dann arbeite ich wieder 7,5h. Während dieser Zeit sind keine Geschäftsreisen vorgesehen."

„Das hört sich ja ganz gut an. Wann führen Sie das Gespräch mit dem Vorgesetzten?" „Diese Woche noch, ich will nichts aufschieben, außerdem wird sonst der Zeitplan auch eng." „Führen Sie das Gespräch alleine?"

„Ja". „Wie geht es Ihnen wenn Sie daran denken?" „Ich bin aufgeregt, aber es ist der erste Schritt. Ich werde sowieso alle kleinen Schritte selbst gehen müssen. Dann fange ich mit dem am besten an. Wenn ich Probleme habe, melde ich mich im Morgentreff bei Ihnen."

„Gut."

„Wenn Sie dann wieder an Ihrem Arbeitsplatz sind und der erste Teil der WE liegt hinter Ihnen, dann werden Sie sicherlich auch wieder mit wachsenden Aufgaben betraut werden. Wie geht es Ihnen, bei diesem Gedanken?"

„Eigentlich freue ich mich darauf vom Kopf her. Ich will ja wieder versuchen meine alten Tätigkeiten machen zu können. Ich bin nur eben verunsichert und habe auch etwas Angst davor, weil ich nicht weiß, wie mein Körper reagiert, wenn die Belastungen steigen und was mit meinen Symptomen los ist. Natürlich werde ich die ganzen Methoden zur Entspannung, die ich hier lerne versuchen einzusetzen. Das geht während der WE in meinem Büro. Es wissen ja alle in der Abteilung Bescheid. Wenn ich dann aber später mal wieder den Außendienst ausprobieren sollte, dann kann ich dort schlecht 30 Minuten Tai Chi Pausen einlegen." „Wieso nicht?", bremst Sie mich aus. „Na ja, in einer Besprechung einfach mal abbrechen und nach 20-30 Minuten wieder auftauchen und die anderen warten lassen, wie stellen Sie sich das vor?", antwortete ich plump.

„Sehen Sie Herr Dietrich, Vieles kann man steuern. Wie Sie ja gemerkt und berichtet haben nehmen Sie Ihre körperlichen Symptome ganz gut und vor allem frühzeitig war. Das ist eine sehr gute Hilfe. Sie lernen hier auch Entspannung im Sitzen, vor allem durch Atemtechnik. Das kann Ihnen bei der frühen Erkennung von Symptomen erst mal entweder helfen oder zumindest Zeit verschaffen. Dann ist es kein Frevel, sondern durchaus normal, wenn man während einer Besprechung auch mal um eine Pause bittet. Ein guter Besprechungsterminplan sieht sowieso Pausen in bestimmten Abständen vor, damit alle Beteiligten wieder klarer denken können. Manchmal steckt eine Diskussion auch fest und eine Pause tut gut.. Dann ist es auch sehr hilfreich, dass Sie die Besprechungen nicht alleine durchführen, bevor Sie sich das nicht zutrauen. Das bedeutet es hängt nicht alles von Ihnen ab. Sie können auch das Wort übergeben. Das kann nach vorheriger Absprache an einem bestimmten Punkt sein oder auf ein bestimmtes Zeichen oder Blickkontakt hin, wenn Sie spontan Unterstützung brauchen. Perfekterweise sogar so, dass das Auditorium nichts davon merkt. Wie bei einem Spiel den Ball weiter laufen lassen zu dem Spieler mit der besten Position. Das machen Sie ja auch bei einem Besprechungsinhalt, von dem der Kollege mehr Ahnung hat als Sie. Auch das ist Teamarbeit. Das nimmt den Druck von Ihnen und Sie können langsam Erfolgserlebnisse sammeln, bis Sie sich wieder gut dabei fühlen. Dann sind Sie immer noch zu zweit und Sie versuchen so lange selbst zu leiten, wie es klappt. Man kann also mit Planung und Absprachen auch bei den anderen Kollegen sehr viel steuern. Das muss kein Sprung ins kalte Wasser sein. Sollte es auch nicht, das wäre unverantwortlich. Gehen Sie das Ganze einfach an wie ein Neueinsteiger, nur mit dem immensen Vorteil Ihrer ganzen Berufserfahrung als Rückendeckung."

„Hört sich erst mal nicht unrealistisch an." Sie schmunzelt mich ein wenig an, bevor Sie Ihren nächsten „Angriff" startet.

„Wenn dann der Vorgesetztenwechsel stattfindet und eines Ihrer 3 Szenarien eintreten sollte, was dann?"

„Wenn die Zeit der Wiedereingliederung gut verlaufen ist, dann muss ich mich halt wieder durchbeißen und versuchen meine Arbeit zu machen."

„Was heißt das, -versuchen meine Arbeit zu machen-?"

„Ja, dass ich wieder voll arbeite, wenn das die Anforderung ist, was bleibt mir anderes übrig."

„Ich will nicht ausschließen, dass Sie einen großen Teil Ihrer bisherigen Arbeit in einiger Zeit wieder ausüben können, möglicherweise werden Sie auch wieder so stabil, dass Sie entsprechende eigene Verantwortung tragen können. Es ist allerdings auch erfahrungsgemäß so, dass dieser ganze Entwicklungsvorgang länger dauern kann, als Ihre offizielle Phase der WE. Das bedeutet, dass ihr neuer Vorgesetzter, nach ihren 3 Szenarien, mehr von Ihnen verlangen könnte, als Sie sich zu diesem Zeitpunkt zutrauen oder tatsächlich in der Lage sind in dieser Phase zu leisten."

Sie brachte es auf den Punkt. Ich wollte mich wieder zur Seite wegducken, aber Sie stand schon da und versperrte mir den Weg.

„Was soll ich dann machen? Ich muss halt durch, wenn das die Erwartungen sein sollten: „Volles Programm", was für Alternativen habe ich dann?"

„Ich verstehe Sie nicht Herr Dietrich!" Das sagte Sie zum ersten Mal. „Ist das dann nicht genau die gleiche Situation einer Überforderung wie zu dem Zeitpunkt am 23.11.2011 morgens um 8.00 Uhr?"

Scheiße, mein Blutdruck stieg schon wieder wie ein Gleitschirm in einer Thermik. „Wollen Sie bewusst wieder in eine solche Situation hinein steuern, von der Sie dieses Mal den Ausgang kennen?" Sie trieb mich wieder in diese scheiß Ecke im Ring. „Haben Sie vergessen, was der Arzt von der Notaufnahme gesagt hatte, als er mal kurz Ihr Herz anhalten wollte, um es wieder in Rhythmus zu versetzen…. als er mal kurz Ihr Herz anhalten wollte, um es wieder in Rhythmus zu versetzen…. als er mal kurz Ihr Herz anhalten wollte, um es wieder in Rhythmus zu versetzen" Die Worte hallten bei mir nach wie Faustschläge bei einem Knock-Out. „Nach allem, was wir bis jetzt besprochen haben, verstehe ich nicht, dass Sie sich die Strategie mit dem Hausverkauf und dem Kredit zurecht gelegt haben, und sie nicht nutzen wollen. Wieso wollen Sie dann ein solches Risiko eingehen. Sie haben schon gemerkt, dass Sie im privaten Umfeld abspecken wollen, wie wichtig die Gesundheit ist. Was ist Ihnen wichtiger, der Job oder Ihre Gesundheit. Ohne Sie gibt es auch keinen Job. Ohne Sie trägt Ihre Familie alle Konsequenzen Ihres Fehlers. Was ist Ihnen also wichtiger?" „Aber was soll ich dann tun, wenn ich im schlimmsten Fall meinen Job dafür riskiere."

Stille.

„Und was ist, wenn Sie dadurch Ihr Leben gewinnen? Ich bringe das nicht mit ihrer Aussage zusammen, dass Sie nicht wollen, dass ihre Frau und die Kinder auf ihre Holzkiste starren. Das waren ihre eigenen Worte.

Natürlich ist es dann ein anderes Leben. Darüber haben wir ja auch schon gesprochen. Aber ein Leben und nicht das Risiko das der Arzt aus der Notaufnahme beschrieben hat. Was denken Sie wie viele Menschen täglich den Job verlieren, selbst wechseln oder wechseln müssen. Wieso muss deswegen alles zusammenbrechen? Ich will das nicht verharmlosen, aber es ist keine hoffnungslose Situation wegen der man seine Gesundheit riskieren müsste.

Sie hat Recht. Verdammt nochmal, sie hat einfach Recht. Auch wenn es weh tut es zu akzeptieren. Sie hat Recht. In dem Falle kann ich dann eben nicht mehr und ich muss es einsehen. Ich muss mir dann eingestehen, dass ich nicht mehr der alte bin. Ich muss zugeben, dass ich den Anforderungen ggf. nicht mehr gewachsen bin. Ich muss, wenn ich mir eine Aufgabe zu dem Zeitpunkt, zu dem sie mir gestellt wird, noch nicht zutraue, sagen: „Ich kann das im Moment noch nicht, ich brauche noch Zeit. Ich weiß aber auch noch nicht mit Gewissheit ob ich es später kann. Ich muss zu meinem eigenen Schutz: NEIN sagen. Dann werde ich sehen, wie die andere Seite, „der Neue" reagiert. Und damit muss ich klar kommen. Damit werde ich klar kommen. Für meine Kinder, Marliese und für mich werde ich damit klar kommen! Außerdem gibt es ja auch nicht nur schwarz / weiß Szenarien. Meistens ist die Lösung ja dann doch ein Kompromiss für beide Seiten. Man setzt die Messlatte eben erst mal so hoch wie möglich, um das Bestmöglichste zu erreichen, ist dann aber hinterher doch auch mit dem zufrieden was realistisch in dieser Situation machbar ist. „Nichts wird so heiß gegessen, wie es gekocht wird."

„Ich werde NEIN sagen", antworte ich Ihr. Sie schmunzelt und wir beenden die Stunde.

<u>Die Angstgruppe:</u>

Ich beschränke mich wieder nur auf die Punkte, die ich noch gut in Erinnerung habe und die für mich wichtig waren. Die laienhafte Wiedergabe sei entschuldigt, aber der daraus gezogene Schluss sollte jeweils einigermaßen passen.

Die Angstgruppe fand 2x wöchentlich statt und dauerte 4 Wochen, also 8 Sitzungen. Wie bei allen anderen Kursen auch, musste man die Teilnahme bestätigen lassen, und auf seinem Terminplan fleißig Unterschriften sammeln.

Heute war ca. der dritte Kurs. Es gibt in jeder Sitzung verschiedene Schwerpunkte zum Thema Angst. Als Vorarbeit überlegt sich jeder der Teilnehmer in welchen Situationen und unter welchen Umständen er Angst, Stress, Druck usw. empfindet. Diese Fälle werden dann diskutiert.

Die Teilnehmer berichten jeweils von sich selbst zu diesem Thema und die Moderatorin / Therapeutin stellt dann alle Erfahrungen aus der Gruppe zusammen und zeigt parallel dazu die Forschungsgrundlagen auf. Das ist eine ganz gute Methode, weil man dadurch sofort einen Bezug von seiner eigenen Situation zu den medizinischen Erkenntnissen hat. Das führt öfter zu einem Aha Effekt als man glaubt.

Heute ist das Thema: Wechselwirkung von Stress und Angst im Alltag.

Im folgenden Schaubild habe ich aus meinen Kursaufzeichnungen und Notizen in der Klinik den Zusammenhang grob vereinfacht dargestellt.

1.) Die Angstschwelle (AS), in bestimmten Situationen, ist individuell unterschiedlich. Sie kann durch Training verändert werden. Im Falle eines entsprechenden negativen Erlebnisses kann sie sich verringern, durch trainieren von Angstsituationen (Konfrontationstechnik) kann sie sich erhöhen.

2.) Bei Überschreitung der Angstschwelle können Panikreaktionen (Ausrasten, um sich schlagen) oder unkontrollierte körperliche Reaktionen (Hyperventilation) auftreten.

3.) Ruhige (coole) Menschen mit einer meist geringen Grundanspannung und einer hohen Angstschwelle geraten selten in Panik, weil die Anspannungskurve auch in gefährlichen Situationen selten über die Angstschwelle steigt. Menschen mit hoher Grundanspannung (z.B. Choleriker oder grundsätzlich

114

ängstliche/unsichere Menschen) rasten schneller aus oder können in Panikweil geraten, weil sie leichter die Angstschwelle überspringen.

4.) Das gleiche Problem haben Personen mit einer generell niedrigen Angstschwelle (geringes Selbstbewusstsein).

5.) Kritisch wird es dann, wenn durch ein äußeres Ereignis (Überlastung Stress, traumatisches Erlebnis etc.) die Angstschwelle so weit herunter gesetzt wird (z.B. als Schutzreaktion des Körpers), dass auch ganz alltägliche Abläufe vom Körper als Überanstrengung / Gefahr eingestuft werden, um eine Wiederholung des bereits Erlebten zu verhindern. Das mögliche Resultat ist dann eine sehr geringe Belastbarkeit.
Die Angstschwelle hängt mit der unterbewussten Einschätzung einer Situation zusammen. Diese ist, wie oben erwähnt, trainierbar.

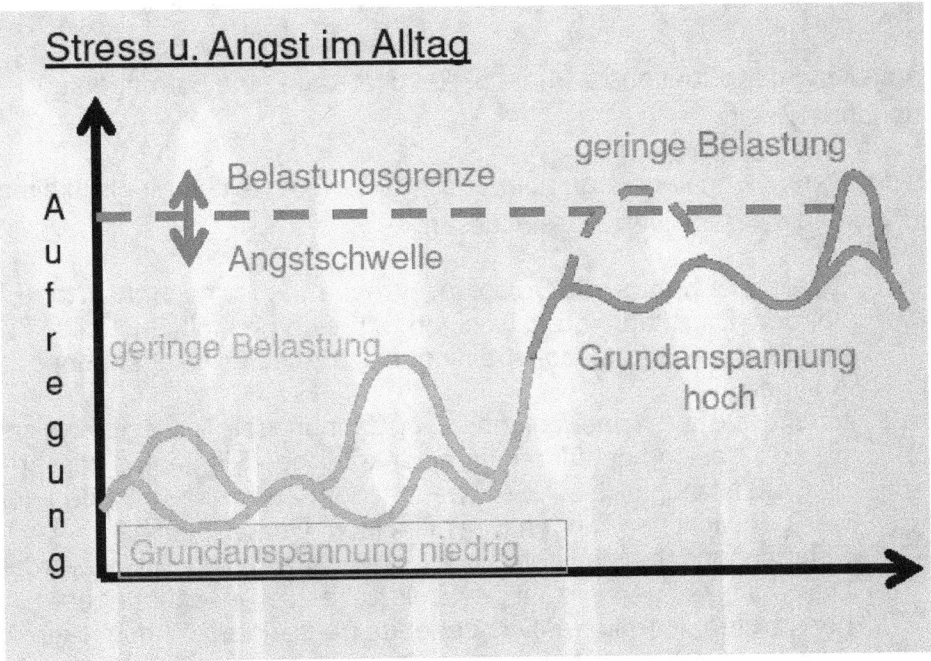

Qualitativer Zusammenhang zwischen Belastungsgrenze / Angstschwelle, Grundanspannung und Belastung.

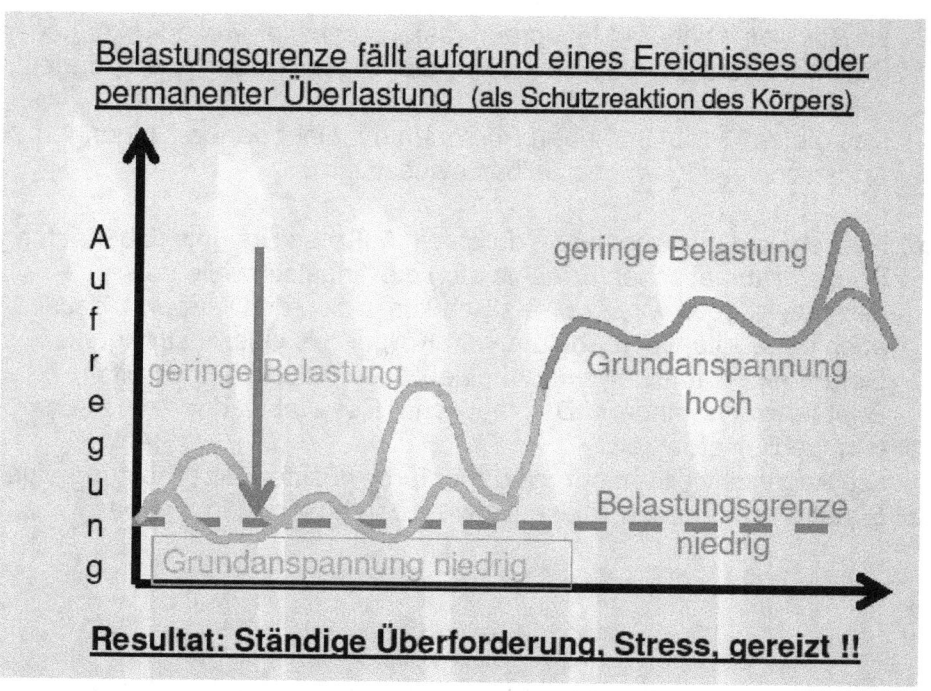

Resultat: **Ständige Überforderung, Stress, gereizt !!**

Darstellung der Situation zu Punkt 5. Resultat kann eine permanente Überlastung sein.

An der Darstellung kann man aber auch gut sehen, welche Möglichkeiten es gibt den Zustand positiv zu beeinflussen:

1.) Erstes Ziel war es, die Belastungsgrenze wieder nach oben zu bringen. Dies kann man in kleinen Schritten und mit Geduld trainieren. (Konfrontationstraining, siehe Abschnitt Angstgruppe, Amygdala)

2.) Ich musste an meinem eigenen Anspannungsprofil arbeiten. Nicht gleich innerlich hochfahren, in einer kritischen Situation gelassen bleiben. Nicht gleich alles schwarz sehen. Zwischen wichtigen und weniger wichtigen Dingen unterscheiden. Dazu ist auch Entspannungstraining sehr wichtig und hilfreich für mich geworden.

3.) Die Häufigkeit und Anzahl der Ereignisse, die Anspannungen hervorrufen, verringern. Das bedeutet ganz einfach: Abspecken. Das geht am einfachsten bei den Aktivitäten, die nicht existenziell sind. Hobbies, Ehrenamt. Auch organisatorisch lässt sich da einiges im Beruf vereinfachen, ohne womöglich sofort einen radikalen Schritt gehen zu müssen. Das ist wie beim Autofahren. Mit Vollgas bist du zwar schnell, aber weit kommst du, wenn du dir deinen Sprit einteilst. Dies sind immer individuelle Entscheidungen, die jeder für sich selbst treffen muss.

Qualitative Darstellung in den beiden folgenden Diagrammen.

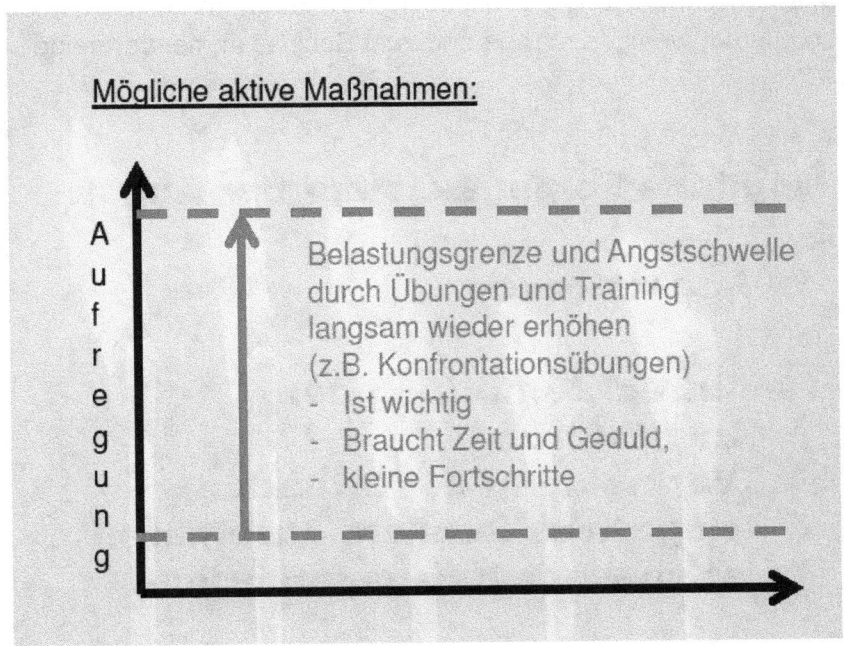

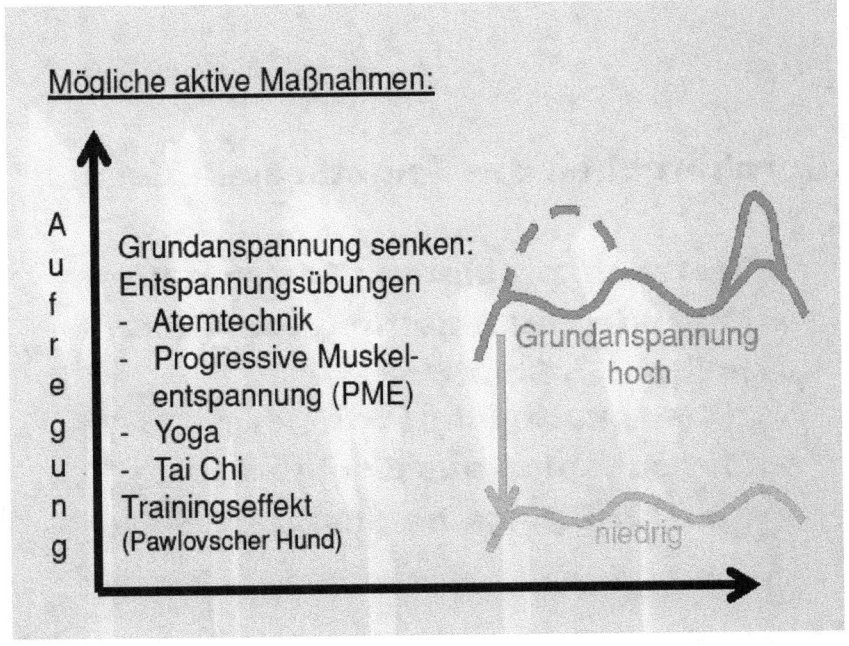

Wenn ich vor einer Situation oder einer Tätigkeit durch ein traumatisches Erlebnis einen Angstschutz aufgebaut habe, dann kann es bei einer permanenten Vermeidung der Situation dazu kommen, dass ich mir die Situation immer weniger zutraue und zum Schluss immer vermeide.

Mögliche Folge Kreislauf der Angst:

➢ **Angststörung**

➢ **Aufrechterhaltung der Angststörung (Vermeidung der Situation) (Negatives Denken: Autofahren ist sowieso lebensgefährlich)**

Durchbrechen des Angstkreislaufes:

➢ **Trotzdem probieren (Konfrontation)**
➢ **Mit Hilfe und Anleitung von außen**
➢ **In kleinen Schritten „Das schaffe ich" (Erfolge)**
➢ **Mut schöpfen aus Erfolgen**
➢ **Sich für Erfolge belohnen**

Wenn ich diese Angstschwelle überwinden will, dann muss ich mich auch in die Situation begeben und die Erfahrung machen, dass sie eben nicht gefährlich ist oder, dass ich sie kontrollieren und beherrschen kann. Kleine Schritte sind dabei sicherer, weil man dabei schrittweise wieder Selbstvertrauen aufbaut und die Aufgaben in „kleinen Portionen" leichter zu bewältigen sind.
Beispiel: Wieder Auto fahren, nach einem schweren Unfall:

- Am ersten Tag zuerst mal nur wieder ins Auto setzen und sich mit der Umgebung wieder vertraut machen.
- Am zweiten Tag dann mal wieder alle Bedienelemente im Stillstand benutzen.
- Danach den Motor anlassen.
- Als Beifahrer mitfahren.
- Auf einem Parkplatz selbst fahren.
- Eine paar Fahrstunden nehmen.
- Selbst auf abgelegenen Strecken fahren
- Außerhalb der Rush Hour in die Stadt fahren
- Usw.

Weiter geht´s mit den Therapiekursen in der Klinik.

Im darauffolgenden Kurs, eine Woche später, geht es um das Thema: Wahrnehmungen und die Reaktion des Körpers.

Wahrnehmungen Reize, Sinne, das ist relativ einfach, kennt jeder: Sehen, Hören, Riechen, Geschmack, Fühlen.

Die Reize gelangen ins Gehirn und wir reagieren dann entsprechend bewusst darauf, abhängig davon in welcher Situation wir gerade sind, d.h. wo wir sind und wie wir uns gerade fühlen. Auch das ist nichts Neues.

Die Therapeutin zeichnet in diesem Kurs als erstes ein menschliches Gehirn an das Board und ein Auge, Ohr, Finger, Mund, Nase. Davon gehen Pfeile zum Gehirn, die Wahrnehmungen bzw. Reize, alles klar soweit.

Jetzt kommt was Neues, zumindest für mich, wobei ich mich auch nie groß mit diesem Thema befasst habe und ein absoluter Laie bin.

Im unteren Teil des Gehirns malt die Therapeutin einen schwarzen Punkt. Sie verdoppelt alle Pfeile von den Wahrnehmungsorganen zu diesem Punkt. Dann schreibt sie die Bezeichnung dieses Punktes daneben an die Tafel.

„Hat jemand von Ihnen schon mal was von der AMYGDALA im menschlichen Gehirn gehört?" Keine Ahnung, keiner meldet sich.

„Dann erzähle ich Ihnen jetzt etwas über diesen Teil unseres Gehirns."

Na, da bin ich mal gespannt.

„Die Amygdala geht noch auf die Entstehung des Urmenschen zurück. Sie steuert u.a. auch das spontane Verhalten von uns in Gefahrensituationen. Sie reagiert auf die gleichen Reize, die wir auch bewusst im Gehirn wahrnehmen, nur um ein vielfaches schneller als unser kognitives Gehirn. Sie steuert den Adrenalinausstoß über das Nervensystem Sympathikus, das uns dadurch augenblicklich bei Gefahrensituation in Verteidigungsbereitschaft versetzt oder zur Flucht verhilft. Die Amygdala entscheidet auch die erste Reaktion bei Gefahr, kann ich die Situation ggf. beherrschen=> Kampf, oder nicht, dann Angst und => Flucht.

Warum geht diese erste Reaktion parallel zum normalen Gehirn und am normalen Wahrnehmungsprozess vorbei? Ganz einfach, ein Beispiel aus der Zeit, aus der diese „Bauweise" stammt:

Sie jagen im Wald, hinter Ihnen kracht ein Ast. Bedeutet das Gefahr?

Bis Sie sich umgedreht und entschieden haben was Sie jetzt so langsam endlich mal machen wollen, hat Ihnen der Bär schon seine Pranke über den Kopf gezogen und nicht er, sondern Sie sind das Abendessen. Außerdem brauchen Sie für eine schnelle Reaktion, um den Kopf blitzschnell umzudrehen erst mal das Signal dazu und zwar plötzlich, bevor Sie erst groß drüber nachdenken. Dafür ist unsere Amygdala über den Sympathikus mit einem Adrenalinschub zuständig."

„Heißt das ich reagiere sozusagen „unterbewusst" schon, bevor ich im Kopf überhaupt so richtig wahrgenommen habe was gerade los ist, vereinfacht gesagt?"

„Genau, die Amygdala versetzt Sie in die Lage schnellstmöglich in den Verteidigungsmodus zu gelangen, sobald Sie die tatsächliche Situation dann bewusst erkennen: Oha, ein Bär, reagieren Sie dann bewusst mit Flucht, normalerweise. Der Körper wurde aber vorher schon, sozusagen reflexartig, in maximale Alarmstufe versetzt, damit sie überhaupt schnellstmöglich reagieren können."

Das war nicht nur für mich neu. Unterbewusstsein, Reflexe, ja klar hat man schon was davon gehört. Beim Sport sind gute Reflexe ja immer gefragt. Als Volleyballer haben wir die immer bis zum Abwinken trainiert. Jeder Tischtennisspieler oder Kampfsportler weiß davon ein Lied zu singen. Aber wie das in dem Maße zusammenhängt, das war mir neu. Sie fährt fort.

„Die Amygdala kann man auch in gewissem Maße trainieren. Man kann seine Reflexe und Reaktion durch Training verbessern, man kann Angst abbauen, z.B. vor Spinnen etc. indem man diese Situationen übt, durchmacht und dann feststellt, dass gar nichts passiert – (möglichst keine Vogelspinnen nehmen) d.h. „Konfrontationstraining" (wiederum laienhaft, aber vielleicht anschaulich ausgedrückt).

„Kann das auch andersherum passieren, dass ich vor etwas plötzlich Angst habe und meine Amygdala sozusagen „anspringt", wovor ich früher nie Angst hatte?"

„Ja, das ist möglich."

Die anderen diskutieren weiter, ich verliere den Faden, ich denke nach. Ich starre das Schema auf der Tafel an. Ich denke nach. Ich fokussiere den schwarzen Punkt. Die Pfeile vom Auge zum schwarzen Punkt, von der Nase zum schwarzen Punkt, vom Ohr zum schwarzen Punkt. Sie steuert das Adrenalin in meinem Körper. Sie versetzt mich augenblicklich in Kampfbereitschaft. Sie ist schneller als mein kognitives Gehirn, schneller als ich denken kann, hat die Therapeutin gesagt. Sie ist schneller als ich. Sie ist schneller als ich….

Ich unterbreche die Diskussion bei der nächsten Möglichkeit mit einer Frage: „Was passiert mit dem Adrenalin, wenn die Amygdala sich geirrt hat und es besteht gar keine Gefahr?"

„Dann werden Sie wahrscheinlich nicht in Form einer körperlichen Aktion reagieren (also mit Flucht oder Kampf) und das Adrenalin ist erst mal überschüssig in Ihnen vorhanden."

„Wozu kann das führen?"

„Bei kleinen Mengen kann man sich ja normalerweise wieder schnell beruhigen, außerdem, wenn der Verstand dann keine Gefahr wahrgenommen hat, regelt der Gegenspieler, der Parasympathikus den

Spiegel und das Ganze nach einer Zeit normalerweise wieder ins Gleichgewicht."

O.K. mein Hausarzt hat gesagt „die Steuerung spielt verrückt" also mach weiter, löchere Sie mit Fragen, dazu ist Sie da.

„Was passiert, wenn diese Regelung aus irgendeinem Grund nicht mehr richtig funktioniert, wenn z.B. die Angstschwelle aufgrund eines Schlüsselerlebnisses sehr stark herabgesetzt wurde?"

„Wenn Sie einen unkontrollierten Adrenalinüberschuss z.B. aufgrund eines Angstgefühls haben, dann geraten Sie in Unruhe, Nervosität, Zittern, das kann bis zur Hyperventilation führen oder anderen rhythmischen Störungen im Körper, vor allem zusammen mit Angstgefühlen, bis hin zu Panikattacken."

Ich hab Sie, verdammt nochmal ich hab sie, jetzt nur nicht locker lassen, das ist die richtige Spur, die Info die alles aufklären kann, ich bin so nah dran! Ich frage weiter:

„Könnte es z.B. sein, dass ich, weil in meinem Verantwortungsbereich irgendetwas so richtig schief gegangen ist, dass ich davor dann eine entsprechende Angst entwickle davor, dass sich so etwas wiederholt und dass unsere Kollegin Amygdala als Schutzreaktion, ähnlich wie bei einer Gefahrensituation als Urmensch, mit einem Adrenalinschub reagiert, das heißt mich auf Vollgas fährt, obwohl faktisch gar keine Gefahr vorhanden ist?"

„Wäre möglich, man muss bedenken, dass jeder Mensch dabei individuell reagiert."

„Wenn ich dann aufgeregt bin und mich nicht beruhigen kann, weil ich weiterhin diese Angst habe noch mal oder noch tiefer in den Schlamassel zu geraten, kann die Situation dann eskalieren?"

„Ja, wie gesagt, normalerweise stellen Sie ja dann fest, dass keine Gefahrensituation vorhanden ist und beruhigen sich über den Parasympathikus wieder. Geht diese Angst weiter, weil z.B die Schwelle sehr niedrig ist, kann sich die Situation hochschaukeln und in einer Panik enden. Manchmal ergibt sich auch eine Art Teufelskreis, dass sich das Ganze allein aus der Angst vor der möglichen Panikreaktion hochschaukelt. Also, in Extremfällen, gewissermaßen aus Angst vor der Angst."

„Wenn ich das jetzt weiß und merke ich gerate in diesen Kreislauf, wie kann ich ihn durchbrechen?"

„Indem sich zuerst einmal bewusst machen, dass gar keine Gefahr und kein Grund zur Angst besteht. D.h. keine Angst vor der Situation oder ihren Folgen. Dann beruhigen Sie sich durch Entspannungstraining, deswegen erlernen Sie hier die unterschiedlichsten Methoden. Dadurch unterstützen Sie auch das Kontrollieren der Reaktion durch den Parasympathikus."

Weiter, los frag sie weiter!

„Wenn das nicht hilft, weil der Adrenalinschub zu hoch ist oder ich es nicht schaffe."

„Dann bauen Sie es am besten damit ab wozu es gedacht ist. Mit Bewegung, Sport. körperlicher Aktion, wie bei Verteidigung oder Flucht."

Ich schaue die Therapeutin fragend an wie ein alter VW Käfer mit Doppelscheibe am Heckfenster. „Das soll funktionieren? Wenn ich so aufgeregt und hektisch bin und keine Ahnung habe warum, dann in dem Gefühlschaos auch noch Sport machen, noch mehr Anstrengung?"
„Jeder reagiert anders und hat andere Grenzen. Wenn die Ursache ein unkontrollierter Adrenalinschub ist und Sie sich nicht anders beruhigen können, dann probieren Sie es doch mal aus. Sie sind ja hier in einer Klinik um genau das zu lernen und zu üben."

„O.k. antworte ich, genau das werde ich tun."

Mann, wenn das klappen würde, das war genau der Punkt, den ich nie verstanden hatte. Ich wäre doch nie im Leben selbst darauf gekommen noch zusätzlich Sport zu machen, gerade dann, wenn ich mich sowieso nicht mehr unter Kontrolle habe.

Das wäre der Wahnsinn wenn das klappt !!!!!

Im Grunde entspricht das der Konfrontationstherapie. Eine bestimmte Angstsituation erzeugen. Die Reaktion des Körpers versuchen zu steuern, in der Situation bleiben, bis die Angst und die Symptome wieder abklingen. Normalerweise regelt der Parasympathikus nach einer Zeit der Anspannung diese wieder herunter. Spätestens wenn die Situation gemeistert ist oder der Körper aufgrund seiner Abwehr- Verteidigungsreaktionen erschöpft ist, falls alles normal funktioniert.

Angst hat wesentlich etwas mit Lernprozessen zu tun. Sie ist ebenso „verlernbar", wie sie erlernt wurde. Dieser Vorgang braucht Zeit und Geduld, weil der Körper die Erfahrung machen muss, dass die erlebte Situation keine tatsächliche Gefahr bedeutet. Dazu sind wiederholte Erfahrungen durch Konfrontation erforderlich.

Als Resultat lernt der Körper, dass diese Situation nicht gefährlich ist und das nächste Mal bleiben die Symptome aus oder treten vermindert auf. Sollte man aber bei psychischen Problemen nur mit ärztlicher Unterstützung und Anleitung machen. Dazu hatte ich ja jetzt in der Klinik jede Menge Unterstützung, also beste Trainingsumgebung.

Im nachfolgenden Schema habe ich das Zusammenspiel zwischen dem bewussten Wahrnehmen (Sehen, Hören, Riechen etc.), der reflexartigen Bewertung einer Situation durch die Amygdala grob dargestellt. Grundlage dafür waren meine Aufzeichnungen aus den Seminaren der Angstgruppe.

Die Wahrnehmung wird von den Organen an das „bewusste Gehirn" und parallel dazu an die Amygdala geleitet. Amie bewertet dann blitzartig als Schutzreaktion und startet ggf. bei Gefahr schon mal sicherheitshalber den Verteidigungsapparat mit einem Adrenalinschub. Je nachdem Was das bewusste Gehirn dann zurückmeldet kann der Körper dann schon mit 100% Leistung arbeiten.

Ist das Adrenalin und der Sauerstoff dann aufgebraucht (Sympathikus produziert nicht mehr, weil Gefahr vorüber ist) dann regelt der Parasympathikus wieder alles ins Gleichgewicht. Aufgrund der Anstrengung folgt die Erschöpfung. (sehr grob und vereinfacht, damit ich das auch selbst verstehen kann)

Eine grobe Darstellung des Ablaufes und der Zusammenhänge habe ich im nächsten Bild schematisch zusammengestellt.

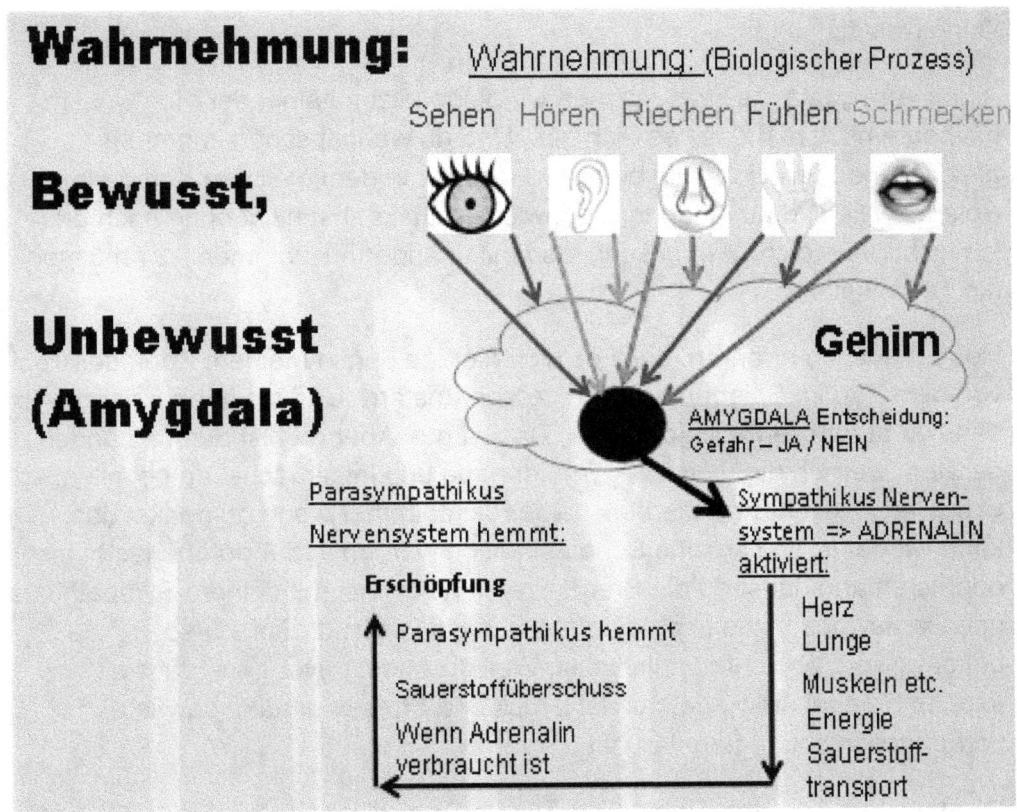

Meine Freundin Amygdala:

Ich stehe in meinem Zimmer C103. Ich schaue in den Spiegel in meinem
Flur. Ich sehe Ihr in die Augen. Eine ganze Weile starren wir uns an, Sie
mich und ich Sie, im Spiegel.

Dann rede ich mit Ihr.

„Hallo Amygdala, na, was machen wir beide jetzt miteinander? Ich wusste
bis heute nicht mal dass es dich gibt. Und du wohnst schon immer im
gleichen Haus wie ich. Alle beide wohnen wir in dem gleichen Kerl da im
Spiegel. Wir sind aufeinander angewiesen, du kannst nicht ohne mich und
ich nicht ohne dich. Wir müssen also miteinander auskommen. Wir müssen
ein Team sein.

Heute habe ich erfahren, dass es dich gibt, da drin in meinem Kopf, der Kopf
von dem Typ im Spiegel, der dich gerade anstarrt. Und ich habe gelernt,
dass du aufpassen willst auf mich. Das ist gut. Aber du bist durcheinander
geraten, weil ich dir zu viel zugemutet habe und jetzt machst du bei allem
wovor du Angst hast sicherheitshalber dicht. Immer wenn du denkst das
kann wieder irgend so eine Scheißsituation werden in der du überlastet bist,
oder ich, dann haust du die Bremse rein und spielst mit deinem Sympathikus
und Parasympathikus und deinem Adrenalin verrückt. Einfach so,
unkontrolliert, obwohl gar nichts ist. Weil du Angst davor hast, dass dieser
Idiot im Spiegel dir wieder zu viel Druck und Stress zumutet, so wie er es
vorher schon so lange getan hat.

Weißt du was, du hast Recht. Der Typ im Spiegel ist ein Arschloch. Du hast
ihm ja alles angekündigt. Es gab genug Warnzeichen von dir: schlechter
Schlaf, Unkonzentriertheit, Müdigkeit, Schweißausbrüche,
Rückenschmerzen, verkrampfter Magen, Magenbeschwerden, Magensäure,
beinahe ein Magengeschwür, alles da was du zu bieten hast, aber nein, das
Arschloch musste weiter machen. Es war ja schlauer und stärker als du, es
musste ja unbedingt seinen Willen haben. Klar, war da auch die Angst zu
versagen, die Kollegen im Stich zu lassen, den Anforderungen nicht mehr
gewachsen zu sein, wieder Fehler zu machen, Fehler, die ´ne Menge Geld
kosten, so wie die Fehlplanung bei dem einen Projekt. Aber hätte er nicht
einfach seinen Mund aufmachen können und ehrlich sagen können: „nein,
ich kann nicht mehr? Was wäre passiert? Bestimmt nichts Schlimmeres als
jetzt! Aber es war die Angst vor negativen und ungewollten Veränderungen,
weshalb der Idiot weitergemacht hat. Er hatte „keinen Arsch in der Hose."

(Dabei fällt mir eine Mail von unseren Freunden aus Detroit ein: „I once had a good friend working in the automotive industry. They were about to start a new line for a new car. He worked day and night, always telling, that the line couldn't be started without him. He was the responsible project manager. He got a heart attack and died. The line went live in time, but without him."
Und: "Stress is a killer, this is a very serious thing. So take care my friend")

Dann war es zu viel und **du** konntest nicht mehr, du hattest Angst, massive Angst. Dann bist du ausgerastet und hast auf Notbetrieb und Sicherheitsmodus umgeschaltet, auf Verteidigung, gegen einen Gegner, den es gar nicht gab. Da war kein Bär oder Wolf oder ein Messerstecher, der angegriffen hat. Aber du hast mit deinem Adrenalin wild um dich geschossen. Und jetzt haben wir den Salat. Der Typ im Spiegel ist ja selbst schuld. Du hast nichts falsch gemacht. Du schaltest jetzt eben immer gleich ab, weil du immer noch Angst hast, wenn Stress droht oder du dich an Situationen erinnerst, bei denen die Überbelastung stattgefunden hat, sogar beim Geschirrspüler ausräumen. Das habe ich jetzt für meinen persönlichen Fall begriffen.

Also gut, ich verstehe dich jetzt. Ich weiß, dass es dich in mir gibt, da drin in meinem Kopf. Und ich weiß wie du tickst und warum du so tickst.

Was machen wir zwei jetzt miteinander, was machen wir draus?"

Ich schaue ihr immer noch in die Augen und ich weiß, dass Sie mich sehen kann und ich kann Sie spüren.

„Hör mal zu, du willst bestimmt nicht da drin versauern und nur noch vor dich hin zittern und ich will das auch nicht. Du willst nicht wieder vor einem vollen Geschirrspüler Panik kriegen oder vor dem Arbeitsplatz oder wenn das Telefon klingelt. Wir haben also beide das gleiche Ziel. Wir wollen beide aus diesem verdammten Loch raus und wieder was auf die Beine stellen können, lachen und froh sein und uns nicht verkriechen. Wir wollen wieder einen Job machen, egal welchen, und ein normales Leben führen können mit unseren 3 Mädels, das ist alles was zählt.

O.K. wir gehen also schon mal beide in die gleiche Richtung, das ist ja schon mal was. Pass auf, folgende Strategie: Ich weiß nach allen Untersuchungen, dass ich körperlich in guter Verfassung bin und sportlich keine Einschränkungen habe. Wie der Hausarzt gesagt hat, die Mechanik ist in Form. Von der Seite her kann also nichts passieren.

Ich werde mich also:

1.) sportlich auf Vordermann bringen, um sicher zu sein, dass ich körperlich möglichst nichts zu befürchten habe, wenn ich dich mal wieder an deine Grenzen bringen sollte. Aber ich werde dabei auch nichts übertreiben. Kein Marathon mehr, versprochen!

2.) Ich werde alles, und zwar alles an Entspannungstechniken was es hier gibt besuchen und mitnehmen, damit ich egal in welcher Situation irgendwas davon anwenden kann, wenn du mir mal wieder ein Zeichen gibst, dass ich es gerade übertreibe oder dass ich dir manche Sachen noch nicht zumuten kann, weil du noch nicht soweit bist.

3.) Auf diese Art werde ich immer versuchen rechtzeitig zu bremsen, damit du nicht wieder austickst.

4.) Wenn es für dich doch mal wieder zu viel wird, weiß ich ja jetzt, wie ich deinen „Adrenalinsegen" im Notfall wieder loswerde: Sport, Bewegung, abreagieren, Vollgas, kann ja nichts passieren, die Mechanik kann das ja ab.

5.) So haben wir uns gegenseitig im Griff, du sorgst für mich und ich passe auf dich besser auf. Dabei lernst du auch dich an die normalen Belastungen wieder zu gewöhnen. Ich mute dir in kleinen Schritten immer ein bisschen mehr zu und sehe wie du reagierst, wenn's zu viel war reagiere ich es ab. So tasten wir uns langsam, ganz langsam, aber sicher nach vorne.

6.) Hier sind alle Ärzte, die wir brauchen. Hier ist das beste Testumfeld für den Start von diesem Training. Wir wissen was wir tun müssen, wenn was schief geht sind wir in sicheren Händen.

Na, ist das nicht ein guter Deal für uns beide, so kommen wir, wenn's klappt, beide aus dem Loch wieder raus. Egal wie lange es dauert, wir ziehen das durch, du und ich. Ich mache Projekte die Jahre dauern, da kann ich doch auch ein eigenes Projekt haben, wenn es um mein Leben geht. Da spielen ein oder zwei Jahre keine Rolle, wenn wir dafür 20 gewinnen.

Wenn wir ein Problem haben oder Rahmenbedingungen, die wir nicht meistern können, dann ändern wir die eben. Es geht um nichts weniger als den Rest unseres Lebens, also was soll der andere Kram, nichts ist wichtiger als ich, meine Gesundheit und meine Familie. Ich weiß, ich habe lange gebraucht, um das zu begreifen.

Also lass uns loslegen. Und zwar JETZT!

Hey, ich hab da noch einen kleinen Trick auf Lager, der mir gerade einfällt. Ich habe gerade gelernt, dass du verdammt schnell bist, schneller als ich denken kann. Und wenn ich gut drauf bin, dann kriegst du das ja auch mit. Und du siehst und hörst auch alles was ich wahrnehme. Ich werde ganz einfach immer wenn ich gut drauf bin auch in irgendwas reinschauen, was spiegelt. Dann siehst und fühlst du wie wir uns beide freuen. Das macht doch bestimmt mehr Spaß wie den Kerl da immer nur morgens beim Rasieren zu sehen, wenn er sich mal wieder schneidet und „autsch scheiße" ruft, oder?

Ich schaue uns beiden in die Augen, im Spiegel. Ich fange an zu schmunzeln:

„Komm Amie, das ist unser Tanz, lass uns tanzen."

Ich weiß, Sie hört mich!

Einen Vorteil habe ich gegenüber meiner Frau: Ich muss beim Tanzen nicht auf Amie´s Füße aufpassen, sind ja auch meine, denn ich bin ein miserabler Tänzer.

Bin ich bescheuert, wenn ich so was mache? Selbstgespräche vor dem Spiegel ? NEIN, bin ich nicht, das machen jeder Sportler und jede Mannschaft vor einem wichtigen Wettkampf auch so, und bei diesem Wettkampf geht es schlichtweg um mich und mein weiteres Leben. Ich werde alles was ich über mich lernen kann versuchen irgendwie umzusetzen. Alles andere wäre richtig bescheuert!

Es gibt ja das Sprichwort: „Wenn du einen Gegner nicht besiegen kannst, mach ihn zu deinem Freund." Ich häng noch was dran: „ ....dann werdet ihr zusammen noch stärker!"

Durchbrechen des Kreislaufes der Angst:

➢ Amygdala wird meine „Freundin"

➢ Keine innere Angst, innerer Druck
➢ Kein „Kampf gegen inneren Schweinehund"
➢ Aufgaben zusammen mit Amie angehen
➢ „If you want to go fast, go alone,
   if you want to go far, go together"
   (Afrikan. Sprichwort)

Das wird also eine ziemlich lange Baustelle, und da brauchst du kein Werkzeug von Hornbach oder dem Bauhaus. Da kommst du nicht weit. Du brauchst andere Werkzeuge. Die musst du noch kennenlernen. Du musst lernen mit Ihnen umzugehen. Das muss dir jemand zeigen.

Du brauchst Geduld weil es nicht schnell gehen wird.

Du brauchst Mut, weil du immer wieder schwierige Situationen meistern musst und vorher nicht abschätzen kannst wie es verläuft.

Du brauchst Hoffnung, damit du auch nach einem Rückschlag nicht aufgibst.

Du brauchst die Fähigkeit dich über kleine Dinge zu freuen, kleine Fortschritte, die Mut machen.

Du brauchst den Willen an dir zu arbeiten und dich zu ändern, neue Prioritäten zu setzen und belastende unnötige Dinge abzulegen.

Dein Ziel kannst du dir selbst setzen. Die Mittel und Werkzeuge und den Weg dahin kannst du hier lernen, von den Therapeuten, in den Kursen und von den anderen Kollegen.

Du kannst dir dein Ziel setzen, aber es gibt keinen Zeitplan, keinen Projekttterminplan, keinen Meilenstein, wann das Projekt abgeschlossen sein wird. Wahrscheinlich ist es ein lebenslanges Projekt. Also lass dir Zeit.

„Der Weg ist das Ziel."

Heut eist der 26.07.13. Es ist einfach klasse, ich schreibe den Text einfach so runter, es macht sogar Spaß, es war damals so ein irres Gefühl endlich eine Lösung, einen Ausweg, eine Methode, einen Plan zu haben, wie man aus der Lage wieder herauskommt und seitdem hat es funktioniert. In kleinen, sehr kleinen Schritten, auch jetzt nach einem Jahr trainiere ich immer noch, wie bei einem Marathon, atme mich runter, mache zwischen durch mal 10 Minuten Tai Chi oder gehe in den Ruheraum im Geschäft. Oft ohne dass die Kollegen außenherum was mitkriegen. Aber das spielt alles keine Rolle. Ich bin wieder da. Das ist alles was zählt. Und Amie ist es auch, Sie ist meine beste Freundin geworden. Kein Wunder, jetzt wo Sie weiß, dass ich auch besser auf Sie aufpasse, schließlich haben wir ja jetzt das gleiche Ziel….

Mir fällt dazu noch ein zweiter Vergleich ein:
In unserem Kindergarten gibt es außer den normalen Gruppen auch eine Gruppe mit behinderten Kindern. Damit diese leichter integriert werden können und auch die gesunden Kinder dabei lernen, wie man mit bestimmten Behinderungen umgehen kann, gibt es immer wieder täglich gemeinsame Aktionen, logisch, sonst wäre es ja auch keine Integration. Manchmal werden auch beim Sport kleine Wettkämpfe (z.B. Laufen, Springen, Slalomlauf o.ä.) durchgeführt. Dabei werden Teams gebildet. Ein gesundes Kind, ein behindertes Kind. Es geht in erster Linie immer darum die Aufgabe gemeinsam zu meistern, je nachdem welche Art des Spieles, spielt auch die Zeit als Team manchmal eine Rolle.
Bei den Spielen findet man manchmal verschiedene Strategien der Kinder:

1.) Das gesunde Kind rennt so schnell es kann, um Erster zu sein und möglichst viel Zeit rauszuholen gegenüber den anderen Teams. Dann steht es am Ziel und feuert seinen Kollegen an, der sich redlich abmüht, aber manchmal auch gar nicht ins Ziel kommt. Im schlimmsten Fall ist das gesunde Kind dann noch frustriert oder auch sauer (so sind Kinder halt noch), dass es selbst alles gegeben hat, aber das Team verliert, weil es das behinderte Kind nicht geschafft hat. Beide sind enttäuscht und das behinderte Kind will das nächste Mal gar nicht mehr mitmachen, weil es seine Beeinträchtigung noch mehr zu spüren bekommen hat.

2.) Bei der anderen Strategie klatschen sich die beiden erst mal nach dem Start ab und gehen die Sache gemeinsam an. Der Gesunde unterstützt, schiebt oder hilft sonst wie dem Behinderten. Beide kommen dadurch gemeinsam ins Ziel, das ist sicher. Und sehr oft ist es dabei auch so, dass die Zeit dabei gar keine Rolle mehr spielt. Man hat unterwegs zusammen dabei so viel Spaß gehabt und freut sich mehr darüber die Aufgabe gemeinsam bewältigt zu haben. Das Team bleibt dann für das nächste Spiel gleich zusammen.

Also Amie, dann werde ich jetzt mal schön dein Tempo mitgehen, damit wir irgendwann deine Krücken, die ich dir selbst verpasst habe, gemeinsam wieder in die Tonne stecken können. Und die Tonne werde ich nicht wieder aufmachen. Auch versprochen!

Vortrag meiner Therapeutin:

Wie es manchmal so passiert (oder auch nicht), ergab sich ein paar Tage später, wie von allein, die Gelegenheit meine neuen Erkenntnisse auszuprobieren.

Ich hatte mal wieder einen Fragebogen mit über 200 Fragen, in der Mitte der Aufenthaltszeit, erhalten und anschließend war ein Vortrag von meiner Therapeutin. Ich dachte ich bearbeite die Fragen noch so weit wie ich komme und gehe dann los zum Vortrag. Irgendwie habe ich mich dann so in die Fragen vertieft, die auch teilweise missverständlich gestellt waren (vielleicht absichtlich) dass ich total angestrengt war und der Kopf rauchte, als ich wieder auf die Uhr sah. Oh Mist, noch 5 Minuten, eigentlich wollte ich mich noch vorher ausruhen, aber ich hing an diesen blöden Fragen und konnte mich jetzt auf nichts mehr konzentrieren. Egal, dann halt los.

Ich fand noch einen Platz in der mittleren Stuhlreihe des Raumes und setzte mich auf den Gangplatz in der Mitte, um notfalls schnell den raum verlassen zu können. Der Vortrag begann. Das Thema weiß ich heute spontan gar nicht mehr, nach 15 Minuten habe ich sowieso nichts mehr mitbekommen. Ich konnte mich auf nichts mehr konzentrieren. Die Zwischenfragen und der Geräuschpegel (der eigentlich gar nicht hoch war) und das Hin und Her machten mich fertig. Gegenüber früher total ungewohnt, zumal ich überhaupt nicht aktiv an einem Gespräch Teil nahm.

O.K. was haben wir gelernt?

Erstens Atementspannung. Augen schließen, langsam tief einatmen, auf drei Mal ausatmen, Ruhebild vor den Augen einschalten.

Diskussion außen herum. Tief einatmen dreimal ausatmen. Der Kopf rast weiter. Nochmal einatmen auf drei mal ausatmen. Scheiße ich schaffe es nicht, ich kann nicht abschalten. Los noch mal. Es klappt nicht.

Zweitens: Ortswechsel, raus aus der belastenden Umgebung. Ich gehe zur Therapeutin vor, erkläre Ihr in vier Worten wie ich mich fühle und was ich jetzt mache: „Ich muss raus, jetzt!!" Sie antwortet: „Ist o.k., ich habe Sie die ganze Zeit beobachtet. Wenn es Ihnen nicht besser wird melden Sie sich sofort." „Alles klar."

Tür auf und raus. Uff, der Geräuschpegel ist weg, die erste wahrnehmbare Erleichterung als ich aus dem Raum raus bin. Ich gehe im Gang auf und ab und atme langsam weiter. Der Kopf wird etwas besser, weil der Geräuschpegel weg ist, aber die Anspannung bleibt.

Drittens: dann halt auch noch das Adrenalin abbauen. Das wird spannend. Da vorne ist das Treppenhaus. Es gibt leider nur ein Stockwerk. Runter, rauf, jeweils 2 Stufen, runter rauf, 5mal, 10 mal, hey, es wird besser, ich schnaufe. In dem Moment fällt mir ein ganz wesentlicher Unterschied beim Umgang mit der gerade aktuellen Situation gegenüber früher auf: Ich weiß, was zu tun ist. Ich probiere es aus und habe kleine Erfolge. Und das Wesentliche: Durch das neue Hintergrundwissen ist die Unsicherheit weg, ich habe davor keine Angst mehr, das ist genial!!!

Jetzt will ich´s wissen: Gymnastikraum, Sandsack. Ich sage der Therapeutin kurz wo sie mich findet, dann renne ich los. Lockere Klamotten habe ich eh gerade an, also kein Umziehen notwendig. Treppe runter, Gang entlang. Ich hänge ihn auf, den Sandsack (so ein Punch Sack ca. 25kg). Ich schlage los. Rechts. Links, rechts links, er schlägt aus. Ich gehe weiter nach vorne und halte ihn mit meinen Schlägen in der Schräge. Rechts links, immer weiter, ich beginne zu schwitzen und schneller zu atmen, wie beim Laufen. Ich wechsle von langsamen zu schnellen Intervallen und zurück zum Luft holen. 10 Minuten, los, mach weiter! 15 Minuten, der Schweiß tropft auf den Boden, Ich schreie meine Wut heraus, meine Wut über mich, dass ich mich nicht im Griff habe, meine Wut, dass ich Mist gebaut habe, meine Wut über alles was mir einfällt. Die Handknochen melden sich langsam: hey was soll die Prügelei denn? das tut weh!

20 Minuten, der Boden ist nass, die Hände schmerzen, ich bin fertig, ich schnaufe wie eine Lokomotive beim Albanstieg. Na Alter, lange nichts mehr gemacht, keine Kondition mehr, was? denke ich. Ich laufe langsam umher, um mich auszuatmen und runterzukommen.

Ich setze mich auf die Bank. Die Tür geht auf, mein Kollege, mit dem ich angekommen war schaut rein: „Na, alles klar?" Er sieht mich schnaufen, ich zeige Ihm den Daumen nach oben „alles klar!" Er geht.

Ich bin wieder allein, ich trabe leicht durch den Raum, die Atmung geht runter, ich beruhige mich. Es geht mir gut. Die Anspannung ist weg, sie ist weg, einfach weg, ich fühle mich müde und verschwitzt aber wohl, sauwohl. Ich fange leicht an zu grinsen, dann strecke ich eine Hand mit dem Zeigefinger in die Luft und schreie meine Freude heraus: Yeeeaaahhhh!!!

Und leise sage ich in mich hinein: Danke Gott.

Es schien, dass ich nach 7 Monaten für mich einen plausiblen Weg gefunden hatte, der funktionierte. Ich hatte jetzt endlich verstanden, warum ich vorher nicht weiter gekommen bin, die Zusammenhänge und Hintergründe. Das war ein Weg aus dem Angstkreislauf rauszukommen, der Angst, dass ich in dem Loch hängen bleiben werde, dass ich es nicht schaffe, dass ich keinen Weg finde, dass es vielleicht auch keinen Weg gibt. Für meinen Fall hatte ich einen gefunden. Das war so ähnlich wie freie Luft atmen, wie ein Sonnenaufgang, scheiße, es war einfach verdammt gut!

Ich nehme alles mit, was es hier gibt, das ganze Programm. Entspannung, Sport, Kreativgruppe, Angstgruppe, soziale Kompetenz und und und... Ich werde nichts an Hilfsmitteln oder Werkzeugen unversucht lassen! Dazu war ich schließlich gekommen.

Ich erinnerte mich an die Angstgruppe und den „Pawlovschen Hund" (Hundetraining, bei dem Speichelreaktionen beim Fressen auch ohne das Futter nur durch einen Wecker ausgelöst wurden, nachdem der Hund vorher daran gewöhnt worden war dass es immer Fressen gab wenn der Wecker klingelte) und wie man trainieren kann durch Konfrontationsübungen seine Angst zu überwinden. Wie man Amie wieder in die Bahn bringen kann. Dann werde ich für uns jetzt wohl jetzt öfter den Wecker stellen Amie, und dann werden wir tanzen, was meinst du?

<u>Grübelfalle:</u>

Für mich selbst wichtig war außerdem das Thema: Wieder abschalten können.

Abschalten von den Problemen der Arbeit, wenn ich zu Hause bin und es zu viel wird.

Abschalten können wenn ich ins Bett gehe.

Abschalten und wieder einschlafen, wenn ich nachts aufwache.

An das denken, was ich gerade mache anstatt andauernd im Kopf pausenlos die gleichen Gedanken und Probleme von offenen Punkten, unerledigten Arbeiten oder Terminen zu wälzen.

Wenn du das trainiert hast ist das ganz einfach. Es geht auf Abruf.

Die erste Erkenntnis dazu habe ich bei der Atementspannung erhalten. Eine leise Entspannungsmelodie, eine Therapeutin hat eine entspannende Geschichte ganz langsam vorgelesen, im Rhythmus einer langsamen Atmung. Mit der Zeit haben wir uns automatisch an diesen Atemrhythmus gewöhnt. Dazu haben wir uns unser „Ruhebild" d.h. eine Lieblingssituation zur Entspannung vorgestellt, z.B. ein Spaziergang am Meer. Damit war der Ortswechsel vollzogen. Mit den Gedanken und der Atmung haben wir den Körper auf eine entspannende Situation trainiert, die man meistens auch anderswo erzeugen kann. Zum Schluss war man soweit, dass die Entspannung bereits nach ein paar Minuten merklich eingetreten ist und auch der Kopf von den Gedankenspiralen frei wurde.

Einige Tipps, um aus der „Grübelspirale" rauszukommen (je mehr Training, desto besser klappt's):

Pause machen, Ortswechsel und frische Luft, Ablenkung durch körperliche Aktivitäten und Sport, Selbstkontrolle, Meditationstechniken, Entspannungstraining, Mit anderen über die Probleme und das Grübeln reden, Gedanken aufschreiben was man aufschreibt vergisst man nicht- wenn es darum geht etwas nicht zu vergessen.

<u>Soziale Kompetenz:</u>

Hört sich erst mal kompliziert an, bedeutet aber letztendlich in der Hauptsache den freundlichen, höflichen, respektvollen und wertschätzenden Umgang miteinander. Was allerdings auch Konfliktsituationen betrifft. (Problemlösegruppe) Da wird es dann schon schwieriger seine Emotionen aus dem Spiel zu lassen und ein Problem / Konflikt rein zielorientiert anzugehen.

Die Therapeutin war zufällig die gleiche, die auch einen Teil der Kreativgruppen leitete und mir den Tipp mit den Keilrahmen zum Bildermalen gegeben hatte. Sie war recht pfiffig, fand ich, und hat uns einfach anhand von kleinen Rollenspielen, gezeigt, wie man im täglichen Umgang miteinander Spannungen, Missverständnisse oder Unsicherheiten vermeiden oder abbauen kann. Zuerst dachte ich das bringt nicht viel, da lag ich aber gründlich daneben.

Zentrale Fragen sind dabei:

Was ist das Ziel, wie können wir es erreichen, welche Randbedingungen gibt es, was kann passieren, welche Mittel haben wir zur Verfügung, ist es realistisch? Etc.

Gerade bei schwierigen Diskussionen oder auch bei der Konfliktlösung ist es nicht einfach rein mit Argumenten vorzugehen. Es sollte auch jeder sein Gesicht dabei wahren und nicht einer als „Verlierer" nach Hause gehen. Der kommt nämlich das nächste mal nicht wieder oder ist nicht mehr voll bei der Sache.

Manchmal geht es auch um alltägliche Kleinigkeiten,
dass man dem anderen zugesteht mal schlechte Laune zu haben,
dass man nicht jede Kleinigkeit „auf die Goldwaage legt",
dass man auch mal nachgibt und nicht immer das letzte Wort haben muss,
dass man einen Fehler eingestehen kann und sich entschuldigt,
dass man Entschuldigungen auch annimmt und nicht noch weiter darauf herumhackt (ich hab´s ja gleich gewusst, aber auf mich hört ja keiner) usw.

Im Seminar soziale Kompetenz haben wir etliche Rollenspiele in verschiedenen Situationen gemacht, um einen solchen Umgang miteinander zu üben. Oder auch im alltäglichen einfach freundlicher zu sein, sich zu bedanken, mal öfter lächeln, mal Entschuldigung zu sagen usw.

Nur was für Weicheier? Nein, überhaupt nicht. Ich habe mal ausprobiert auf der Straße fremde Menschen einfach zu grüßen. Ca. 60% erwidern den Gruß, es muss nur einer den Anfang machen. Natürlich laufe ich nicht jeden Tag durch die Fußgängerzone und grüße die Welt, war aber mal interessant.

Und wer schlägt schon normalerweise eine Entschuldigung ab, wenn man Mist gebaut hat? Schließlich kann das jedem passieren.

Gute Laune und eine freundliche Gestik können auch das Umfeld motivieren und man erhält wieder ein positives Feed back zurück.

Warum hält oder hält eine Beziehung nicht? Oft stehen am Anfang vielleicht der erste Eindruck, das Aussehen, das Outfit, Geld usw. Ist ja auch normal, aus irgendeinem Grund springt ja der erste Funke über. Ob daraus aber ein Feuer wird oder nicht, das entscheidet der gegenseitige Umgang, die Wertschätzung, der Respekt, das sind genau die Punkte, die ich oben beschrieben habe. Wenn keine Wertschätzung usw. da sind, dann kann das Bankkonto noch so dick sein und die Figur noch so kurvenreich, die Beziehung wird nicht halten. Das behaupte ich einfach mal so.

Das Gleiche ist auch bei der Erziehung der Kinder anwendbar. Zumindest haben wir das bei uns so festgestellt.

Humor spielt dabei ebenfalls eine wichtige Rolle. Damit kann man auch vieles rüberbringen ohne den Gegenüber gleich an die Wand zu stellen. Nicht alles „bierernst" nehmen, mal über etwas hinweggehen, wenn es nicht so wichtig ist. Jeder hat mal einen schlechten Tag.

Ich mache meinen Planungsjob jetzt schon fast 25 Jahre und habe schätzungsweise um die 200 Projekte, d.h. fördertechnische und lagertechnische Anlagen (Neubauten oder Umbauten im laufenden Betrieb) realisiert. In den 5 vorhergehenden Unternehmen war es vor allem die technische Anlagenplanung, Angebotserstellung und Realisierung für den Kunden. Heute plane ich auch, bin aber selbst in meiner Abteilung in der Rolle des Kunden. Aus meiner eigenen Erfahrung heraus behaupte ich, dass 30-40% des Erfolges einer termin- und funktionsgerechten Anlage von der konstruktiven Zusammenarbeit und der offenen gegenseitigen Kommunikation der beteiligten Partner während der gesamten Projektphase abhängen. Der Umgang miteinander in Problemsituationen und bei Schwierigkeiten ist dabei entscheidend. In diesem Zusammenhang spielt soziale Kompetenz eine sehr wichtige Rolle.

Ich habe einige Läger auch in verschiedenen Branchen gesehen und auch Anlagen für Produktionsprozesse geplant. Um die Anforderungen und örtlichen Gegebenheiten aufzunehmen gibt es dazu Lagerbegehungen, Maßaufnahmen und Besprechungen vor Ort.

Bei vielen Lagerbegehungen meiner früheren Unternehmen konnte man relativ schnell an dem Verhalten der Mitarbeiter sehen und spüren „welcher Wind in diesem Haus weht." Wenn dann ein Betriebsleiter oder Lagerleiter z.B. in einem Versandlager im Stechschritt durch das Lager führt und einige Mitarbeiter zusehen, dass sie „aus der Schusslinie" kommen oder plötzlich hektisch und nervös wurden, dann waren bei den Besprechungen oft die Diskussionen auch sehr zäh. Und es war schwierig an Informationen zu kommen, weil erst geklärt werden musste, wer denn zuständig ist und ob das auch der aktuelle Stand sei. Dementsprechend anstrengend war auch die Kooperation auf der Baustelle.

Bei einem anderen Projekt empfand ich die Zusammenarbeit aller Abteilungen von der Betriebsleitung bis zum Hausmeister und auch bei der späteren Projektrealisierung dagegen sehr positiv. Schon beim Lagerdurchlauf hat auch der Betriebsleiter die Mitarbeiter gegrüßt und die Atmosphäre war sehr entspannt.

„Wir haben in unserem Hause eine sehr hohe Firmenzugehörigkeit. Viele Mitarbeiter sind 20 Jahre und länger bei uns. Darauf sind wir stolz." „Aus anderen Projekten höre ich auch gelegentlich die Argumentation, dass älter Mitarbeiter auch unflexibler, langsamer und teurer wären", fragte ich nach. Die Antwort verblüffte mich: „Die meisten Menschen wollen gerne arbeiten. Sie verbringen ca.50-60% ihrer Tageszeit oder mehr damit. Da will man doch was Sinnvolles machen, etwas, das man gerne macht, was einem ausfüllt, was produktiv ist und wo man Spaß dabei hat. Das ist die Aufgabe einer Führungsperson, die Fähigkeiten von Mitarbeitern zu erkennen und diese so einzusetzen, dass sie für das Unternehmen langfristig den größtmöglichen Nutzen bringen. Dazu gehört auch der freundliche, kooperative und konstruktive Umgang miteinander. Anerkennung und Wertschätzung spielen dabei eine große Rolle. Wenn das alles passt und der Mitarbeiter sich wohl fühlt brauchen sie fast keine andere Motivation mehr. Dann kommt der zusätzliche Einsatz und das Engagement von alleine. Das Gehalt ist natürlich auch immer ein Teil der Motivation. Aber wenn alle anderen Kriterien nicht stimmen, dann ist es schwer dies mit dem Gehalt auszugleichen, bzw. ich spare auch wieder Kosten, weil die Mitarbeiter nicht so viel Wert auf ein außerordentlich hohes Gehalt legen.

Die Erfahrung von langjährigen Mitarbeitern ist absolut schwer zu messen. Natürlich kommt es dabei auf die Art der Tätigkeit und der Qualifizierung an. Je komplexer und breiter das Aufgabengebiet, desto wichtiger die Erfahrung. Ein Mitarbeiter, der das gleiche Projekt in der doppelten Zeit ohne Fehler realisiert kann produktiver sein, wie jemand der die halbe Zeit braucht und dann dreimal so viel nacharbeiten muss, weil er die Erfahrung nicht hatte und bei der Abwicklung oder in der Konzeptionserarbeitung Fehler entstanden sind, die vielleicht sogar permanente Folgekosten zur Folge haben."

Dementsprechend verlief auch das Projekt trotz hoher Komplexität und etlichen Umbauschritten im laufenden Betrieb sehr positiv. Fragen, Problem, Informationen, alles wurde zeitnah erledigt. Zuständigkeiten waren bekannt, es gab kurze Entscheidungswege und Mitarbeiter kümmerten sich eigenverantwortlich um offene Punkte.

Aber auch der „seelsorgerliche" Bereich gehört mit dazu, bei Problemen zuhören können, jemanden ernst nehmen, bei einer Trauer auch Mitgefühl zeigen und ein paar tröstende Worte spenden (kommt in meinem Alter ja dann immer öfter vor, die „Einschläge werden immer häufiger", liegt in der Natur der Sache) usw. Soziale Kompetenz erstreckt sich eigentlich über alle Lebensbereiche.

Seitdem ist „soziale Kompetenz" so etwas wie ein geflügeltes Wort, das wir oft im Spaß benutzen, wenn einer von uns mal ausrastet.

<u>Generell wichtig ist das allgemeine Gesundheitsverhalten:</u>

Ich bringe es für meine persönliche Situation auf den Punkt:

Ich bin kein Hochleistungssportler. Wenn ich aber keine Grundfitness gehabt hätte, zu viel Alkohol, Cola, Kaffee oder Nikotin usw. konsumiert hätte, aus welchen Gründen auch immer, ich hätte den 23.11.2011 nicht ohne körperliche Folgeschäden oder vielleicht auch überhaupt nicht überlebt.

Nach meinem persönlichen Empfinden lag mein gesundheitlicher Vorteil zum Zeitpunkt des Burnout darin, dass ich die normalen Körpersignale für Müdigkeit, Erschöpfung etc. rechtzeitig wahrnehmen konnte. Dadurch, dass ich nicht mit zu viel Kaffee, Cola oder Red Bull usw. „nachgepowert" habe, bin ich nicht zu sehr auf Dauer in den roten Bereich gefahren. Daher konnte ich körperlich relativ schnell wieder regenerieren. Wie mein Hausarzt gesagt hat: „Die Mechanik hat keinen Schaden abbekommen."

Die Sache mit dem Kaffee oder Bier trinken, dem Gewöhnungseffekt und der Frage: „ Und wieviel verträgst du?" kennt auch jeder irgendwo her. Ich habe mal für mein Verständnis versucht die Sache mit dem Gewöhnungseffekt und dem entstehenden Teufelskreis in den beiden folgenden Diagrammen qualitativ darzustellen. Es gibt dazu sicherlich bessere wissenschaftliche Erklärungen, vielleicht sind auch die verwendeten Begriffe etwas laienhaft, aber für´s Erste reicht´s, denke ich.

Die Anspannung / Leistung, die der Körper tagsüber erbringt kann er nachts oder in den Ruhephasen wieder ausgleichen. So wie bei der körperlichen Regeneration beim Sport auch. Je nach Person regeneriert der eine schneller oder langsamer, jeder hat da sein individuelles Gleichgewicht, das man auch trainieren kann. Man kennt ja auch den „Bäckerschlaf". Die armen müssen ja immer früh aufstehen, damit wir warme Brötchen haben. Das haben die Kollegen auch mit der Zeit trainiert.

So ist wie im folgenden Schaubild normal alles o.k. Die Ruhephase nachts gleicht die Anstrengungen am Tag aus:

Regeneration des Körpers durch Pausen und Schlaf (qualitativ)

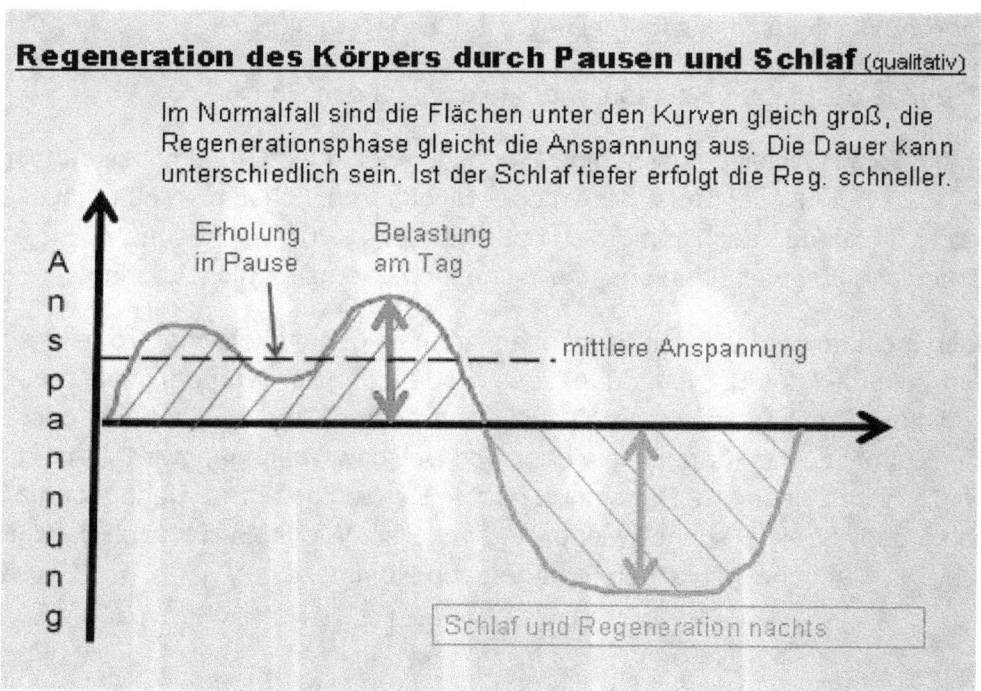

Im Normalfall sind die Flächen unter den Kurven gleich groß, die Regenerationsphase gleicht die Anspannung aus. Die Dauer kann unterschiedlich sein. Ist der Schlaf tiefer erfolgt die Reg. schneller.

So wird der Körper durch Koffein oder Nikotin gepuscht obwohl er eigentlich durch das „Signal Müdigkeit" nach einer Pause verlangt:

Einfluss Koffein auf Regeneration des Körpers (qualitativ)

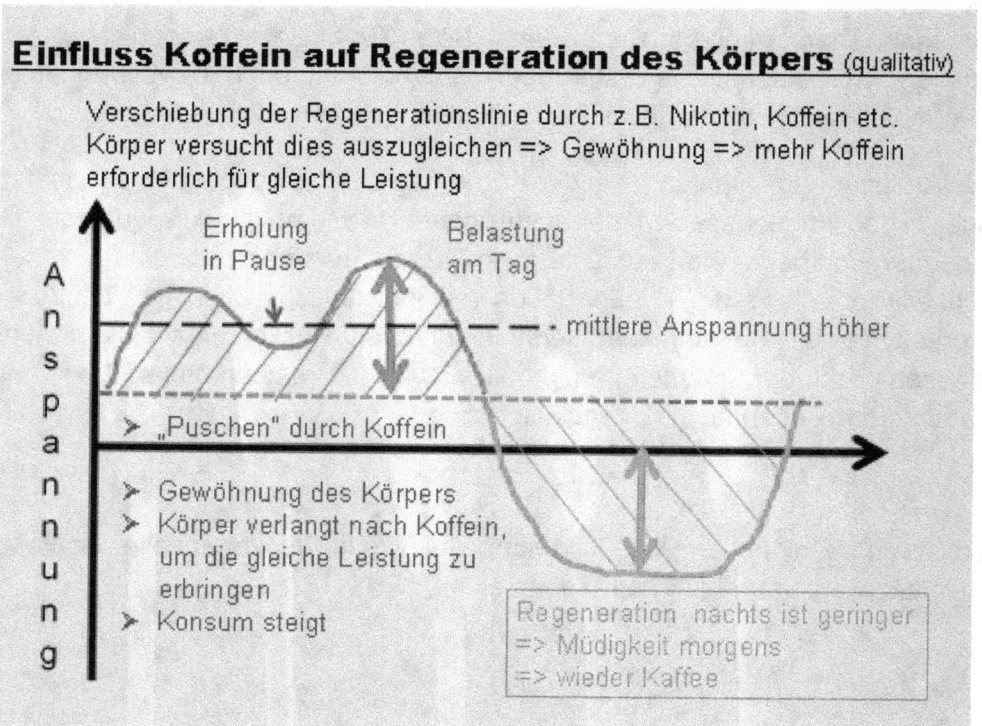

Verschiebung der Regenerationslinie durch z.B. Nikotin, Koffein etc. Körper versucht dies auszugleichen => Gewöhnung => mehr Koffein erforderlich für gleiche Leistung

Die Regeneration in einer Pause bleibt aus. Stattdessen wird der Körper gepuscht, um die gleiche Leistung weiterhin zu erbringen. Der Körper versucht das auszugleichen, weil er sich ja irgendwie erholen muss. Die Folge ist eine Gewöhnung. Es wird eine „Anfangsdosis" an Kaffee oder Nikotin benötigt, um die gleiche Leistung zu erbringen => Gewöhnungsspirale.

Und warum das Ganze? Wenn wir bei der Arbeit müde werden, dann trinken wir einfach einen Kaffee, macht doch jeder. Aber aus einem guten Automaten, soll ja auch schmecken. Zum Frühstück sowieso, um wach zu werden, dann einen vor der Mittagspause, einen nach dem Essen, weil da das Blut zur Verdauung in den Magen wandert und sich eine Verdauungsmüdigkeit einstellt, die wir uns ja aber nicht leisten können. Dann noch einen am Nachmittag im 16.00 Uhr Loch. Schon sind wir ganz einfach bei 4-5 Tassen Kaffee am Tag, wo unser Körper einfach nur signalisiert: Hey, ich brauch mal 'ne Pause. Aber wir geben sie ihm nicht. So lange, bis er sie sich holt.

Dabei könnte das so einfach sein: Wie beim Sport die Regenerationsphase trainiert werden kann, ist das auch bei der Konzentration und der Arbeit möglich. Wenn du am Anfang vielleicht noch 20 Minuten gebraucht hast, kannst du mit Übung auf 10 Minuten Pause runter kommen. Warum gönnen wir uns denn nicht einfach 3x10 Minuten Pause zwischendurch, vielleicht ein paar Schritte an der frischen Luft, regenerieren uns richtig und kommen abends nicht fertig nach Hause und wachen morgens erholt auf? Eigentlich wissen wir das alle, sagt jeder Hausarzt, steht in jedem Magazin oder in der Tageszeitung, aber wir machen es nicht, weil wir glauben in den Pausen seien wir nicht produktiv und leisten nichts. Vielleicht leisten wir aber gerade deshalb sogar mehr, wenn wir die Voraussetzung schaffen und auch dafür trainieren dauerhaft fit zu sein.

Ich habe bei mir persönlich noch was anderes festgestellt. Ich glaube manchmal werden auch 2 Dinge verwechselt. Wenn man müde wird trinkt man normalerweise einen Kaffee, weil der wieder munter macht. Macht er ja auch. Da ich mir aber einen erhöhten Kaffeekonsum nicht mehr leisten kann habe ich einfach statt Kaffee normales Wasser getrunken. Durch die Pause und das Wasser habe ich auch sehr gut entspannt und regeneriert. Oft ist es nämlich auch so, dass man bei der Arbeit zu wenig trinkt und auch durch den Wassermangel (Durst) müde wird. Dann gleicht man diese Müdigkeit aber mit Kaffee aus, um abends festzustellen, dass man mal wieder viel zu wenig getrunken hat den ganzen Tag über. Also bei mir klappt´s mit Wasser inzwischen auch ganz gut.

Ich kenne noch 3-4 weitere Fälle im Bekanntenkreis, die dann einfach im Schlaganfall, Bypass Operationen oder Stands z.B. wegen verengten Herzkranzgefäßen endeten. Ursache am Rauchen, Alkohol usw. ist auch oft der Stress und Druck. Das wissen wir alle, nur manchmal will man es nicht wahr haben. Die Quittung kommt. Ganz sicher. Mein Vater war Kettenraucher, meine Tante hat geraucht, ich kenne auch Menschen, die nicht mehr ohne Alkohol auskommen. Wenn man dann mal 50 oder älter wird, dann steigt natürlich das Risiko, aber auch die Lebensqualität nimmt rapide ab. Mein Nachbar ist mit 60 noch einen Marathon gelaufen. Er ist heute 72. Wenn ich sehe, was der noch alles machen und unternehmen kann, wo andere schon mit dem Rollator unterwegs sind. Das sind locker 15 Jahre längere aktive und gesunde Lebenszeit.

Ich trinke auch 1-2 Bier, wenn´s mal schmeckt. Aber nicht mehr, um nachts einschlafen zu können.

Definition von „Gesundheit", was ist Gesundheit? (WHO):

„Gesundheit ist der Zustand des vollständigen körperlichen, geistigen und sozialen Wohlbefindens und nicht nur des Freiseins von Krankheit und Gebrechen."

D.h. es ist auch die „geistige Gesundheit" gemeint.

Grundlage dafür ist eine ausgewogene Ernährung, regelmäßiger Ausdauersport (3x wöchentlich mindestens 30 Minuten mit Schwitzen und außer Atem, wobei eine Ausdauerbelastung besser ist als eine Spitzenbelastung) Stärkung von Herz und Kreislauf und Vergrößerung des Herz und Lungenvolumens. Verbesserung der Ausdauer und Belastbarkeit, Stärkung des Immunsystems und des Stoffwechsels, vermehrte Ausschüttung von positiven Hormonen, dadurch Steigerung des psychischen Wohlbefindens.

Wichtig dabei ist auch das „bewusste Verhalten oder Erleben von Situationen oder Handlungen." Wenn ich mich auf etwas konzentrieren kann oder etwas bewusst tue, dann gelingt es besser als wenn ich abgelenkt werde oder zwischen Dingen hin und her springe. Also bei wichtigen Aufgaben den Rest ausblenden, nicht stören lassen usw. Die gleiche

Situation wie in einer Besprechung. Da hat man auch sein Handy ausgeschaltet, genau wie im Kino.

Also, warum noch lange überlegen? Es gibt keine bessere Alternative. Vielleicht schaffe ich ja auch noch mal einen halben Marathon. Zumindest fahre ich die 10km täglich zur Arbeit immer mit dem Fahrrad, statt mit dem Auto. Ein kleiner Anfang. Tut mir gut und spart Benzin für die Tochter....

Kreativbereich: Malen mein Triptychon Motiv von zu Hause, Tonarbeiten:

Ich bin jetzt schon ca. 5 Wochen in CB. Die Reha wurde ja wegen meinem „tollen" Erysipel am Knie verlängert, weil ich dadurch vor allem an Entspannungsübungen wie Yoga oder Tai Chi nicht teilnehmen durfte.

Jetzt war aber wieder soweit alles o.k. und das Bewegungstraining für das Knie machte auch gute Fortschritte. Habe ich ja schon beschrieben.

Ich konnte also auch wieder die Kreativangebote wahrnehme. In meiner Zeit im Zimmer mit minimalem Aktionsradius hatte ich gemalt. Micky Maus, Donald, Daisy, was das Zeug hielt. Normalerweise ist das auf dem Zimmer verboten. Weil ich aber sonst nicht viel machen konnte haben die netten Damen ein Auge zugedrückt. Am Ende war ich dann bei über 20 Portraits der Disneys. Einige für die eigene Familie, andere für die Verabschiedungen der Kollegen, die ich dort kennen gelernt hatte. Durchlaufzeit zum Schluss 3,5h für eine Daisy im 30x40cm Keilrahmen.

Was interessant war: Trotz der Konzentration beim Malen, was die Feinmotorik anging, konnte ich mich auch gleichzeitig im Kopf entspannen. Das war irgendwie neu. Vorher war eine konzentrierte Arbeit immer mit einer Gesamtanspannung verbunden. Also trainierte ich das weiter wie ein Verrückter und versorgte CB mit den Ducks, ob jemand wollte oder nicht.

2 Wochen vor Ende der Reha hatte ich dann eine Idee: Zu Hause an der Garage hatte ich vor 15 Jahren ein Disney Motiv mit 22 Figuren für die Kinder gemalt (ja, o.k. mir hat's auch Spaß gemacht). Ich habe meiner Therapeutin vorgeschlagen dieses Gesamtmotiv als Gruppenarbeit in der Kreativgruppe anzubieten. „Trauen Sie sich das zu?" „Ich probier's einfach, mehr als schief gehen kann's ja nicht" „Wie wollen Sie das organisieren?"

Die Geschichte habe ich ja oben bei meiner Bezugstherapeutin schon erzählt.

Ich habe gemerkt, dass das Abschalten dabei immer besser geklappt hat. Einfach an was ganz anderes denken. Nicht an den Wiedereinstieg in die Arbeit, nicht an zu Hause, nicht an die Probleme des Kirchenumbaus, einfach nur ein paar Linien ziehen, leise Lieblings CD hören, sonst nichts. Das tut gut, das werde ich zu Hause beibehalten. (habe ich dann übrigens auch gemacht, zu Geburtstag, Umzug und Hochzeit von guten Freunden habe ich inzwischen noch 4 Bilder gemalt).

Die Rahmen stehen über Nacht auf dem Gang vor meinem Zimmer C103 zum Trocknen. Die Kollegen auf der gleichen Etage begutachten dann immer auf dem Weg zur Kantine den aktuellen Stand.

Am Ende werde ich das Bild alleine fertig malen. Das spielt aber auch überhaupt keine Rolle. Es kommt nur darauf an, dass ich versuche das „Projekt" durchzuziehen. Es ist auch absolut egal ob ich wirklich ganz fertig werde in der Zeit, ob eins, zwei oder alle 3 Bilder zum Schluss zusammen stehen. Es kommt nur darauf an, dass ich endlich mal wieder an was dran bleiben kann, das ich mir zutraue, und, dass AMIE mitspielt.

AMIE spielt mit. Scheinbar gefällt es ihr auch, wie die Bilder langsam zusammen wachsen. Am vorletzten Tag der Reha wird das letzte Bild fertig, alle 3 sind komplett. Irgendwie ein Erfolgserlebnis. Mal was ganz anderes, keine Fördertechnikanlage, keine technische Inbetriebnahme, kein Umbau oder Renovierung. Ich freue mich einfach. Meine Therapeutin meint ich solle es in die Verabschiedungsrunde am nächsten Morgen in den Morgentreff mitbringen. Na gut, liegt mir zwar nicht so, aber die meisten haben es ja sowieso schon auf dem Gang gesehen, also gut.

„Noch eine Frage, was machen Sie eigentlich mit den Bildern, wie transportieren Sie die nach Hause?"

„Ja, stimmt eine gute Frage, um die Verwendung habe ich mich noch nicht so richtig gekümmert, können Sie sie für die Deko in den Klinikräumen verwenden?" Nein geht nicht, die Raumgestaltung ist vorgeschrieben"

Die Lösung kam im letzten Morgentreff.

Die meisten fanden die Bilder ganz lustig und fanden es schön, dass ich auf den letzten Drücker noch fertig geworden bin (wie bei Projekten im Beruf auch, der erste Einstieg wies also gewisse Parallelen auf). Da sagte eine Kollegin: „Das sind doch so richtig schöne bunte Motive für Kinder, wie wär´s denn mit einem Kindergarten oder der Klinik für Krebskranke Kinder in Chemnitz?" Mensch, genau das war´s. Volltreffer! Klinik für krebskranke Kinder! Besser kann´s nicht passen. Ich ab mich x-mal für den Vorschlag bedankt. Meine Therapeutin erklärte sich bereit mit der Klinikleiterin Kontakt aufzunehmen, nachzufragen ob Interesse besteht und ggf. die Bilder zu übergeben. Sie wird mich dann per Mail informieren.

Am Ende hat alles geklappt, die Klinikleiterin hat sich noch in einem Brief bei mir bedankt und ein kleines bisschen von mir hängt jetzt in der Kinderklinik in Chemnitz. Irgendwann wird es wieder abgehängt werden, wenn die Raumdekoration wechselt, aber das ist vollkommen wurscht. Für mich war es mein erstes Projekt und es hat funktioniert. Das war das einzig wichtige dabei.

Ein Projektleiter malt Disneys, weil er nichts anderes kann. Dann auch noch für ein Kinderkrankenhaus. So richtig schön schnulzig oder ? Ist mir aber so was von egal, mir hat´s geholfen auf diese Art abzuschalten und die Kinder haben hoffentlich Spaß beim Bilder anschauen. Alles andere spielt keine Rolle.

Aus der Kreativgruppe ist auch noch ein ganz nettes Schlumpf Haus für unsere kleine Tochter rausgekommen. Etwas schwer geworden. So Sachen werden bei mir immer schwer. Filigran kann ich nicht. Maschinenbau fängt bei einer M17 Schraube an. Aber sie hat sich darüber gefreut was vom Papa aus der Reha zu bekommen.

Bio Feedback:

Ich bin zum „Bio-Feedback" angemeldet. Habe wie immer nach dem Gespräch und dem Vorschlag meiner Therapeutin bei meiner Betreuerin einen Termin dafür ausgemacht. „Bio Feedback führe ich auch durch", sagt meine Betreuerin. „Können wir gleich morgen machen, da habe ich noch einen Termin frei." „Gut, was ist das?" „Sehen Sie dann morgen ist ganz einfach." „Also gut bis morgen dann."

Gegen 10.30 Uhr komme ich zum Bio Feedback.

„Beim Bio Feedback können wir messen und feststellen, wie sensibel Sie auf äußere Einflüsse und Wahrnehmungen, in Ihrem Fall psychische Belastungen, reagieren. Anschließend können Sie dann auch ausprobieren, wie gut Sie inzwischen die Entspannungsübungen und Methoden einsetzen können." Die Betreuerin setzt mir eine Art Überzieher über den Mittelfinger der linken Hand, in dem 3 Messfühler untergebracht sind: Blutdruck, Puls und Hautwiderstandsmessung. „Die beiden ersten kenne ich. Was hat es mit der Hautwiderstandmessung auf sich?" (So hab ich die Erklärung zumindest verstanden). „Dieser Wert ändert sich sofort mit dem Empfinden einer Belastung, und ist ein Indikator für den Grad einer inneren Anspannung. Damit können wir Ihre Anspannung messen", erklärt sie mir.

Ich sitze in meinem Ikea Sessel gemütlich entspannt und Sie schaltet den Monitor ein. Alle 3 Kurven sind auf der Skala jeweils im grünen Bereich. Alles o.k. Die Skala der Anspannungskurve geht von 0 bis 10. Ab 4 beginnt Stressempfindung, ich bin bei 0,5. „Na Herr Dietrich Sie sind ja schön ruhig und entspannt, da werde ich Sie mal etwas in Stress" … „Äh Frau Meier, wieso schlägt die Stresskurve auf einmal aus, ich merke doch gar nichts, ich sitze doch immer noch hier in meinem Sessel, sitzt der Fühler nicht richtig oder ist da irgendwo ein Wackelkontakt?" Die Kurve hat sich schlagartig von 0,5 auf 1,5 in einer Zeit von unter einer halben Sekunde erhöht, wie kann denn das sein?

„Nein Herr Dietrich, das ist alles o.k. Erinnern Sie sich, wann die Kurve ausgeschlagen hat? Ich habe gesagt, dass ich Sie in Stress versetzen werde. Das ist bei vielen Patienten so, die eine Überlastung hatten. Allein die Ankündigung löst eine Reaktion aus." „Ja aber ich merke doch gar nichts." „Sie merken bewusst noch nichts, aber durch den Auslöser, das Hören des Wortes Stress, hat bereits eine Adrenalinausschüttung stattgefunden, die Ihren Körper sozusagen in „Kampfbereitschaft versetzt."

Ich verstehe, Amygdala hat zugeschlagen. Ohne dass ich es bewusst wahrgenommen habe hat Sie mich gesteuert, ich bin sozusagen hochgefahren, kann mich jetzt verteidigen, gegen einen Angreifer oder fliehen, meine Reflexe sind angespannter. Aber ich brauche das alles nicht. Ich sitze hier in meinem schönen gemütlichen Ikea Sessel.

„Herr Dietrich, so wie die Kurve verläuft gehe ich davon aus, dass Sie normalerweise eine gute Reaktion und Reflexe haben." „Ja normalerweise schon."

„Sehen Sie, sie haben ja im Angstkurs die Funktion des Gehirnteiles Amygdala besprochen. In freier Wildbahn könnten Sie sozusagen gut überleben, weil Ihr Warnsystem gut funktioniert. Nur sind Sie etwa so wie ein nervöser Porschefahrer, Sie hängen sehr leicht am Gas." Das ist eine sehr gute technische Beschreibung der Situation, ich kann ihr folgen. Porsche wow, brauche mir also nie mehr einen zu kaufen, bin ja selber einer, aber einer der zu leicht am Gas hängt. Das bedeutet: unkontrolliert und viel zu schnell auf 200. Weil die Steuerung spinnt, wie der Hausarzt ja schon festgestellt hat. Klare technische Beschreibung einer psychischen Diagnose.

„So jetzt wissen Sie ja Bescheid, fangen wir mit dem Test an."

Am Bildschirm erscheinen geometrische Formen, die auf mich zufliegen in verschiedenen Farben. Rechts am Bildschirmrand sind die gleichen Formen untereinander angeordnet, links dazu die Farben. Bei der Zuordnung Farbe und Form der jeweiligen Figur muss ich mit der Maus immer die Bildschirmseite wechseln. Die Formen die aus dem Bildschirm auf mich zufliegen werden immer schneller, je schneller ich werde. Meine Stresskurve steigt auf 4. Ist ja aber nur reine Konzentrationssache. Hat noch überhaupt nichts mit Gefahr oder Angstempfindung zu tun. Ich merke, dass ich den Kollegen Computer nicht schlagen kann, also überlege ich mir eine Strategie und lasse jeden dritten oder wenn's zu schnell wird jeden zweiten Flugkörper weg. Mehr ist eh nicht zu schaffen. Dann werde ich lockerer. Am Ende habe ich den normalen Durchschnitt der richtigen Zuordnungen auch erreicht.

„An der Kurve Ihres Belastungstestes sieht man sehr deutlich, dass am Anfang die Anspannung sehr schnell gestiegen ist und nachdem Sie sich daran gewöhnt hatten ist sie zurückgegangen. aber kontinuierlich. Wie haben Sie das gemacht? Oft ist es so, dass die Stresskurve immer weiter ansteigt, bis die Leute nicht mehr können." „Ich habe gemerkt, dass ich den Computer sowieso nicht schlagen kann und hab dann sozusagen eine Pause eingelegt." „Das passt absolut zu der Aufzeichnung. D.h. Sie haben auch während der Aufgabe ihre Anspannung versucht zu kontrollieren. Das ist gut. Jetzt lassen wir die Messung weiterlaufen, ich verlasse den Raum, schalte die Entspannungsmusik ein und Sie versuchen sich wieder runterzufahren." „O.K." Sie schaltet ein und geht raus.

So jetzt entspann dich!

Atementspannung, tief ein, auf 3x langsam aus, tief ein, auf 3x langsam aus, ich denke an mein Ruhebild zur Entspannung, wie im Entspannungsraum. Ich werde ruhiger, die Atmung wird leichter und langsamer, ich schwebe wie ein Vogel über den Bäumen des Urwaldes und sehe unter mir die Tiere in Afrika ein herrliches Gefühl.

Die Tür geht auf, ich „erwache" Blick auf den Monitor: „ Herr Dietrich, Sie sind wieder unter 1, das sieht gut aus."

Jetzt weiß ich: Verdammt noch mal, ich kann es packen.

Das war eines der wichtigsten AHA Erlebnisse der gesamten Reha für mich. Zu erfahren, und zwar mit Nachweis, wie ich auf Stresssituationen reagiere und warum!

Meistens haben wir die Inhalte zusammen in den Gruppen selbst, wie in der Schule an der Tafel, erarbeitet und dann als Zusammenfassung entsprechende Blätter des jeweiligen Kurses erhalten. Das war gut, weil wir nicht eine theoretische Info erhalten haben, sondern sich jeder der Gruppe mit seinen Erfahrungen und Erlebnissen eingebracht hat. Wir haben gesehen, das Ergebnis ist real. Wir müssen nicht nach den Menschen suchen, denen es so geht, die sitzen neben dir. Mit denen kannst du auch nach dem Kurs noch weiter reden.

„Downhill" Lauf:

Als ich den ganzen Mist mit dem Erysipel dann endlich hinter mir hatte und auch wieder die „Freigabe" Sport zu machen, musste die Beweglichkeit des Knies natürlich erst mal wieder hergestellt werden. Beugen bis 90° ging am Anfang nicht. Also jeden Tag auf dem Zimmer 3x täglich 20 Kniebeugen und Dehnübungen bis zur Schmerzgrenze. Der Arzt hatte grünes Licht gegeben, Entzündungswerte waren o.k. Also volles Programm. Ich brauchte dann noch mal ca. 1 Woche bis das Knie wieder einigermaßen da war und ich Volleyball spielen und Joggen konnte. Dann hatte ich die für mich sehr wichtige Erkenntnis aus dem Bio Feedback neu gewonnen. Auf einmal war die Hoffnung wieder da, voll da, wie bei dem Gespräch mit AMIE. Egal wie lange es dauern wird, ich werde es probieren, immer und immer wieder. Langsam, damit AMIE mithalten kann. Ich war Marathonläufer, zwar kein schneller, aber 2 x hatte ich durchgehalten. Ich weiß, wie man sich schrittweise auf ein großes Ziel vorbereitet. (auch wenn ich bei meinem zweiten Marathon total eingebrochen bin, aber abgebrochen hatte ich nicht) Ob das ein oder 2 Jahre dauert oder länger, wurscht. Ein Freund hat 4 Jahre gebraucht. Egal, Hauptsache ich komme wieder ins normale Leben zurück!

Dann kam ein wunderschöner warmer Tag (wie im Film) und ich beschloss mal wieder eine schöne gemütliche Runde mit den Laufschuhen im Wald zu drehen.

Alles ist wie bestellt. Nicht zu warm, ein leichter Wind. Kurze Laufklamotten, Schuhe an, ins Abwesenheitsbuch eintragen, Grund: Joggen. Wo: Im Wald. Los geht´s.

Die Gegend ist leicht hügelig und man kann sich an manchen Strecken auch so richtig fertig machen. Vor einer Woche hatte mir ein Kollege einen sehr schönen Weg mit tollen Aussichtspunkten gezeigt, Höhepunkt ist ein Aussichtsturm mit 180 Stufen und einem 360° Rundblick. Bei dem Wetter genau das richtige Ziel. Dieser Lauf war einer der bisher schönsten in meinem Leben. Es ging um nichts, kein Wettkampf, keine anderen Menschen, niemand zum Plaudern. Ich war nicht mal konditionsmäßig gut vorbereitet, ich hatte wegen dem Erysipel ja strengstes Sportverbot. Aber ich hatte in den Tagen zuvor mein Selbstvertrauen wieder gefunden, das war einfach ein wunderbares Gefühl. Ich hatte wieder ein Ziel und ich hatte einen möglichen Weg dorthin gefunden, geil (ich benutze das Wort jetzt einfach mal so) einfach nur geil. Ich fühlte mich nur gut in dem Moment, einfach nur gut. Ich lief ganz langsam die Hügel hoch, nicht hektisch, nicht auf Zeit, ohne Druck, ich genoss jeden der kurzen Schritte bergauf. Ich spürte jede Baumwurzel und jeden Stein unter meinen Schuhen. Ich schmeckte jeden Schweißtropfen, der von meiner Stirn und dem Gesicht auf meine Lippen fiel. Ich sog die warme Luft bei jedem Atemzug so weit in meine Lungen wie es nur ging. Am ersten Aussichtspunkt machte ich eine Pause und saugte den weiten Blick mit den sanften Hügeln in mir auf. Dann ein Schluck aus der Wasserflasche, eine kurze Pulskontrolle, ich fühlte mich gut für den zweiten Anstieg bis zum Turm. Die Oberschenkel fingen leicht an zu brennen nach 30 Minuten bergauf, wie gesagt, ohne Vorbereitung. Am Turm war ich außer Puste, Modell Maikäfer, kurze Verschnaufpause, dann noch die 180 Stufen, dann war er wieder da, der geniale Ausblick. Ich verbrachte sicherlich eine halbe Stunde dort oben, trotz verschwitztem Shirt. Ich versuchte jeden Teil des Ausblicks wie mit einer Kamera im Kopf abzuspeichern, Den Wald, die Windräder in der Ferne, die Felder und den Blick in die Wolken und den Himmel.

Ich ging wieder runter. Ich lief los zurück nach CB. Natürlich ging es jetzt bergab, Gott sei Dank nur noch bergab. Im Wald lies ich es laufen, die Schritte wurden immer länger. Meine Lunge arbeitete wie ein Kompressor und die Pumpe lief auf Vollgas, es funktionierte wieder, es war einfach toll. Ich rannte was ich konnte, als ob jemand hinter mir her wäre, war aber keiner da. Ich breitete die Arme aus und schrie meine Freude einfach raus, raus in den Wald, so laut ich konnte. JAAAAAAAAAAAA!!. Einmal, dreimal, fünfmal. Ich schrie alles raus.

Bevor ich stürzte, weil ich bergab zu schnell geworden wäre, war dann auch die Kondition am Ende und ich musste aus rein biologischen Gründen von selbst langsam machen. Zwei Spaziergänger sahen mich etwas verdutzt an, wahrscheinlich vermuteten sie richtig, dass ich der Idiot war, der da gerade so in den Wald gebrüllt hatte, weil ich der Nächste war der an ihnen vorbei kam. Ist halt ab und zu so, in der Nähe einer psychiatrischen Klinik.

Ich war fertig und froh, duschte und freute mich auf's Abendessen.

<u>Entspannungstherapien:</u>

Entspannungstraining mit den verschiedensten Methoden, die ich in der Reha eingeübt habe, waren und sind auch heute noch das wichtigste Werkzeug, um mich in entsprechenden belastenden Situationen zu kontrollieren und mich emotional und von der Anspannung her stabil zu halten. Dabei ist die Schwelle der Belastbarkeit immer weiter angestiegen, wie bei einem Lauftraining. Ich habe auch beobachtet, dass ich seit kurzer Zeit manchmal in der Lage bin spontan anders in bestimmten Situationen zu reagieren als früher. Anscheinend kann man auch das trainieren. Dabei kommt es darauf an, dass man den Körper und die Sinne an bestimmte Verhaltensweisen gewöhnt, bei denen man sich in Ruhe entspannt. Wenn der Körper sich einmal daran gewöhnt hat dieses Verhalten immer zusammen mit Entspannung wahrzunehmen, dann kann man das auch ganz spontan bei alltäglichen Situationen einsetzen und auch da entspannen, obwohl man jetzt vielleicht gerade in der U-Bahn steht oder am Bahnhof, wo viel Trubel außen herum ist. (Stichwort „Pawlovscher Hund")

Wenn ich in einer „Grübelschleife" mit meinen Gedanken bin oder über ein Problem nachdenke und nicht weiter komme und plötzlich merke: Achtung, AMIE meldet sich, dann kann ich mittlerweile in 90% aller Fälle umschalten: Atmung extrem verlangsamen, an ein schönes Ruhebild denken (z.B. Strand oder Sonnenuntergang) und die Gedanken bleiben stehen. Sofort. Das geht auch wenn ich nachts aufwache und erst mal nicht mehr gleich einschlafe. Atmung runterfahren, ganz langsam, aber tief, auf dreimal langsam ausatmen, immer langsamer, bis ich einschlafe. Funktioniert bei mir. Früher konnte ich das nicht mehr. Da war ich in den Gedanken, Problemen und den Aufgaben für den nächsten Tag dann so verstrickt, dass ich alle 10 Minuten auf den Wecker geglotzt habe, bis die Nacht hoffentlich bald vorbei war.

Ich dachte immer das ist Quatsch. Entweder ich bin müde und kann schlafen oder halt nicht. Heute bin ich froh, dass mir die Reha was anderes gezeigt hat. Je besser dabei die Grundfitness ist, desto tiefer kannst du ein und aus atmen und desto langsamer kann beim Entspannen die Atmungsfrequenz werden.

Tai Chi, im Stehen, wie soll man im Stehen mit Übungen entspannen? Das geht, die Bewegungen langsam machen, die Atmung ebenfalls verlangsamen, tief ein und aus atmen. Mit Tai Chi Übungen habe ich mich im Ruheraum im Geschäft bestimmt 5-mal kurz vor einer Panikattacke (AMIE war da noch nicht so weit wie heute) und vor der Hyperventilation während der Wiedereingliederungsphase wieder runtergefahren. Es kommt dabei gar nicht so sehr darauf an, dass man die Übungen selbst perfekt ausführt, sondern eher, dass der Körper an dieses Entspannungsverhalten gewöhnt wird. Haben wir in der Reha gelernt. Das vergeht natürlich auch wieder, wenn man aufhört zu trainieren. Also schön regelmäßig weitermachen.

Das kann man aber auch selbständig erlernen.

Bei der Atementspannung hatten wir eine Therapeutin, die immer einen Text sehr langsam und entspannt, leise vorgelesen hat. Das war eine Stimme, so beruhigend, dass immer 50% nach der Hälfte eingeschlafen sind, egal was man vorher gemacht hatte.

Atementspannung im Liegen, mit leiser Entspannungsmusik und Ruhebild, Tai Chi, progressive Muskelentspannung im Liegen oder Sitzen (gutes Training bei Stress während der Arbeit), Yoga, alles mal ausprobieren, was einem am besten liegt. Mit der Atementspannung komme ich z.B. auch im Alltag bei spontanen Situationen sehr gut zurecht. Meistens merken die Leute außen herum gar nichts davon. Und ich kann meinen Grundlevel der Anspannung niedriger halten als vorher, was ich auch trainieren muss, weil mein Maximalpegel eben niedriger liegt als vorher.

Mentale Belastungsarten
(aus eigener Erfahrung, kein Anspruch auf Vollständigkeit):

Im Verlauf der Zeit habe ich versucht herauszufinden, was mich mental im Kopf belastet, warum das so ist und was ich dagegen tun kann, präventiv oder im akuten Fall.

Als Techniker verstehe ich einen Ablauf am besten anhand eines Modells, also habe ich mir für mein Verständnis Folgendes überlegt:

Gedanken sind ein energieverbrauchender Prozess. Dabei müssen Stoffe nachgeführt und verbrauchte Stoffe abgeführt werden. Je höher der „Energieverbrauch" desto anstrengender, wie beim normalen Sport auch. Wie beim normalen Sport kann man den Prozess auch trainieren und optimieren, der Körper passt sich an äußere Bedingungen gut an und „lernt". („Energieverbrauch reduzieren, Regeneration verbessern"). Nicht nur den Prozess selbst, auch die Regeneration verbessert sich durch kontrolliertes Training ohne Überlastung.

Das erscheint alles ganz alltäglich, weil wir es so gewohnt sind, weil es automatisch abläuft, aber da funktioniert das Gehirn ja normalerweise auch. Was aber ist, wenn dein Geschirrspüler dich schon fertig macht?

Grob konnte ich für mich folgende mentale Belastungsfälle / Stresssituationen während den Burnout Phasen unterscheiden:

1. Das ganz normale Denken:
    „Was soll denn am ganz normalen Denken anstrengend sein? Mach ich doch den ganzen Tag. Bin vielleicht mal müde zwischendurch, na und? Nach einer kurzen Pause oder einem Kaffee geht´s weiter."
    Die Einstellung kannte ich, wie jeder. Was ich nicht kannte, war die Situation, dass eine normale Unterhaltung so ermüdend war, dass ich hinterher erschöpft war und mich schlafen legte. Dass sich die Erschöpfung fortsetzte, weil ich im Bett weitere Gedanken hatte, nicht abschalten konnte und keine Erholung eintrat. Ich bin immer noch müde wieder aufgestanden.
    Oder dass ich während ein paar Gedanken bei der Gartenarbeit, was ja normal entspannt, im Kopf so müde wurde, dass ich aufhörte und mich schlafen legte.
    Das ist Belastungsniveau 0 in der akuten Burnout Phase.
    Wie komme ich da raus?
    An nichts denken!
    Wie denke ich an nichts?
    Wie kann ich das bewusst kontrollieren, den Kopf leer machen, alles was darin rast einfach anhalten, wie ein Polizist den Verkehr? Wie stoppe ich die Autobahn in der Rushhour?
    Das habe ich in der Reha gelernt. „Gedankenbremse"!
    Man kann bestimmte Abläufe im Körper dadurch beeinflussen, indem man lernt andere zu kontrollieren.
    Die Atmung oder Bewegung sind solche Abläufe, die man sehr leicht bewusst kontrollieren kann. Langsame und tiefe Atmung bedeutet Ruhe und Entspannung genauso wie langsame Bewegungen in Balance. (wie oben bereits beschrieben)
    Ich atme einfach ganz tief und so langsam wie möglich. Dann stoppt die Autobahn im Kopf und die Regeneration kann durch die Ruhe beginnen. Das kann auch nur kurzzeitig sein und trotzdem bei Wiederholung für eine kurze Erholungsphase ausreichen. Wenn ich morgens früh aufwache kann ich dadurch wieder einschlafen oder ich bin zwar wach, regeneriere aber trotzdem.
    Gleiches funktioniert beim Essen. Langsam essen, langsam kauen, langsam atmen, langsam den Löffel zum Mund führen....
    Normalerweise sind wir da ja so richtig hektisch, am besten noch viel erzählen dabei. Das geht alles, wenn du normal belastbar bist. Auf

Niveau 0 tut dir jede kleine Entspannung und Erholung gut.

2. Gewohnte Tätigkeiten mit Konzentration:
   Das ist bei mir die zweite Kategorie. Routinearbeiten, was man oft macht aber eben aufpasst, dass nichts schief geht. Darunter fällt auch ein Teil der Arbeit. Es gibt dann noch den Einfluss, wie man sich konzentrieren kann, oder ob man oft unterbrechen muss wegen Störungen von außen, Rückfragen, Telefon usw.
   Falls erforderlich mache ich da eben einfach eine kurze Pause, esse oder trinke was, keinen Kaffee, ein Schluck frische Luft am Fenster ist auch nicht schlecht oder einen kurzen Spaziergang in der Mittagspause an der Luft.
   Auch das ist ein Gewöhnungs- oder Trainingseffekt: Frische Luft => Entspannung. Sport, Bewegung, Treppen laufen statt Lift erzeugt einen besseren Stoffwechsel, der „entsorgt" schneller den „Gedankenabfall" im Kopf, außerdem kann man beim Sport besser abschalten.

3. Neue Tätigkeiten mit Konzentration (zusätzlich: Lerneffekt):
   Funktioniert wie die zweite Kategorie. Allerdings stelle ich bei der Arbeit bei Bedarf auch mal das Telefon auf das Sekretariat um. Wenn man älter ist lernt man nicht mehr ganz so schnell. Man muss öfter wiederholen, bis sich die Synapsen im Langzeitgedächtnis gebildet haben. Normalerweise versucht man ja auch eine Aufgabe „nach der alten bekannten Methode" zu lösen, weil man da mehr Erfahrung hat und es am Anfang auch noch schneller geht. Der neue Weg ist am Anfang anstrengender. Das kennen wir alle.
   Als ich zu Hause war und viel Zeit hatte vor der Reha, wollte ich anfangen Klavier zu üben: Alle meine Entchen usw. Sara war sofort dabei, sie hatte ja sowieso Unterricht.
   Da wurde mir der Unterschied zu 2. Erst mal so richtig bewusst. Besprechungen auf Englisch sind für mich inzwischen weniger anstrengend, als 20 Minuten Klavier zu spielen, wo ich 2 Hände, mehrere Finger und einen Fuß gleichzeitig koordinieren muss, wenn's richtig klingen soll, dann auch noch in unterschiedlichem Takt. Vor allem die hohe Aktionsdichte erfordert Konzentration und macht müde. (keine Angst aus mir wird kein Lang Lang)
   Eine Katastrophe!
   Beim Schreibmaschinenschreiben bist du auch schnell, aber es sind immer Zeichen nacheinander. Beim Klavierspielen dagegen hast du 3 „Koordinationsaufgaben" gleichzeitig.

4. Entscheidungen treffen richtig/falsch, Konsequenzen:
   Die nächste Stufe ist bei mir die der Entscheidungen. Da musst du Argumente abwägen, was ist gut/schlecht, richtig/falsch, welche Konsequenzen gibt es bei den einzelnen Varianten.

Bei Entscheidungen gibt es einen großen Unterschied zu den Belastungen 1-3: Es ist die Verantwortung dafür, wenn etwas schief läuft. Das Thema Angst schleicht sich da wieder ganz langsam ins Unterbewusstsein. Was ist wenn.... Hoffentlich geht´s gut.... Je nachdem um welche Entscheidungen es sich handelt. Je länger du sie hinauszieht, desto unsicherer wirst du, desto mehr wächst die Belastung.

Also: Fahrplan machen über die Vorgehensweise, Argumente sammeln, abwägen, entscheiden, Entscheidung dokumentieren, damit sie später nachvollziehbar ist.

Das kann man üben: Pro und Kontra Liste, meinetwegen noch mit Gewichtung. Beurteilung der Konsequenzen. Dann trifft man eine Entscheidung nach bestem Wissen und Gewissen. Wenn es eine wichtige / große Entscheidung ist kann man sich ja auch mit anderen beraten. Wenn es anders kommt muss man eben darauf reagieren. Zu dem Zeitpunkt der Entscheidung war diese richtig. Hinterher ist man immer schlauer.

5. Konfliktsituationen (mit rationalem Lösungsweg), Entscheidung in der Gruppe:

Nach der Entscheidung kommt steht die Entscheidung in einer Gruppe bei mir in der Skala. Die verläuft ähnlich wie 4 nur mit mehreren Spielern mit eigenen Ansichten und Argumenten. Das wird dann entsprechend komplexer. Solange das alles rational mit guten Gründen und Argumenten abläuft ist das steuerbar, wenn alle Teilnehmer die anderen Meinungen auch akzeptieren und für die gemeinsame Lösung am gleichen Strang ziehen.

Auch das kann man moderieren, und ähnlich wie 4 mit Argumenten und Pro und Kontra Liste etc. abarbeiten. Wichtig dabei ist die sachliche Ebene und der Gruppenkonsens.

Wenn diese Variante gut funktioniert (da hatte ich vor kurzem ein sehr positives Erlebnis im Job bei einer großen wichtigen und teuren Entscheidung) und der Entscheidungsweg gut dokumentiert ist, dann kann das hinterher auch erleichternd sein, weil die „Last" nicht nur auf 2 Schultern liegt, sondern auf mehreren. Und diese dann normalerweise auch gemeinsam an der Aufgabe arbeiten (sollten).

6. Emotionale Konfliktsituationen (ohne rationalen Lösungsweg):

Das ist für mich die schwierigste Belastung.

Du weißt nicht wie es ausgehen wird. Emotionale oder unbegründete, vielleicht noch beleidigende Gespräche sind schwer zu steuern. Da muss man schon mal durchgreifen, aber du weißt nicht ob´s funktionieren wird.

Wer schmeißt den Kram hin?

Hat überhaupt jeder das Ziel einer gemeinsamen Lösung im Sinne des Projektes oder der Aufgabe? (Die Frage, die man sich immer wieder mal bei unseren Politikern stellen kann) Oder geht es eher um eigene Interessen?

Da wächst auch schnell die Angst ob man das Projekt überhaupt steuern kann. Frustration und Angst vor Misserfolg.

Ich habe da aktuell nur eine Methode für mich gefunden: Distanz aufbauen, wenn das geht. Ebenfalls versuchen alles zu dokumentieren, damit man hinterher sieht warum es keine Entscheidung gegeben hat usw. Und das Ganze emotional nicht an sich heran lassen. Ich weiß, das ist in manchen Situationen leichter gesagt als getan.

7. Natürlich spielt bei allem auch die Häufigkeit der Belastung und der zeitlich Druck eine entscheidende Rolle.
    Was mache ich, wenn ich mit meinen Aufgaben nicht im Zeitrahmen fertig werde? War der Zeitrahmen überhaupt realistisch?
    Könnte ich nicht besser und sicherer arbeiten / entscheiden, wenn ich die benötigte Zeit hätte?
    Auch da: Dokumentieren und kommunizieren:
    Zu dem Zeitpunkt konnte ich diese Punkte klären. Andere sind noch offen. Argumente offen legen.

Mittlerweile habe ich die Varianten soweit im Griff (bis auf die letzte, da könnte ich manchmal immer noch .....), das gibt auch Sicherheit und verringert dadurch den Stress bzw. die Unsicherheit vor der nächsten vergleichbaren Situation wieder (Erfahrung). Hängt natürlich auch von der Situation ab.

Mir ist auch klar, dass nicht alles, was ich hier beschreibe für jeden gilt oder anwendbar ist. Es soll auch nur als Beispiel dienen und zeigen, wie ich versucht habe mir die Situation und meine Symptome für mich verständlich zu erklären, um mir Strategien für diese Situationen zurecht zu legen.
Ihr habt da sicherlich auch eure eigenen Erfahrungen.

Was wichtig für mich ist: Wahrnehmen und sich freuen, wenn was geklappt hat, schließlich soll AMIE ja was dazu lernen und sich verändern.

Sozialtherapeutin Wiedereingliederung:

Die Gespräche mit der Sozialtherapeutin haben mich sehr positiv überrascht. Wir hatten auch die ganze Situation besonders bei der Arbeit, mit dem Chef und den Kollegen besprochen. Von dieser Seite gab es ja vom Kontakt und der Unterstützung keine Probleme. Was mich verwundert hat war die Offenheit gleich zu Anfang, ob ich mir die Rückkehr an den alten Arbeitsplatz wieder vorstellen könnte, wenn nein, warum und dann wäre der nächste Schritt die Suche nach Alternativen gewesen. Ich hätte eher vermutet, dass der erste Versuch in die Richtung laufen würde: Wie kann ich mit dem alten Arbeitsplatz wieder zurechtkommen. Aber die erste Frage setzte sogar noch eine Stufe höher an. Wir hatten bei der Entscheidung also erst mal keinen Druck.

Da das Problem nicht am Umfeld lag beschloss ich also wieder den Weg zur alten Arbeitsstelle zu wählen.

Nach der Entscheidung besprachen wir die gemeinsame Vorgehensweise dazu.

Wir legten gemeinsam den Ablauf der Wiedereingliederung fest. Danach rufe ich meinen Chef an, da ich zuerst mit ihm persönlich sprechen wollte. Anschließend regelt die Sozio-Therapeutin dann den formalen Rest mit meinem Chef und der Personalabteilung. Sie gibt auch noch Hinweise worauf bei der Wiedereingliederung geachtet werden soll. Dies ist besonders wichtig, weil während der WE Zeit eine intensive Kommunikation mit dem Chef und der Personalabteilung über den Gesundheitszustand, das Belastungsniveau und eventuelle Probleme durchgeführt werden soll. Damit kann man bei Problemen unmittelbar reagieren. Auch ich hatte nach ca. 4 Wochen einen Black Out und eine Blockade, die wir dann gemeinsam besprochen hatten und eine Lösung für alle Seiten fanden. (siehe Kapitel WE)

Ein halbes Jahr später, hatte ich übrigens in der gleichen Situation überhaupt keinen Stress mehr. Es war für mich also besser mir noch etwas Zeit zu lassen, als mit aller Gewalt zu früh mit dem Kopf durch die Wand zu wollen. Gerade bei diesem Projekt, das die Blockade verursacht hatte, habe ich später die komplette Layout Planung und Budgetierung durchgeführt, mit Zuarbeit eines jüngeren Kollegen, da das Ganze etwas zeitkritisch war. Aber das ganze Knowhow hatte ich und konnte es auch umsetzen, genauso wie früher. Das war ein verdammt gutes Gefühl: Ich kann´s wieder.
Unter weniger Zeitdruck, ja, aber ich habe eine weitere Hürde geschafft.

Die Sozialtherapeutin riet mir auch noch mit meinen bisherigen Unterlagen und dem Abschlussbericht der Reha formal einen eventuellen Behinderungsgrad prüfen zu lassen.

Gruppentherapie:

Warum war die Gruppentherapie so wichtig für mich, im Vergleich zu den Einzelgesprächen oder auch zu den Gesprächen mit meinem Therapeuten zu Hause?

- In der Gruppentherapie bist du nicht alleine mit deinen Problemen, es gibt andere Kollegen mit ähnlichen Situationen, du bist nicht isoliert und kochst deinen eigenen Brei.

- Du öffnest dich gegenüber anderen. Du frisst nichts in dich hinein, bis es dich auffrisst.

- Die Teilnehmer unterschreiben eine Verschwiegenheitserklärung. Nichts dringt aus der Gruppe nach außen. Die Gruppe ist ein sicherer Raum.

- Was du erlebst sind keine Erzählungen von Dritten, das ist authentisch was da abgeht incl. der ganzen Gefühle, die hochkommen können. Alles ist nachvollziehbar und „echt."

- Es ist emotional, alles kann raus, alles kann auf den Tisch. Es geht tief, sehr tief. Dadurch geht es an die Wurzel des Problems, wie bei einem Eiterherd, der kommt auch immer wieder, wenn der Herd nicht beseitigt ist.

- Du merkst: anderen geht es auch so, vielleicht noch schlimmer (das habe ich mir dann gedacht).

- Du nimmst Kontakt mit anderen auf und ihr helft euch gegenseitig.

- Du verlierst die Angst davor eventuell isoliert zu sein, wenn du wieder nach Hause kommst.

- Du kannst mit deinem Problem und deiner Situation besser umgehen.

- Du erhälst Ideen oder Ansätze von anderen und dem Therapeuten, wie du aus deiner Sackgasse rauskommen kannst.

- Das alles kann wehtun, sehr weh, nicht nur den Betroffenen selbst. Es kam nicht nur einmal vor, dass ein Großteil der Gruppe fassungslos gegenüber einer Situation war, ich auch, es flossen auch Tränen. Auch bei mir. Aber die Ratschläge hatten immer etwas sehr Positives oder einen wichtigen Aha Effekt.

In der Gruppentherapie sind meistens 6-10 Patienten mit unterschiedlichen Krankheitsbildern zusammen. Meistens ähneln sich 2 oder 3 davon. Ein Therapeut, der die Gruppe leitet, moderiert. Alles was in der Gruppe gesagt wird ist streng vertraulich. Keiner erzählt was draußen vor der Tür. Die Gruppe wechselt nicht, nur wenn Patienten neu hinzukommen oder die Klinik verlassen. Die Gruppe legt das Thema der jeweiligen Stunde immer selbst fest. Es wird immer ein konkreter Fall eines Gruppenmitgliedes besprochen. Derjenige schildert seine Situation, den Werdegang, seine Gefühle, erklärt sein Problem. Das ist hart, sehr hart. Man outet sich soweit man selbst will. Manchmal endet das in Tränen oder Gefühlsausbrüchen.

Die Gruppe diskutiert die Probleme, du diskutierst mit, du bist plötzlich mittendrin, in deiner eigenen Problemwelt, die du oft verdrängst, das ist hart, sehr hart. Du wirst mit Fragen konfrontiert, mit denen du nicht gerechnet hast, die nichts weniger bedeuten als dein Leben umzukrempeln. Du musst neue Prioritäten setzen und Altes was dir vorher wichtig war aufgeben. Du musst lernen dich auf das Wesentliche zu beschränken, weil alles andere zu viel geworden ist. Das ist hart, sehr hart.

Beispiel Suiziddrohungen eines Vaters:

Ein Beispiel geht mir nie mehr aus dem Kopf. Komischerweise hat es überhaupt nichts mit Burnout zu tun, aber mit der Konsequenz sich von etwas zu distanzieren, wofür man keine Verantwortung tragen kann bzw. von der Konsequenz „NEIN" zu sagen, wenn etwas nicht mehr zu leisten ist, bevor man selbst darunter leidet oder Schaden nimmt.

Ein Patient, er hat selbst Familie, unterstützt seit Jahren seinen Vater finanziell. Der Vater gibt das Geld an seine Frau weiter, aus Schuldgefühlen, weil er früher mal fremdgegangen ist. Die Mutter weiß nicht wo das Geld herkommt, Sie denkt vom Vater, und gibt es oft einfach für unnütze Dinge aus als „Wiedergutmachung" für den Seitensprung von damals. Der Patient kann sich den Unterhalt aber eigentlich nicht leisten. Der Vater droht mit Selbstmord. Er hat schon 9x versucht sich das Leben zu nehmen. Der Patient dreht durch. Er weiß nicht mehr, was er machen soll. Seine eigene Familie leidet darunter, er will aber auch seinen Vater nicht hängen lassen und schon gar nicht schuld sein an seinem Selbstmord. Der Druck ist unbeschreiblich. Nach der Schilderung der Situation bricht er verzweifelt in Tränen aus.

Wir anderen sind fertig. Tränen fließen auch bei einigen in der Gruppe. Ich bin sprachlos. Mann, das ist live, das ist kein Film hier, nichts gestellt oder ausgedacht. Ist das eine Scheiße! Wir sind erst mal alle ratlos. Was sagt man denn jemandem in so einer Lage? Da kann man ja nicht mit larifari Streicheleinheiten ankommen.

Nach einigen gutgemeinten Ratschlägen und dem Versuch der Analyse der Dreiecksbeziehung zwischen Vater, Mutter und Sohn und dem Hinweis dass man die Situation mit allen Beteiligten zusammen offen ansprechen soll, die Mutter kennt ja gar nicht alles, werden auch etliche Vorschläge für die Gesprächsführung gemacht, wie man behutsam ohne Risiko an die Sache rangehen soll usw. Das alles ist hilfreich trifft aber irgendwie nicht den Kern, wir reden alle um den heißen Brei herum. Keinem fällt die wirkliche Lösung ein.

Plötzlich mischt sich auch der Therapeut in das Gespräch ein, sieht den Betroffenen an und sagt:

„Sie können es sich erlauben die Verantwortung für das Leben Ihres Vaters an Ihn selbst zurückzugeben. Es geht dabei um Ihre eigene Gesundheit und die Zukunft Ihrer Familie. Ihr Vater ist ein erwachsener Mensch, der die Verantwortung für sein Leben und sein Tun selbst trägt. Er ist gesund und bei klarem Verstand. Sie tragen dafür keine Schuld oder Verantwortung. Erlauben Sie sich Ihrem Vater die Verantwortung für sein Leben zurückzugeben, egal was er andoht damit zu tun. Wenn er sich wirklich selbst das Leben nehmen will, dann findet er Möglichkeiten, dies zu tun und Sie werden es nicht verhindern können."

Totenstille.

Eine Fliege summt im Raum, sie hat keine Ahnung, was da eben gesagt wurde. Wir sind wieder sprachlos, aber dieses Mal eher schockiert.

Was hat der Therapeut da gerade gesagt?

Auf den Nenner gebracht ganz einfach: Lass den Vater doch machen, wenn er sich umbringen will ist er selbst schuld.

Das ist aber doch der Vater, das ist ja genau das Problem, das unendliche Schuldgefühl wenn es passieren sollte. Und er sagt einfach: Hey, lass doch deinen Vater machen, was er will, er ist selbst erwachsen, was kümmert dich das?

Ist der Therapeut noch zu retten?

Und wie der Mann noch zu retten war. Er hat eiskalt analysiert und Prioritäten gesetzt, um nur ein einziges Ziel zu verfolgen: Dem Patienten aus seiner, ihn erdrückenden, für ihn selbst schier ausweglosen Lage zu helfen. Während wir uns in unseren eigenen Emotionen und Mitleidgefühlen verheddert hatten.

Der Kern war ganz einfach:

Ihr Vater brauchte Hilfe. Die haben Sie ihm gegeben, soweit sie es konnten. Danach hat ihr Vater Sie benutzt und unter Druck gesetzt. Er hat mit Selbstmord gedroht. Er versucht die Verantwortung für sein Fehlverhalten und die Konsequenzen, die ihn treffen würden an den Sohn weiterzugeben.

Jetzt kann der Sohn die Hilfe nicht mehr leisten ohne eigenen Schaden zu nehmen. Also ist eine Grenze erreicht. Man kann nur so lange geben (wenn man will), wie man etwas zu viel hat. Darüber hinaus handelt der Vater selbst auch nicht wie ein Vater gegenüber seinem Kind.

Daraus folgt konsequent: Ich kann nicht mehr, ich gebe dir deine Verantwortung zurück, du musst selbst klar kommen, ich habe so lange geholfen wie es ging, jetzt bist du selbst an der Reihe, der Schuh passt mir nicht mehr.

Eigentlich ganz einfach, wenn man die Emotionen und die familiären Beziehungen weglässt. Aber da muss man in so einer Lage erst mal drauf kommen. Und ich stelle es mir wahnsinnig schwer vor sich so abzukapseln, dass man es verkraftet, wenn der 10te Selbstmordversuch dann „erfolgreich" ist.

Und was hat das Ganze mit mir zu tun?

Ganz einfach: Wenn man es sich erlauben kann die Verantwortung für das Leben eines anderen Menschen zurückzugeben, weil man selbst bei der Hilfe an seine eigenen Grenzen gestoßen ist und die eigentliche Verantwortung auch der andere trägt (es geht ja dabei um nicht weniger als ein Menschenleben), wieso kann man dann nicht auch mal ein Projekt verschieben oder einen Termin platzen lassen oder ein Projekt mal nicht übernehmen, wenn man sich dem nicht mehr gewachsen fühlt. Das hat nichts mit Ausrede oder keine Lust zu tun. Man will seinen Job ja gut machen, aber es gibt auch individuelle Leistungsgrenzen. Und die nimmt man selbst am besten war. Und die darf man auch mitteilen. Damit handelt man verantwortungsvoller als wenn man sagt man schafft das schon und das Projekt fährt dann richtig gegen die Wand. Wenn man „nein" sagt, dann liegt es in der Verantwortung des Vorgesetzten eine entsprechende Lösung zu finden. Vielleicht kann man ja auch zu zweit dran arbeiten oder es muss tatsächlich verschoben werden. Wenn irgendwann die eigene Gesundheit drunter leidet und man richtig ausfällt, ist das alles viel schlimmer und auch teuerer. Das hat nichts mit Schwäche zu tun, im Gegenteil eher mit verantwortungsvollem Handeln. Ob ein Mitarbeiter diese Situation ausnutzt und nur auf Halbgas fahren will, das merkt ein Vorgesetzter sowieso schnell. Und er weiß auch ob er einem Mitarbeiter vertrauen kann. Grundsätzlich sollte das mit dem gegenseitigen Vertrauen immer so sein. Daraus resultiert langfristig das beste Ergebnis.

So langsam merke ich, dass es Menschen gibt, die anscheinend noch tiefer in der Patsche sitzen als ich. Auch das ist eine wichtige Erkenntnis.

Wir fragen den Therapeuten der Gruppengespräche:

„Wie machen Sie das, dass sie in so emotional schwierigen Fällen so klar und analytisch bleiben können?" „Ich höre den Patienten genau zu. Ich versuche mich in ihre Lage zu versetzen und mit ihnen zu fühlen. Aber ich bewahre trotzdem eine Distanz und leide nicht emotional wie die Patienten. Wenn ich das täte, könnte ich nicht abwägen und beurteilen und sachlich beraten."

Das und der Satz, dass man die Verantwortung zurückgeben kann, für Dinge die man nicht tragen kann (auf Deutsch „nein" sagen), waren eine der wichtigsten Sätze, die ich aus der Reha mitgenommen habe.

Plötzlicher Herzstillstand ATS-Beispiel:

In der Gruppentherapie berichtet ein anderer Kollege Folgendes:

„Ich hatte einen Tag frei genommen, hatte viel zu tun und brauchte eine Pause. Ich war zu Hause und meine Frau ging morgens zur Arbeit. Hatte einen ruhigen Tag geplant mit Gartenarbeit usw. Meine 2 Töchter 16 und 19 Jahre waren an dem Tag zufällig zu Hause, weil bei der einen 2 Stunden

Unterricht ausfiel und bei der Älteren der Freund am Vortag vorbeikam und bei uns übernachtete. Normalerweise wäre ich an diesem Vormittag alleine zu Hause gewesen.

Nach dem Frühstück gehe ich auf die Terrasse in Richtung Garten. Alles was ich dann noch weiß ist, dass ich die Tür öffnen wollte. Ich bekam einen Stich in der Herzgegend, verlor das Bewusstsein und stürzte nach hinten. Alles Weitere weiß ich nur aus der nachträglichen Erzählung.
Die jüngere Tochter hörte zufällig den Sturz aus dem ersten Stock auf dem Weg vom Bad in ihr Zimmer, kam sofort runter ins Wohnzimmer, sah mich liegen und schrie die ältere Schwester und ihren Freund zusammen. Sie merkten: Ich atme nicht mehr, kein Puls, kein Herzschlag. Ich verdanke mein zweites Leben, der absolut professionellen, klaren und konsequenten Reaktion meiner Kinder. Die Große und ihr Freund beginnen sofort mit Beatmung und Herzmassage, soweit sie es aus dem kürzlich gemachten Grundkenntnissen zur Führerscheinprüfung noch beherrschen. Die Jüngere ruft den Notarzt, schildert ganz deutlich die Situation am Telefon. Der Notarztwagen ist Gott sei Dank in der Nähe und trifft nach endlosen 10 Minuten ein. Der Sanitäter kommt sofort mit einem Defibrillator, checkt in Sekunden noch mal die Situation, reißt die Bekleidung weg und macht einen auf „Flatliner" mit mir. Er holt mich zurück. Mein Herz beginnt wieder zu schlagen, unregelmäßig und mit Flimmern, aber es schlägt wieder. Ich bleibe bewusstlos bis ins Krankenhaus. Dort trifft man die Entscheidung mich ins künstliche Koma zu versetzen, und den Körper auf ca. 32°C abkühlen zu lassen, damit sich das Gehirn besser erholen kann, weil unklar ist wie lange es unterversorgt war. Nach einer Woche wache ich verwirrt auf, finde aber relativ schnell wieder innerhalb von 2-3 Tagen in die normalen Gedanken zurück und kann mich wieder an früher erinnern.

Diagnose: ATS Syndrom, plötzlicher Herzstillstand. Ursache: unklar. Medizinische Vorsorge: Implantierter lebenslanger automatischer Defibrillator, der das Herz immer wieder „anschmeißt" wenn es nicht mehr will.

Den Defi habe ich jetzt in mir, unter der Achsel. Ist gewöhnungsbedürftig und erinnert mich jeden Tag daran was vorgefallen ist.

Meine Angst, dass so ein Fall wieder vorkommt, werde ich einfach nicht komplett los (Stand damals). Der Gedanke, dass ich eigentlich tot war hat mich irgendwie verändert. Ich komme damit nicht klar (Stand damals).

Stille.

Wir sind alle in der Runde ziemlich sprachlos. Was muss das für ein Gefühl sein, klinisch tot gewesen zu sein? Was macht da unsere Kollegin Amygdala draus? Eine Woche im Koma, unterkühlt?

Natürlich freute sich der Kollege auch darüber, dass er weiterleben darf und ist seinen Kindern und den Ärzten unendlich dankbar. Aber die Angst blieb. (Stand damals)

Da bin ich ja noch relativ brauchbar dran denke ich. Der Kollege hat es da weitaus schwerer.

Burnout Situation, - Soziales Netzwerk + Diagramm:

In der Gruppenarbeit haben wir beim Burnout Thema auch einen Blick auf die täglichen normalen Anforderungen an eine Person geworfen. Wenn man da von einer durchschnittlichen Familie mit 1-2 Kindern ausgeht kommt da bei den heutigen Lebensverhältnissen für die Eltern ganz schön was an Aufgaben, Erwartungen und sozialen Kontakten zusammen.

Im Mittelpunkt stehe erst mal ich/du selbst als Person. Dann habe ich einen Partner oder bin auch verheiratet. Jeder hat natürlich seinen Beruf. Meistens müssen / wollen ja beide arbeiten gehen. Der nimmt schon mal 8h pro Tag in Anspruch und du trägst auch Verantwortung, die dich nicht immer nach 8h los lässt. Dann bist du deswegen noch mobil zu Hause und unterwegs erreichbar und zwar per Mail, Telefon und privat z.B. über Facebook.

Du hast einen Freundeskreis. Manchmal sind die Bekanntenkreise der Partner nicht immer deckungsgleich z.B. wegen unterschiedlicher Aktivitäten in Vereinen usw. Das weitet das Ganze noch mehr aus. Zu dem Bekanntenkreis kommen dann noch Hobbies. Mit der Zeit wächst die kleine Familie noch um 1-2 Kinder, vielleicht wäre ja auch ein Haustier nicht schlecht. Und die Kinder müssen später in der Schule betreut werden, Hausaufgaben. Meistens haben sie dann auch noch Freizeitaktivitäten, zu denen sie erst mal gefahren werden müssen, bis sie selbst alt genug und mobil sind. Wenn du ganz gut bist, hast du selbst noch irgendeinen ehrenamtlichen Posten in einem Sportverein, bei der Kirche, bei der Feuerwehr etc. Jetzt haben wir ja die liebe Verwandtschaft vergessen, Großeltern, Geschwister usw. die wollen ja auch alle mal was von den lieben Enkelkindern hören.

Das alles ist einfach im Laufe der Jahre gewachsen und plötzlich so ab 40 hängst du mitten in einem Netz von Aufgaben, Verpflichtungen, Erwartungen, Terminen und reagierst nur noch nach deinem Terminkalender. „Wir wollen uns mal wieder mit Freunden treffen. Ja, o.k., in 6 Wochen habe ich samstags noch abends 3h frei, das klappt." Na prima! Du hetzt den Terminen hinterher und wenn dann was schief geht dauert es doppelt so lange, deine Terminplanungen für andere Arbeiten kommen durcheinander und der Stress geht los.

Und dann kommt jedes Jahr ganz unerwartet und überraschend wie aus dem Nichts: Weihnachten! Da wird´s dann richtig lustig, wenn der Besuchsstress losgeht.

Oder wenn dann bei den eigenen Eltern im Alter noch ein Pflegefall auftritt und damit die emotionale und psychische Belastung einfach mal auf unbestimmte Zeit verdoppelt wird.

Und wir fragen uns allen Ernstes, warum wir dabei, wenn wir das jahrelang durchgezogen haben, mal schlapp machen? Das ist bei vielen Situationen unter den beschriebenen Rahmenbedingungen sogar abzusehen und unvermeidlich, wenn man nicht rechtzeitig reduziert und runter fährt und die Prioritäten ändert oder auch strikt Aufgaben teilt und delegiert. (wenn das möglich ist)

Das ist wie bei einem Auto. Wenn du immer Vollgas oder im roten Bereich fährst, schiebst du die Karre nach 60-80.000km auf den Schrott (zumindest den Motor) Fährst du langsamer, dann sind auch 200-250.000km drin. Also, was ist dann das Ziel?

Ein anderes Beispiel ist ein Gasballon. Du hast an vielen Ecken und Fronten gearbeitet und die ganze Zeit versucht mit deinem Ballon möglichst viel zu transportieren. Jetzt bist du in einen Sturm gekommen, deinen Burnout, und hast dabei an tragendem Gas verloren. Also, was machst du? Du wirfst unnötigen Ballast ab, um mit den wichtigen Gepäckstücken bis ans Ziel zu kommen. Ist doch ganz einfach. Wenn du das nicht tust erleidest du eine Bruchlandung und kannst überhaupt nicht mehr aufsteigen.

Diese ganzen Beziehungen versuchten wir in einer Sitzung mal auf einem Flipchart darzustellen.

Am Ende waren wir alle selbst überrascht, was da an der Wand auf dem Diagramm alles zu sehen war:

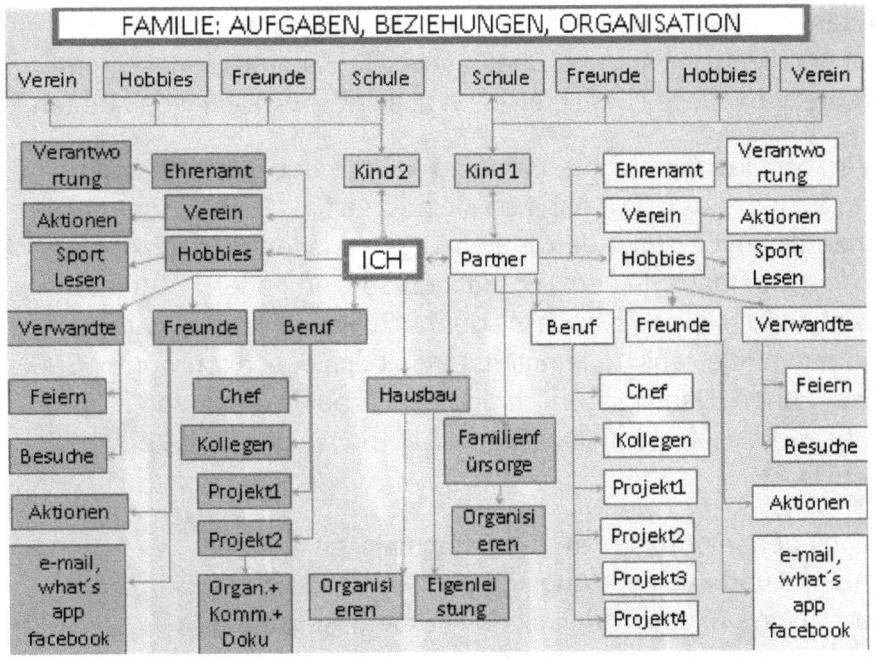

FAMILIE: AUFGABEN, BEZIEHUNGEN, ORGANISATION

Ein anderes Beispiel war eine Frau so Mitte 40.

Sie hatte eine leitende Funktion in einer Firma. Sie hatte ca. 250 Mitarbeiter in ihrem Bereich. Sie arbeitete in den letzten 10 Jahren immer mehr, zum Schluss auch an den Wochenenden. Sie steigerte sich so sehr in ihre Arbeit, bis der Körper und die Nerven vollkommen überlastet waren. Sie hatte einen Zusammenbruch. Sie konnte sich mit dir unterhalten und wirkte vollkommen normal, natürlich fiel es ihr nicht leicht über ihre Situation zu sprechen, aber alltägliche Gespräche waren kein Problem. Aber sie hatte vor allen Aufgaben Angst. Ihr „Sicherheitssystem" machte aufgrund der massiven Überlastung vor allem dicht, was irgendwie eine Gefahr bedeuten könnte. Das war vielleicht ähnlich wie bei mir, nur noch eine Nummer härter. Sie konnte kein Auto mehr fahren. Sie traute sich nicht mehr alleine auf die Straße. Sie ging nicht abends mal mit was trinken. Sie war immer nur in der Klinik. Später habe ich von ihr erfahren, dass sie die ersten 2 Wochen nur auf ihrem Zimmer war und im Speisesaal und den Gruppenräumen, aber niemals alleine. Immer zusammen mit anderen, dass jemand da war, falls irgendwas passieren könnte. Ich konnte ziemlich viele Parallelen finden zwischen ihrer und meiner Situation, aber wie gesagt alles war eine Nummer größer. Ich konnte mich ja noch selbst frei unter Menschen bewegen. Sie wurde von ihrem Mann in die Klinik gebracht und auch an den

Wochenenden meistens besucht oder abgeholt. Und sie war vorher erfolgreiche Abteilungsleiterin und Chefin über 250 Mitarbeiter mit einem guten sechsstelligen Gehalt! Mist, es kann scheinbar wirklich jeden treffen!

Bei einer Verabschiedung brachten wir die Frau mit viel Zuspruch dazu einen ersten Schritt zu tun. Wir nahmen sie zu zweit in die Mitte, unterhielten uns die ganze Zeit mit ihr über den letzten Tag und landeten nach ca. 20 Minuten in dem Gasthaus, in dem wir Plätze reserviert hatten. Wir hatten vorher vereinbart, dass wir sie auch wieder nach Hause bringen würden, wenn sie es nur mindestens 15 Minuten dort mit uns aushalten würde. Sie schaffte eine Stunde. Dann gingen ich und eine Frau aus unserer Gruppe wieder mit ihr zurück. Am nächsten Tag war sie richtig glücklich über ihr „Erfolgserlebnis."

Zusammen mit den Informationen und Erkenntnissen aus den Therapiegruppen und auch der Angstgruppe verstand ich langsam, dass ihre und auch meine Situation viel mit dem Thema Angst und Schutzverhalten des Unterbewusstseins zu tun hatten. So sehe ich das auch heute noch. Irgendwie hat der Körper diese Situation der Überlastung als sehr bedrohlich eingestuft und daraufhin anscheinend mit den „urmenschlichen „ Verteidigungsmechanismen reagiert. Die Folge war, zumindest bei mir, eine Angstsituation, meinen Aufgaben nicht mehr gewachsen zu sein. Nur konnte ich mit dem Verteidigungsverhalten und dem Adrenalin von AMIE und dem Sympathikus dabei nichts anfangen. Alles endete dann in einem unkontrollierten Adrenalinschub, Hyperventilation und Herzstörungen. Das hat sich jetzt das Sicherheitssystem sozusagen gemerkt und will jede weitere Überlastung wieder vermeiden. Daher kommt auch bei kleinen Aufgaben wieder der Schutzmechanismus ins Spiel. Das erfolgt unterbewusst, wie ich für meinen Fall ja schon gelernt habe und ist erst mal sehr schwer kontrolliert zu steuern. Schöner Mist. Man kann also nur am besten in kleinen Schritten und mit viel Geduld sich voran tasten. Wenn dann AMIE überreagiert, leider ist sie ja schneller wie mein Kopf, das habe ich auch gelernt, dann muss ich in der Lage sein sie wieder runter zu fahren, oder ihren Kollegen den Herrn Sympathikus so lange auspowern, bis er keine Lust mehr hat sein Adrenalin zu verpulvern.

Damit fange ich in der Reha an, unten, ganz unten. Und das mache ich so lange wie es notwendig ist!

Mein Therapeut zu Hause hat mir gesagt: Es kommt darauf an oder hängt davon ab aus welcher Situation sie vor dem Burnout Zwischenfall kommen. Je nachdem wie stark der Zusammenbruch war kann man es wieder sehr weit schaffen.

Dann mal los! Das wird mein ganz persönlicher Marathon! Den laufe ich **fast** ganz alleine. Es gibt viele Freunde, die mir helfen werden, am Streckenrand, aber laufen muss ich. Ich werde ankommen. Zeit spielt keine Rolle, nur das Ziel!

Das heißt also noch mal für mich:

Volles und konsequentes Training und Übung aller möglichen Entspannungsmethoden, vor allem auch solcher, die ich während Besprechungen anwenden kann und die möglichst schnell und überall einsetzbar sind.

Den Mut immer wieder kleinere Schritte weiter zu gehen immer wieder jeden Tag. Geduld, viel Geduld, denn das braucht Zeit. Disziplin mich an meine Regeln zu halten und es nicht zu übertreiben und auch „nein" zu sagen. Notfalls mich auch auszuklinken, wenn ich es brauche. Mich nicht emotional provozieren zu lassen.

Wissen, wo ich herkomme und wie weit unten ich war und wen ich kennengelernt habe.

Dankbar sein für die zweite Chance und die Werkzeuge, die ich jetzt habe, um es in Zukunft besser zu machen.

Die Erkenntnis, dass nichts wichtiger ist als die Gesundheit und, dass sie nicht selbstverständlich ist.

Die Gabe sich auch über einfache Dinge zu freuen und dadurch den Anteil an glücklichen und zufriedenen Momenten im Leben erheblich zu erhöhen.

Um das alles durchzuhalten muss ich körperlich fit bleiben. Erstens fällt das alles dann leichter, zweitens verschafft Sport ja auch Glückshormone und drittens bin ich dann besser für den Notfall gerüstet, falls doch mal was schief geht und aus dem Ruder läuft, dass „die Maschine den Überdreher im roten Bereich besser aushält." Es gibt also doch Parallelen für einen Maschinenbauer wie mich….

Die Gruppentherapien sind teilweise richtig brutal. Da sieht man auch, wie es den anderen Kollegen hier geht, „da ist man plötzlich nicht mehr der Außenseiter, der schlapp gemacht hat" und wenn es da draußen noch viele gibt, die auf der Warteliste stehen, wow.

Noch ein Beispiel: Heiner (Name geändert):

„Ich weiß gar nicht was ich hier soll, das ganze bringt bei mir eh nichts. Ich bin nur hier, weil mein Arzt mir dazu geraten hat. Am liebsten würde ich morgen wieder nach Hause fahren. Ach ja, mein Name ist „Heiner." Das waren sinngemäß die Worte von „Heiner", als er sich im Morgentreff das erste Mal vorstellte. Heiner war kurz vor der Rente, hatte zu nichts Lust und fand meistens alles scheiße. Oder: „Bringt nix."

Auf der anderen Seite war er eigentlich aber auch irgendwie ein netter Kerl, wenn er mal über was sprach, das er mochte (war selten am Anfang) oder über frühere Zeiten in seinem Leben. Aber meist ging das Ganze dann depressiv aus. „Mir ist eh nicht mehr zu helfen." Heiner saß dann meistens irgendwo alleine, auch beim Mittagessen, las irgendeine Zeitung oder ein Buch und wollte nicht gestört werden. Einmal hatten wir die Kreativgruppe zusammen. Wir waren zu dritt, sollten uns auf ein Bildthema einigen und zusammen ein Bild malen, das wir dann den anderen beiden Gruppen vorstellen durften. Eigentlich eine einfache Sache, könnte man meinen. Das Problem war: Heiner und die dritte Frau bei uns konnten sich absolut nicht leiden. Es dauerte ca. 2 Minuten, bis sie sich in den Haaren hatten und von ihr das erste mal: „Du kotzt mich an mit deiner ewigen Nörgelei", fiel, wobei man fairerweise sagen muss, dass sie selbst auch nicht einfach war. Ich hatte mit 4 Minuten gerechnet.

Ideale Voraussetzungen für eine Gruppenarbeit und ein gemeinsames Bild. Wir hatten uns noch nicht mal auf ein Thema geeinigt, als die anderen beiden Gruppen schon mit Farbe und Pinsel zu Gange waren. Irgendwie war ich aber trotzdem gut drauf an diesem Tag.

„Also hört mal zu, Vorschlag: Entweder wir gehen jetzt zur Therapeutin und sagen ihr, dass wir das nicht hinkriegen mit dem gemeinsamen Bild, weil wir uns lieber gegenseitig ankotzen, als was Produktives auf die Beine zu stellen oder wir beißen die Zähne zusammen und malen jetzt irgendein verdammtes Bild. Mir ist das scheißegal."

Stille.

Heiner: „Also gut, malen wir halt was." Die Frau: „Meinetwegen." „Hat jemand einen Vorschlag für ein Thema?", frage ich. „Nein", kam die synchrone Antwort. „Also gut, dann mache ich einen: Ein schöner Tag", tolles Thema oder? Irgendwie machte es gerade richtig Spaß zu provozieren. „Find ich gerade nicht so", meinte Heiner. „Bessere Idee?" „Nein." „Also, dann dritteln wir das Bild, wer malt oben, in der Mitte oder unten?" Dann ging's los. Jeder malte still vor sich hin. Ich hatte mir einen Fluss und die Wiese dazu vorgenommen. Mehr als Kinderbilder und Disneyfiguren gibt mein künstlerisches Können, wenn man das so bezeichnen kann, nicht her. Da bin ich ziemlich talentfrei. Das ist klassisch, einfach und ich kannte das noch vom Kindergarten. Ansonsten haben sich meine freien Malkünste nämlich nicht groß über die Kategorie Strichmännchen hinaus weiter entwickelt. Den Teil über der Wiese hatte die Frau übernommen und Heiner tummelte sich mit seinen Ideen auf der Wiese und in dem Fluss. Es war immer noch still.

„Was malst du da im Wasser Heiner?", wollte ich wissen. „Das sind fliegende Fische, ich finde es immer lustig, wenn Fische springen, wenn ich mal am See oder am Fluss bei mir zu Hause sitze." Hoppla, richtig gesprächig gegenüber sonst, dachte ich. Bei der Frau kamen auf einmal Schmetterlinge und eine Sonne auf's Papier ein blauer Himmel. Ja, das passte doch alles wunderbar zum Motto. Und Heiner ließ sich noch von den Schmetterlingen inspirieren, fand diese auch schön bunt und meinte, dass sie ihm gefallen und malte selbst noch 2 rote Marienkäfer mit Punkten. Das Bild wurde noch rechtzeitig fertig. Kein van Gogh, aber darauf kam es auch nicht an. Die Zusammenarbeit in der Gruppe war das Ziel.

Das war dann unser Gruppenbild:

Ich weiß nicht, was Heiner in seinen Einzelgesprächen mit unserer Therapeutin besprochen hat und wir waren auch nicht zusammen in der Gruppentherapie, weil das Krankheitsbild ja nicht passte. Aber eines Morgens sprach er mich nach dem Morgentreff an und sagte wörtlich: „Eigentlich hat meine Frau einen Orden verdient, dass sie es so lange mit einem Miesepeter wie mir ausgehalten hat." Ich habe leicht geschmunzelt und dann zu ihm gesagt: „Dann sag ihr das doch mal selbst, genau diesen Satz. Ich denke, sie wird sich über deine Einsicht sehr freuen." „Meinst du?" „Ja, genau das meine ich." Er tat es und ich hatte seine Frau Gott sei Dank richtig eingeschätzt.

„Vielen Dank für deinen Tipp, wir haben uns mal so richtig ausgesprochen. Und vor allem was mir unsere Therapeutin jetzt so alles klar gemacht hat. Ich war ein richtiges Arschloch."

Heiner entwickelte übrigens ein wahnsinniges Gespür für messerscharfen Humor, oft „gewürzt" mit einem guten Schuss Ironie. Wir verstanden uns immer besser. Als er sich in der Morgenrunde dann nach 3 Wochen verabschiedete hatte er sogar für jeden von uns eine kleine Grußkarte geschrieben mit ein paar netten Zeilen. Ich glaube das hätte er drei Wochen vorher nie für möglich gehalten.

Warum erzähle ich dieses Beispiel?

Es hat nichts mit Burnout zu tun, aber damit, wie sich ein Mensch verändern kann, wenn er will und wenn er die Unterstützung hat die er dazu braucht, um zur Einsicht zu gelangen. Heiner hat da für sich selbst und auch seine Frau einen Riesenschritt gemacht. Da läuft jetzt Einiges anders und viel glücklicher und zufriedener, denke ich. Das hat mich sehr beeindruckt und auch darin bestärkt konsequent an mir weiter zu arbeiten, um mein eigenes Ziel zu erreichen.

Es gab noch viele andere Kollegen/Innen, mit denen ich mich unterhalten habe oder mit denen ich in den gleichen Gruppen war. Als ich gemerkt hatte, wie viel ich auch selbst für mich aus den Gesprächen mitnehmen kann, habe ich immer öfter den Kontakt gesucht. Und so ging es auch den meisten anderen. Obwohl die Themen oft gar nicht einfach waren. Da war ein junger Mann mit Multipler Sklerose und Mobbing am Arbeitsplatz, ein junger Sportler, der dem Erfolgsdruck der Mannschaft in der Bundesliga nicht mehr gewachsen war, ein Leiter im Bauamt, dem alles über den Kopf gewachsen ist, eine Krankenschwester mit 65, die ihren Sohn im Alter von

40 Jahren beisetzen musste, weil er an Krebs verstorben war (die Krankenschwesterdichte war sowieso sehr hoch) ein Mann, der sich ritzte, dessen Probleme ich nachvollziehen konnte, aber keinesfalls teilen wollte (wäre interessant, wie es ihm heute geht, na ja manchmal gibt es ja Zufälle, vielleicht laufen wir uns nochmal irgendwo über den Weg), ein leitender Mitarbeiter einer Automobilfirma und und und. Also ist Burnout scheinbar doch ein „branchenübergreifendes Phänomen."

Am Ende war ich mir sicher, und das bin ich heute noch:
Was wir da alles in den ganzen Therapien und Gruppen an uns selbst gearbeitet haben, das war eine Höchstleistung für jeden Einzelnen. Und ich habe großen Respekt vor jedem der das durchzieht, egal wie es ausgeht. So viel Kraft und auch Mut muss man erst mal aufbringen. Ich bin ja auch vorher davon gelaufen: Passiert mir nicht, brauche ich nicht, ich bin stark genug!
Wir sind keine Loser, die da aus der Reha wieder raus kommen. Wir haben nur einen Fehler gemacht, den jeder machen wird, der nicht darauf hört, wenn sein Körper sagt „STOP", aber der Kopf meint „GEHT DOCH, SCHAFF ICH NOCH."

Natürlich gab es im Tagesablauf außerhalb der Entspannungstherapien, dem Sport, den Kreativgruppen, den Anwendungen und Einzelgesprächen auch noch andere Aktivitäten, die wir in der Freizeit, vor allem am Wochenende, unternahmen oder selbst organisierten. Ein paar davon waren:

Fußball EM:

Da konnten wir abends in den Aufenthaltsräumen immer die Spiele anschauen. War 'ne lustige Abwechslung zwischendurch, natürlich hatten wir auch teilweise Fanausrüstung und entsprechendes Catering, aber alles ohne Alkohol, versteht sich. Es wurden regelmäßig Kontrollen durch die Therapeutinnen, die Aufsicht hatten, durchgeführt. Auch wenn man abends von auswärts zurück kam. Bei Verstoß drohte, wie in den Klinikregeln angekündigt, Abbruch der Kur, Klinikverweis, keine Übernahme durch die Rentenversicherung.

Gemeinsames Grillen unserer Tischgruppe:

Wenn man wollte, konnte man auch als Gruppe im Hof der Klinik grillen. Auch das war aber in Eigenregie zu leisten. Hausmeister wegen dem Grill fragen. Erlaubnis und Termin einholen und abstimmen. Tische richten, der

Küche für die Beilagen Bescheid geben, alles andere mussten wir selbst organisieren Getränke, Essen, Holzkohle usw. War keine große Sache. Es war aber auch als selbständige Aufgabe angelegt und man konnte das nicht „komplett buchen", als Leistung der Küche.

Natürlich wurde hinterher auch wieder aufgeräumt.

Unsere Esstischgruppe plante dann also so einen Grillnachmittag.

Die Aufgaben wurden verteilt, so, dass alle was zu tun hatten.

Wir waren 12 Leute, hatten schönes Wetter an diesem Tag und es machte allen Spaß. Auch das förderte den Kontakt untereinander und die „Verantwortung" eine kleine Aufgabe in der Gruppe zu übernehmen. Klingt alles ziemlich einfach. Aber ich denke ach immer mal wieder an meine Situation mit dem Geschirrspüler und dem Einkaufszettel zu Hause zurück. Im Vergleich dazu war ich schon einen großen Schritt weiter.

Besuch von Marliese, Viky, Sara und Viky´s Freund:

Zweimal hatte ich Besuch von meinen 3 Mädels und Viky´s Freund, die von zu Hause die 600km mit dem Auto angereist sind. Das war ein richtig tolles Gefühl und hat mir für die folgende Zeit immer wieder Auftrieb gegeben. Das erste Mal war Marliese mit Sara da und an meinem Geburtstag kamen alle 4. Wir haben einmal einen Ausflug nach Chemnitz oder eine Wanderung im Wald gemacht (Aussichtsturm) und dann auch die Tropfsteinhöhle in der Nähe besichtigt, schick Kaffee getrunken und waren abends am Geburtstag im Forsthaus fein essen gewesen. Da wurde ich reichlich beschenkt. Sie hatten alle 4 kleine Geschenke gebastelt und liebe Geburtstagkarten geschrieben. Auch von den Bekannten und Freunden zu Hause hatten sie viele Karten und auch Aufmerksamkeiten mitgebracht. Das war sehr schön, nicht vergessen zu werden. Da fiel der Abschied schon schwer, als sie wieder im gepackten Auto saßen und Viky am Steuer die erste Teilstrecke übernahm. So ähnlich, wie wenn ich immer den ersten Teil der Urlaubsstrecke nach St. Peter Ording gefahren war. Sie hat also ganz gut meinen Part übernommen.

Es war ebenfalls sehr nett von den anderen Mitpatienten, die ich inzwischen näher kennengelernt hatte, Glückwünsche und aufmunternde Karten zu erhalten. Obwohl man sich noch gar nicht lange kannte war es doch meistens sehr herzlich.

Sehr praktisch war auch, dass die nahen Familienangehörigen direkt in der Klinik zu einem akzeptablen Preis mit übernachten konnten, wenn gerade ein Zimmer frei war. Dann verbrachten wir die Tage an den Wochenenden, an denen sowieso kein Programm war, gleich vom Frühstück an zusammen.

Das Bild ist vom Besuch in der Tropfsteinhöhle.

<u>Plüschsesselkino / Kleingärtnerkneipe:</u>

Das muss ich einfach kurz erwähnen. In Lauf Nähe zur Klinik gab es in ca. 20 Minuten Entfernung ein altes Kino, noch aus DDR Zeiten. Es war schön gemütlich renoviert und hatte im vorderen Bereich Tische und Stühle in losen Sitzgruppen und in den hinteren 2 Reihen rote, weiche Plüschsesel, in denen man fast versank. Immer 2 Sessel und ein kleiner Tisch in der Mitte. An der Rückwand gab es eine Bar mit Getränken, Chips, Eis und Würstchen. Auch während dem Film konnte man sich leise mit Nachschub versorgen. Das war urgemütlich. Das Kino entwickelte sich vor allem an den Wochenenden für diejenigen, die nicht nach Hause fahren konnten oder keinen Besuch hatten, zum absoluten Renner für „CB-Gäste." Ich war einmal dabei als „Ziemlich beste Freunde" gespielt wurde. Ich kannte den Film zwar schon, aber er ist absolut ein zweites Mal wert. Und bei einer Tüte Chips und einem „bleifreien" Bier war das in dem Plüschsessel ein richtiger Genuss.

Einen Abschiedsabend in der letzten Woche hatten wir auch noch in einer kleinen Kneipe bei den Kleingärtnern um die Ecke gefeiert. Schönes Wetter, Bestuhlung im Freien, gute Preise für kleine Gerichte, hier fanden auch öfter mal „Gruppengespräche" in kleiner Runde statt, bei denen man dann so richtig Frust abgelassen hat, um danach ganz entspannt wieder in die Reha Klinik heimzukehren."

<u>Verabschiedung der Tischtennis-Kollegen, des Pfarrers und der Mädels aus
der Ankunftsgruppe:</u>

Nach der vierten und fünften Woche begannen langsam die
Verabschiedungen, weil die meisten maximal 5 Wochen Aufenthalt hatten.
Nur ich hatte auf 7 Wochen verlängern können, wegen der Knieentzündung
mit 2 Wochen Bewegungsverbot. Die 2 schönsten und lustigsten Abende
hatten wir mit der Gruppe, bei denen ich meistens auch für die Mahlzeiten
gesessen bin und mit der ich die meisten sportlichen Aktivitäten hatte,
Tischtennis, Volleyball, Joggen (als ich noch durfte). Leider konnte ich an
den Wochenenden mit schönem Wetter nicht mit zum Stausee in der Nähe,
wegen meinem Knie-Handicap.

Und dann waren da ja auch noch die „Mädels" mit denen ich zusammen
angekommen war, und deren Verabschiedung eine Woche später. Wir
hatten zwar nie so richtig viel in der Freizeit zusammen unternommen, uns
aber immer gut in den Gruppen oder Kreativkreisen verstanden. Und
während meiner „Beinlähmung" hatten sie mich immer wieder aufgemuntert.
Ich hatte mich sogar dazu überreden lassen einen Perlenring für unsere
kleine Tochter aufzufädeln. Hat am Ende sogar geklappt. Sachen gibt´s. Da
hat sich alleine deswegen die Reha schon gelohnt. Wir haben seitdem sogar
ein jährliches Nachtreffen vereinbart und uns alle das erste Mal in Fulda
zusammen zum Grillen getroffen und ein sehr schönes und lustiges
Wochenende verbracht. Der nächste Termin steht schon für 2014. Jeder
bringt eine Spezialität von zu Hause mit und dann wird nach einem kleinen
Besichtigungsprogramm geschlemmt. War ein großer Spaß und ich freue
mich auch schon wieder drauf.

Jetzt im Nachhinein muss ich sagen, bin ich erstens sehr froh, dass es trotz
allem für mich verhältnismäßig „glimpflich" ausgegangen ist. D.h. mit einer
gewissen Konsequenz kann ich ein weitgehend normales Leben führen.

Ich habe in dieser Zeit in einem kurzen Zeitraum sehr viele unterschiedliche
Lebenssituationen, Gefühle und Emotionen von anderen Menschen erleben
dürfen. Aus heutiger Sicht hat mich das sehr bereichert. Die ganze Palette
an Emotionen und Gefühlen: Hass, Freude, Verzweiflung, Liebe, Hoffnung,
Hilflosigkeit, Mut, Angst, Panik, Aggression, Depression, Harmonie, alles
war da, unter verschiedenen Rahmenbedingungen in unterschiedlichen
Leben von verschiedenen Menschen. Und ich hatte die Möglichkeit daran
Teil zu haben und daraus zu lernen. Damals habe ich das nicht so gesehen,
anfangs war es mehr eine zusätzliche Belastung. Aber du lernst damit

umzugehen und auch einen eigenen Sicherheitsabstand aufzubauen, was ich z.B. heute auch gut einsetzen kann.

Gefühle sind sehr schön, interessant und wertvoll, wenn man damit umgehen kann und sie beherrscht. Dazu muss man sich selbst erst mal in verschiedenen Situationen kennen lernen. Das ist schon schwer genug, wer kann schon mit Sicherheit vorhersagen wie er in welcher Situation reagieren wird. Auch ich werde das niemals können. Aber diese Zeit in CB hat mir Erfahrungen gegeben, die ich sonst nie hätte machen können. Gerade z.B. der Punkt mit der Erwartungshaltung, den ich schon beschrieben habe.

Vor 4 Wochen war ich mit meinem Nachbarn Ende März 2014 für 4 Tage an einem verlängerten Wochenende Schifahren. In einer Gondel haben sich eine junge Frau und ein junger Mann unterhalten: „Wenn ich genug Geld hätte würde ich mir als erstes einen Ferrari kaufen, geile Klamotten und eine Penthouse Wohnung. Auf Familie stehe ich sowieso nicht, ständig diese Abhängigkeit, man muss immer auf die Kinder aufpassen und kann nicht einfach tun und lassen was man will. So viel Party und verrückte Sachen machen wie möglich, großer Freundeskreis, immer nette hübsche Mädels, das wär´s."

Ja, hab´ ich so für mich geschmunzelt, so ähnlich hab ich vor 30 Jahren auch mal gedacht, bis auf den Punkt mit der Familie. Party und frei sein und reisen ist alles o.k. Brauchen die Kinder auch in gewissem Umfang, um sich abzugrenzen, ihre eigenen Prioritäten zu finden, mal abschalten zu können und Abstand von den Eltern zu kriegen.

Aber meine Erfahrung ist: Eine funktionierende Familie ist etwas Unersetzbares, mit nichts anderem zu vergleichen und durch keinen noch so freien Lebenswandel oder mit Geld aufzuwiegen. Eine Familie oder Beziehung ohne Auseinandersetzungen gibt es nicht, das wissen wir alle. Die wäre auch zu schnell langweilig. Es kommt daher bei Meinungsverschiedenheiten auf den Umgang miteinander dabei an. (aha, schon wieder soziale Kompetenz!)

Eine Familie beginnt normalerweise zuerst mit einer Beziehung. Sie wächst. Wenn die Beziehung gut ist, entscheidet man sich zusammen zu bleiben. Wenn nicht, geht die Suche nach dem richtigen Partner eben noch weiter. Dabei aber auf die eigenen Ansprüche achten und auch selbst flexibel und tolerant sein. Die Zweierbeziehung ist dann der erste Schritt, um das Zusammenleben zu üben, damit man gemeinsam die Nachwuchsfrage in Angriff nehmen kann. Marliese und ich sind sehr froh und glücklich, dass wir gesunde Kinder haben dürfen. Die Erziehung unserer beiden Kinder ist ein so schöner, intensiver, emotionaler und manchmal natürlich auch ein anstrengender und aufregender Vorgang, der sich mit steigendem Alter immer wieder verändert und nie langweilig wird. Natürlich könnte man die lieben Kleinen auch hier und da mal gerne an die Wand…, was du aber natürlich niemals tun würdest. Aber man hat sie ja gern, und dann kommt schon mal ein Machtwort über die Lippen, wenn´s zu bunt wird. Deshalb heißt das ganze ja auch Erziehung.

Unsere „Kleine" ist jetzt 13 und die Große 21 Jahre alt. Beide haben die ganzen Jahre für uns immer für Abwechslung gesorgt und uns damit zwar auch Nerven gekostet, aber auch jung gehalten. Die Emotionen, die wir in dieser Zeit zusammen erleben durften waren manchmal nicht einfach zu bewältigen, aber wir sind alle immer ein bisschen mehr daran gewachsen. Jetzt verstehen wir uns immer noch als Familie sehr gut und jeder respektiert den anderen, auch wenn es ab und zu mal fetzt. Dann kommt trotzdem z.B. die Große zurück und meint: „Sorry, habe ich gestern verbockt, tut mir Leid." Und auch das tut gut. Oder die „Kleine" nimmt mich mit einem verschmitzten Lächeln ironisch auf die Schippe, dass ich mich innerlich selbst richtig darüber amüsieren kann. Das sind einfach tolle Momente, die wir niemals missen möchten. Deshalb sind Familie und Kinder für mich eine langfristige Lebenserfahrung, die sich in ihren Anforderungen ständig verändert und an der man selbst auch wachsen und lernen kann. Jetzt wird mir erst langsam bewusst, was das für Marliese und mich für eine Bedeutung hat wenn wir älter werden:

1.) Wir sind nicht allein, wir haben Kinder und eine Familie, eine feste Gemeinschaft.

2.) Wir haben eine Aufgabe später als Großeltern, die wir uns einteilen können, wie wir es wollen. Wir werden gebraucht, auch wenn einer von uns beiden Mal nicht mehr da sein sollte. Der andere ist nicht alleine.

3.) Ich habe ein gutes Gefühl, dass das wofür Marliese und ich gelebt und gearbeitet haben nicht umsonst war, wir können es unseren Kindern weiter geben.

4.) Es wird jemand da sein, wenn wir älter werden und uns betreuen soweit es möglich ist. „Pass auf Mama und Papa, seid brav, wir suchen euer Altersheim aus."

Und: Du fühlst dich auch im Kopf mit deinen Gedanken nicht allein, etwas von dir bleibt.

Was hätten wir in den letzten 21 Jahren alles verpasst an Erfahrungen, die man ohne Kinder nicht machen kann. Reisen haben wir uns für später aufgehoben. O.k. ein paar Highlights schon mal vorneweg direkt nach dem Studium, für die man körperlich gut in Form sein muss, aber ansonsten fit halten für die Zeit die jetzt kommt. Ich glaube aus heutiger Sicht würden wir sogar auch Kinder adoptieren, wenn wir selbst keine haben könnten. Einfach weil es so eine schöne Erfahrung ist. Vielleicht geht es manchen von euch anders. Wir haben es so erleben dürfen und es ist immer noch toll.

So, das war ein oberflächlicher Kurzausflug zum Thema Familie und Zukunft von meiner Seite. Damit habe ich euch genug gelangweilt. Weiter geht´s mit dem Ende meines Klinikaufenthaltes.

<u>Der Abschied fällt nicht leicht:</u>

Obwohl ich auch sagen muss, dass ich mich in der Klinik auf jeden Fall sehr wohl gefühlt habe. Nur die letzte Woche hat sich dann etwas lang gezogen, weil ich da fast alle Kurse schon absolviert hatte, bis auf das Entspannungstraining und weil alle aus den verschiedenen Gruppen, die ich kennengelernt hatte bereits wieder zu Hause waren.

Das Ganze liest sich teilweise wie ein gemütlicher Urlaubsbericht. Da konnte man abends weggehen. Die Wochenenden waren frei. Besuch war kein Problem. Es gab ein reiches Sportangebot, Kantine war o.k., keinen Stress, hört sich doch alles gut an. Man darf aber eines nicht vergessen: Es gab einen verdammten Grund, warum jeder von uns dort „auf Urlaub war." Und Jeder, ausnahmslos jeder hätte lieber 3 Jahre länger gearbeitet als wegen seinem persönlichen Grund dort gewesen zu sein. Jeder, ich auch.

Wie schnell sind die 7 Wochen jetzt vergangen. Sie waren wie eine Achterbahnfahrt mit einem Looping nach dem anderen. Wenn ich daran denke, wie unsicher ich bei Beginn der Reha war. Ich konnte mir nicht vorstellen, dass ich das, was ich in 7 Monaten vorher nicht geschafft hatte, jetzt in 7 Wochen schaffen sollte. Das war aber auch nicht das Entscheidende. Das Entscheidende war nicht wann, oder wie.

Für mich war das Wichtigste, das ich zu klären hatte das WARUM? Warum reagiere ich unkontrolliert, warum habe ich mich nicht mehr im Griff.

Und das WAS? Was kann ich tun, damit es besser wird, auf was muss ich achten, was muss ich vermeiden, was tut mir gut.

Diese Informationen habe ich alle in der Reha erhalten und die Maßnahmen auch trainieren können.

Jetzt bin ich dran das auch umzusetzen, ich und AMIE!

Na dann los, ab nach Hause und an die Arbeit!

Aber ohne Stress, versteht sich!

5.) Die Wiedereingliederung

Heute Abend sitze ich in Ungarn in einem Hotel und schreibe die Wiedereingliederung. Ein Kollege vor Ort hat mir vor einer Stunde erzählt, dass er ziemlich genau die gleichen Symptome hatte, allerdings ohne massive Herzprobleme, Schweißausbrüche, Magenbeschwerden Durchfall, Schlaflosigkeit, Hyperventilation bei dem Gedanken arbeiten gehen zu müssen.

Panikausbruch. Sehr ähnlich das Ganze. Vielleicht ist es bei ihm nicht bis zur „Amygdala" vorgedrungen, ich weiß es nicht oder er ist halt anders gestrickt. Aber er hat auch eine längere Auszeit gebraucht und sich erst langsam wieder eingearbeitet. Es sind so viele, wenn man sich umhört und das Thema mal anspricht, es ist erschreckend, wirklich erschreckend. Dabei ist es fast egal, welche Berufsgruppe man betrachtet. In der Reha habe ich auch einen Pfarrer kennen gelernt. Sollte man nicht vermuten oder? Aber auch da wird gespart, durch Zusammenlegung von Gemeinden, dann kommen viele Leute mit ihren privaten Problemen zu dir, du bist ja schließlich Seelsorger und kennst auch das ganze Dorf etc. Deswegen helfen zuerst nur die eigene Vorsicht und das Gespräch. Wenn das alles nichts nützt, dann die Bremse. Auch die Hilfe von außen ist oft richtig. Ich habe damit auf jeden Fall nur gute Erfahrung gemacht, auch wenn man zuerst mal denkt man braucht das nicht und kommt alleine klar.

Ach ja, die Wiedereingliederung (WE).

Zur Vorbereitung und Abklärung der WE gab es ein Gespräch mit der Sozialberaterin in der Klinik. „Wollen Sie wieder in ihrem alten Beruf arbeiten?" „ Ja, ich will es auf jeden Fall versuchen."

Wir sind dann zusammen das Hamburger Modell für eine WE durchgegangen und haben uns die einzelnen Phasen überlegt. „Ich halte es für sinnvoll, wenn Sie vorab mit ihrem Vorgesetzten oder der Personalabteilung persönlich telefonieren, bevor ich mich einschalte." „Das wollte ich sowieso tun."

Ich rufe meinen Chef an. Das Telefonat verläuft sehr gut. Sein für mich entscheidender Satz bei dem Telefonat ist: „Herr Dietrich, teilen Sie sich die WE so ein, wie sie es für richtig halten. Wir freuen uns alle, wenn sie wieder zur Arbeit kommen." Dieser Satz hat mir Mut gemacht und kam zu diesem Zeitpunkt genau richtig. DANKE!

Im Anschluss hat die Sozialtherapeutin dann noch ein längeres Telefonat geführt und mich gefragt ob ich mir eine 100%ige Belastung später wieder zutraue. „ Das ist in Ordnung. Ich bin zwar noch nicht soweit, das wird noch ein hartes Stück Arbeit bis dahin, aber ich weiß jetzt wie ich das Ziel erreichen kann und ich werde es auf jeden Fall probieren bis zum Ende der WE wieder voll im Boot zu sein."

Warum eine stufenweise Wiedereingliederung?

Mehrere Leute haben mich gefragt: Warum wieder schrittweise zurück in den Beruf gehen? Hast du doch alles schon einmal gemacht, ist doch nichts Neues. Warum dann nicht einfach wieder voll drangehen?

Das stimmt zwar, aber Amie musste sich erst wieder dran gewöhnen. Bei kleinen Schritten hat man eher ein Erfolgserlebnis als bei einem großen. Das Risiko bei 100%igem Einstieg ist vielfach größer. Ich weiß ja noch nicht einmal wo meine neue Belastungsgrenze liegt. Schaffe ich die alten 100% überhaupt wieder? Wahrscheinlich sind es ja weniger, sonst würde ich ja das gleiche Risiko wie vor dem Burnout wieder eingehen. Das wäre zum einen blöd genug, daraus nichts gelernt zu haben und zum anderen auch unverantwortlich gegenüber der Familie und auch gegenüber dem Arbeitgeber. Mit einer Teilleistung und in meinem alle der 17 jährigen Projekterfahrung kann ich sicherlich noch etwas zur >Abteilung beitragen anstatt andauernd wegen erneuter Überlastung auszufallen. Und wenn es in einem Schritt schief geht, dann steigt auch die Angst, dass es nicht mehr klappt umso mehr. Also kleine Schritte. Man kann auch jede erreichte Stufe als Sicherheit sehen, weil man bis dahin schon mal gekommen ist. Wenn dann beim nächsten Schritt was schief läuft, dann fällt man nicht gleich ganz zurück.

Das folgende Schaubild soll dies verdeutlichen:

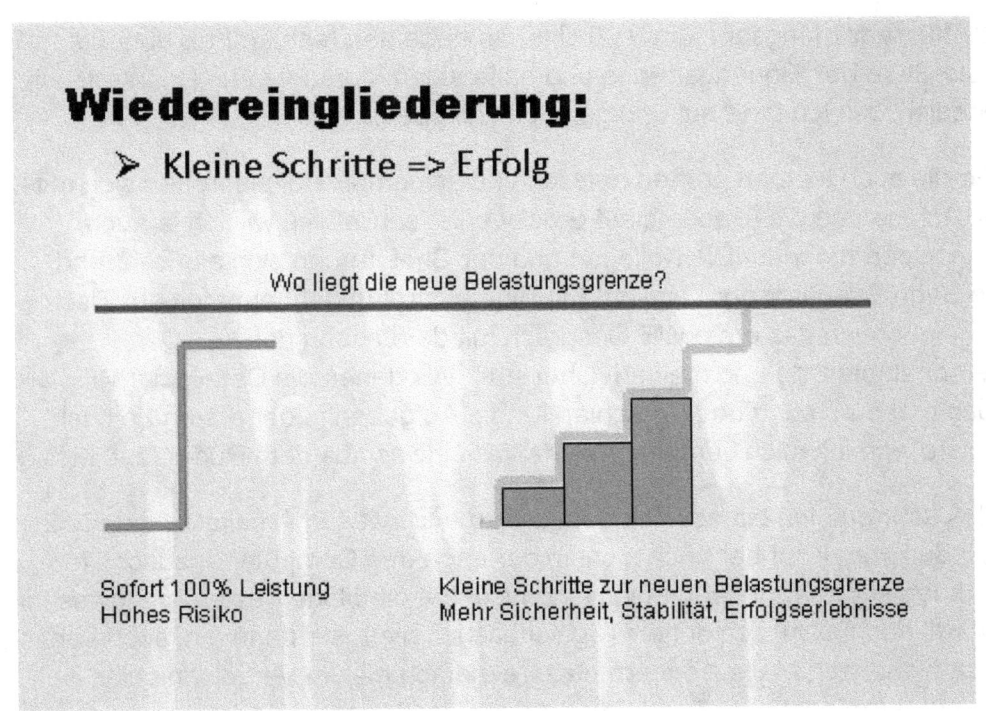

Wiedereingliederung:

> Kleine Schritte => Erfolg

Wo liegt die neue Belastungsgrenze?

Sofort 100% Leistung
Hohes Risiko

Kleine Schritte zur neuen Belastungsgrenze
Mehr Sicherheit, Stabilität, Erfolgserlebnisse

Ich habe mich richtig auf die Wiedereingliederung und den Anfang in der Firma gefreut. Wir hatten einen sehr moderaten Einstieg vereinbart, 2h in der ersten Woche. Das war für mich aber genau das Richtige. Nach der Reha hatte ich noch 2 Wochen zur Wiedereingewöhnung zu Hause. Komisch, denkt man gar nicht, dass das notwendig wäre, aber nach 7 Wochen ist es doch ein anderes Gefühl wieder zu Hause zu sein. Und vor allem ist auch schon der erste Schritt der Umstellung damit verbunden. In der Reha konzentrierst du dich auf die Kurse, deine Aufgaben und dich selbst. Zu Hause ist die Familie wieder da, du hast nicht immer deine Ruhe, wenn du sie gerne hättest, die Kinder kommen mit Problemen in der Schule nach Hause. Alles ganz normale Dinge, aber ich war in der Reha vollkommen davon abgeschirmt.

Die 2 Wochen verliefen super. Anruf zwischendurch im Geschäft, gutes Gespräch mit dem Chef, alle freuen sich, dass ich in der nächsten Woche wieder komme. Na dann los!

Montag der 13.08.2012. 8 Monate und 3 Wochen nach der Klinikeinlieferung am 23.11.2011 stehe ich vor dem Eingang zur Firma. Ich bin richtig gut gelaunt. Ich habe es so weit geschafft, bis hierher. Ich habe so lange darauf hin gearbeitet. Ich bin noch lange nicht da, wo ich wieder hin will. Aber ich bin einen großen Schritt weiter gekommen. Ich gehe durch die

Drehtür, ganz langsam, um 9.00 Uhr. Ich hebe den rechten Fuß über die erste Stufe der Eingangstreppe und halte einen Moment inne. Dann rufe ich innerlich: JA! Ich trete auf und gehe die Treppe hinauf.

Alle die mich kennen grüßen herzlich und ich empfinde, sie freuen sich mit mir. Ich nehme die Treppe die 4 Stockwerke, schließlich will ich ja auch mehr Sport machen. Die Kollegen und der Chef freuen sich alle sehr und die Begrüßung ist sehr herzlich. Ein Blumenstrauß steht auf meinem Tisch. Es findet auch das erste WE Gespräch mit der Leiterin der Personalabteilung und meinem Chef statt. Wir gehen die Details der WE noch mal durch und den Vorschlag für die Aufgaben in der ersten Zeit. Ich erkläre, wie ich mich verhalten werde, falls etwas aus dem Ruder läuft etc.

Alles sehr gut. Ich bin aber an dem ersten und zweiten Arbeitstag bei nur 2 Stunden vom Kopf her noch nicht in der Lage den Computer anzuschalten. Ich kriege vom Kopf her meine Hand nicht auf die blöde Taste. Irgendwas in mir will noch nicht. Am dritten Tag schalte ich die Kiste dann ein, suche aber noch nicht nach Mails, sondern blättere einfach mal im Verzeichnis der Projekte. Am nächsten Tag öffne ich dann das Verzeichnis meines letzten Projekts, währenddessen der Zwischenfall passiert ist. Es kostet mich eine gewisse Überwindung, aber als ich dann die Projektzeichnung mit den Umbauschritten wieder vor mir auf dem Bildschirm habe ist es auch wie ein kleiner Erfolg zum Vortag. Daran merke ich, dass es kleine Schritte sein werden, die ich vorankomme, manchmal sehr kleine. Aber auch täglich. Ich habe keinen Frust mehr, warum es nicht schneller geht, ich probiere aus und mache das was geht, in dem Tempo, wie ich es kann, Schritt für Schritt, immer in die gleiche Richtung, bis zum Ziel….

Die Arbeitszeit nimmt auf 3h zu, keine Probleme mit der Dauer. Der Chef hat mir zum Einstieg nach gegenseitiger Abstimmung ein neues Projekt gegeben, ein Gewerk das ich schon X-mal gemacht habe, also genug Erfahrung, nichts Neues (dachten wir damals alle, kam dann ganz anders, habe aber alles auf die Reihe bekommen). Das Projekt hat auch genug Vorlaufzeit, kein zeitlicher Druck, keine Panik. Das wirklich Gute dabei ist: Ich kann Schritt für Schritt alle Projektphasen noch mal ohne Zeitdruck durcharbeiten, die Layout Planung, Budgeterstellung, Telefonate mit dem Kunden (noch keine Reisen, die waren während der WE Zeit ausgenommen) Angebotsbeschreibung, Angebotsvergleich etc. Eine sehr gute Spielwiese im noch „geschützten Raum des Büros." Und es lief auch alles wunderbar. Zwar brauchte ich länger als früher, logisch, aber es entstand keine Blockade oder Paniksituation. Ich war auch sehr oft aufgeregt, habe gemerkt wie die Atmung schneller wird, besonders wenn es gegen später auch zu Telefondiskussionen kam. Dabei stellte ich fest, dass damals vor allem Konflikte, Diskussionen, zu treffende Entscheidungen noch einen starken Druck aufgebaut haben, was heute durch das permanente „Training" und die Gewöhnung nicht mehr der Fall ist. Wenn die körperlichen Reaktionen kamen, und das war teilweise mehr als einmal am Tag, habe ich genau das gemacht, was ich trainiert hatte und was auch mit dem Chef so abgesprochen war: Info an den Chef- ich gehe in den Ruheraum, damit er weiß wo ich bin. Ab in den Ruheraum, erst mal Gymnastik oder Sprungseil (hatte ich im Büro im Schrank) für den Abbau des Hauptadrenalinschubes und zur Ablenkung. Danach leichte Dehnung, dann Tai Chi Übungen im Stehen und auf der Liege Atementspannung ich habe mich immer wieder in den Griff bekommen. Das gab Sicherheit. Manchmal half auch einfach ein doppelter Treppenlauf, zweimal 5 Stockwerke runter und hoch. Ist doch vollkommen egal wie, Hauptsache es funktioniert. Und das hat es. Schritt für Schritt immer ein bisschen weiter. Das hat unheimlich Auftrieb gegeben. Und mit der Zeit und dem Training bin ich immer stabiler geworden und so wie die Anspannungen abnahmen, wurde die Verarbeitung der Anspannungen seltener erforderlich und mehr und mehr zur Routine.

Die Arbeitszeit pro Tag betrug jetzt 6h. Das war anstrengend. Die lange Zeit der Konzentration und der Ausdauer machte mir noch zu schaffen, trotz der Pausen, die ich einlegte, vormittags eine vor dem Mittagessen und nachmittags noch mal eine, ca. 1h vor Arbeitsende. Ich musste die 6h Phase um 2 Wochen verlängern. Ursprünglich waren 2 Wochen mit 6h vorgesehen und danach volle 7,5h. Aber ich schaffte den Sprung nicht, es war mir noch zu viel. Bis auf Geschäftsreisen machte ich eigentlich schon wieder viel, auch die eine oder andere „kleine Aufgabe zwischendurch." Es lief alles in dem Rahmen, wie ich es mir vorgestellt oder erwartet hatte. Die 2 Wochen Verlängerung waren eigentlich nicht tragisch. Ich hatte mich an meine Spielregeln gehalten und das Spiel lief. Auch die Unterstützung der Kollegen war zu jeder Zeit optimal. Sie fragten mich immer mal wieder wie es läuft, boten mir Unterstützung an, es war wie früher im Team und das tat sehr gut.

Dann kam der Gau!

Gott sei Dank kein super Gau, aber ein richtig schöner großer Gau. Ich dachte da wäre ich schon durch, war ich aber nicht.

Ich hatte in der Planungsliste der Projekte für das nächste Jahr meinen Namen bei einem Projekt gelesen, das von der Aufgabe her identisch mit dem Projekt war, während dessen mein Ausfall passiert war. Ich war mir auch im Klaren, dass das Projekt damals sicherlich nur eine von mehreren Ursachen der Überlastung war, vielleicht nicht einmal die Hauptbelastung, weil es zwar groß und komplex war, aber eigentlich sehr gut lief. Bei den Projektschritten gab es keine Probleme. Der Lieferant machte eine sehr gute Arbeit, die Zusammenarbeit mit den Kollegen vor Ort in der Niederlassung und dem Betriebsleiter war damals optimal. Es war aber auch zeitaufwändig und ich hatte 6-7 Wochenenden durchgearbeitet. Ich wollte die angesammelten Tage dann z.B. vor Weihnachten als Sonderurlaub nehmen. Das war ein Fehler. Außerdem war zusätzlich gerade Planungsphase für die Projekte im nächsten Jahr.

All das kam in Sekundenschnelle auf einmal wieder hoch. Ich konnte überhaupt nichts dagegen machen. Wumm, wie eine Wand! Ich wurde unsicher, nervös, zittrig. Also ab in den Ruheraum, volles Programm. Ich konnte den Tag im Geschäft überstehen, bekam aber diesen scheiß Gedanken einfach nicht aus dem Kopf. Zu Hause drehte sich das Karussell im Kopf weiter, Ablenkung mit Gartenarbeit, geht eine Weile gut. Entspannung mit Ruhebild, es wird besser. Zu der Zeit nehme ich ja immer noch meine Minimaldosis Mirtazapin 15mg. Laut Hausarzt ein sehr schonendes Medikament, das in dieser Dosierung nur beim Einschlafen hilft und über 4-6h einen erholsamen tiefen Schlaf unterstützt. Macht nicht abhängig. Keine Entziehung erforderlich, langsames schleichendes Absetzen innerhalb von 2-3 Wochen. Damit schlafe ich an dem Abend dann ein.

4.00Uhr morgens, Mirtazapin ist am Ende, nächtlicher Toilettengang, wie meistens. Zurück ins Bett. Pling! Das Projekt, hallo da bin ich wieder. Mist! Abschalten, Fehlanzeige! Ruhebild, Fehlanzeige! Es ist 5.00h, ich bin immer noch wach, von Entspannung keine Spur, fühle mich aber total unausgeschlafen und unruhig, wie ein Tiger im Käfig. Die Gedanken fangen an zu rasen. Mist, sonst habe ich mich doch immer wieder bremsen können, warum jetzt nicht? Werde ich das Projekt bearbeiten müssen oder ist mein Name da noch versehentlich drin, weil ich damals schon dafür vorgesehen war? Werde ich das schaffen? Oder wird es mich schaffen? Mist! Schweißausbruch! Ich denke daran, wie es damals angefangen hatte. Genauso. Angst! Nein, ich will das nicht noch einmal. Ich stehe auf. Hatte mir mein Therapeut geraten: „Ortswechsel, wenn sie nicht schlafen können, wieso bleiben sie dann im Bett? Stehen sie auf und machen sie was, bis sie müde werden und dann wieder ins Bett gehen." O.k. Tai Chi, morgens um 5.00h, na toll. Jetzt mal halblang. Was Probleme macht: Klären, dass es raus kommt, aus dem Kopf. Also gleich am Morgen zum Chef rein, das nehme ich mir vor.

Mache ich auch, nur ist er an dem Tag nicht da, das hatte ich vergessen. Ich schalte meinen PC ein. Ich werde unruhig. Ich muss das jetzt mit jemandem klären, jetzt sofort, ich muss das loswerden, mit irgendeinem Verantwortlichen darüber reden! Personalabteilung, ja genau. Die Frau war immer bei den WE Gesprächen mit dabei und hat auch Erfahrung mit dem Thema Burnout. Ich melde mich beim Kollegen und im Sekretariat ab und gehe runter in die PA. Sie ist da. Gott sei Dank. Sie nimmt sich auch Zeit. Sehr gut.

Sie macht die Therapeutin und das macht sie in diesem Moment optimal, ich schütte meinen Kopf aus.

„Ich weiß nicht warum, rational kann ich das nicht nachvollziehen, aber ich habe bei dem Gedanken im Moment die Panik. Alles ist bisher so gut gelaufen. Ich habe fast alle Projektschritte schon wieder bearbeitet und es war o.k. und jetzt so ein Rückschlag." Sie hat mehr als nur Verständnis, sie kann sich scheinbar richtig in mich hinein versetzen. „Das werden wir regeln. Ich habe ja auch mitbekommen, dass sie sehr gute Fortschritte machen, und sehr konsequent an sich arbeiten, da soll es daran nicht scheitern. Sicherlich brauchen Sie einfach für manche Dinge noch etwas mehr Zeit (damit hatte sie absolut Recht. Später habe ich genau dieses Projekt voll durchgeplant, ohne Probleme). Wir werden das Erreichte nicht aufs Spiel setzen." Dieses Verständnis und auch die Zusage der Hilfe und der Klärung in der Situation waren genau das was ich in dem Moment brauchte. Ich glaube meine Frau hat zu Hause auch den Stein rollen hören, der mir vom Herzen gefallen war. Das war an einem Freitag. Ich informierte meinen Chef noch per Mail über den Zwischenfall, vor allem, weil er auch in der folgenden Woche dann in Urlaub war.

Der Tag war gelaufen. Ich war zwar erleichtert, aber ziemlich erschöpft. Ich ging nach der Mittagpause nach Hause und versuchte erst mal wieder abzuschalten. Joggen, Wind durch die Nase, alles „raus laufen." Ich war am Abend platt und ging früh ins Bett. Samstag und Sonntag abschalten und Erholung, noch mal Joggen.

Montag konnte ich dann wieder zur Arbeit. Ich war die Woche über etwas unsicher, aber brachte alles was anstand soweit auf die Reihe. Ich achtete auf viel Bewegung, mit dem Fahrrad zur Arbeit, am Wochenende noch mal Joggen, Spaziergang mit meiner Frau, einfach Ablenkung. In der folgenden Woche war der Chef dann wieder da und wir klärten den Fall. Mein Name wurde bei diesem Projekt zunächst aus der Liste genommen. Wir einigten uns auch darüber, dass ich das Projekt nicht zwingend selbst umsetzen müsste, auch wenn ich es geplant hätte. Es könnte auch ein Kollege für die Realisierungsphase übernehmen.

Es war ein Rückschlag, den ich nicht mehr erwartet hatte. Mist, verdammter Mist! Wäre auch zu einfach gewesen, ein Durchmarsch. Dann halt noch mal von da anfangen, wo ich gerade stehe. Problem wurde gelöst ist ja auch schon mal was. Vor allem: ich hatte es nicht mehr in mich rein gefressen. Ich bin es angegangen, obwohl es mich gestresst hat. Das war auch ein Erfolg. Vielleicht sogar ein ganz wichtiger auf dem Weg nach vorne: „NEIN SAGEN", wenn´s nicht oder noch nicht geht. Und: Nicht den Mut verlieren.

Der Rest der WE verlief dann wieder eher wie die Zeit vor dem Gau, ich arbeitete mich auch bis zum 01.11.2012 wieder auf die 7,5h vor, die ich seitdem durchhalte.

Was war bei der Wiedereingliederung also zusammengefasst für mich besonders wichtig?

Grundlage ist, dass sich alle Beteiligten überhaupt erst mal bewusst sind, dass Burnout ein Thema ist, dass es akzeptiert und nicht verneint wird. „Gibt es bei uns nicht", „kriege ich nie", „ist was für Schwache".

Das gegenseitige Vertrauen ist ein extrem wichtiger Punkt aus meiner Sicht die Vertrauensbasis zwischen Vorgesetztem und MA. Der V muss sich darauf verlassen können, dass sich der MA nach seinem Vermögen engagiert (keine „Drückeberger") und damit nicht die anderen oder das Verhältnis zum V versucht auszunutzen. Umgekehrt muss der V dem MA auch vollstes Vertrauen entgegen bringen. Wenn dieser in einer Stresssituation / Ausnahmesituation Unterstützung, / Verständnis benötigt, dann muss er diese auch erhalten und nicht ausgenutzt ignoriert oder unter Druck gesetzt werden. Kein „stellen Sie sich nicht so an" , „das haben Sie früher doch auch geschafft", „muss halt gehen oder haben Sie eine andere Idee?".

Dazu gehören die offene und vertrauensvolle Kommunikation und der respektvolle Umgang miteinander. Kein Mobbing untereinander oder durch den Vorgesetzten!! Das ist tödlich. Da verbraucht man mehr Energie damit als für die eigentliche Arbeit oder Aufgabe

Dies trägt wesentlich zur Vermeidung von Angst bei. Angst erzeugt negativen Druck und Stress. Dieser kann, wenn er lange anhält und je nach Persönlichkeit auch zu depressiven Veränderungen führen.

Als positive Auswirkung erzeugt man durch Verständnis, Vertrauen und verständnisvollen Umgang beim MA. Engagement und eine positive Arbeitseinstellung, bei der man auch sehr gerne seine eigene Kreativität einbringt. Dadurch werden „Mitarbeiterpotentiale gehoben", die er ansonsten nicht einbringen würde (Dienst nach Vorschrift). Eine Darstellung habe ich in dem folgenden Diagramm versucht.

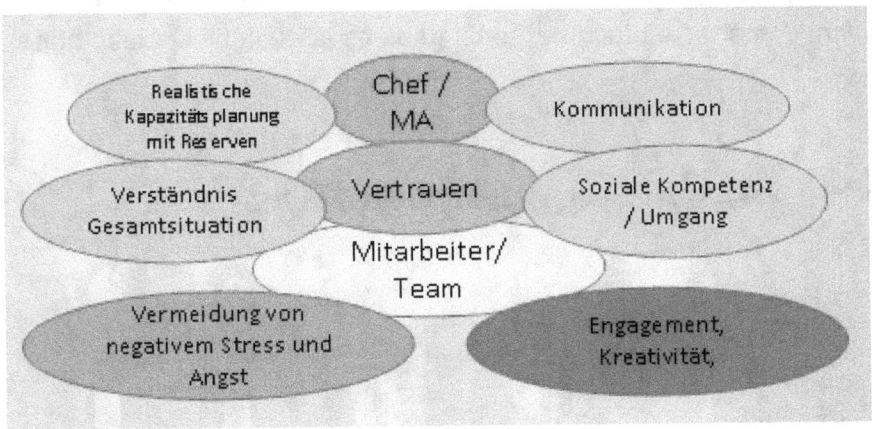

Im November folgte dann die Zeit der „Doppelspitze" während des Übergangs vom alten zum neuen Chef in unserer Abteilung. Beide Chefs waren jedoch in der Einarbeitungs- und Übergabephase von 4 Wochen sehr viel unterwegs. Der alte Chef feierte noch seinen 60igsten mit einer schönen Geburtstagstorte und die Zeit bis zu seiner offiziellen Verabschiedung verging relativ schnell. Die Verabschiedung selbst war gut gelungen und sehr emotional. Von der Abteilung taten wir unser Bestes, um unsere Anerkennung für seine Leistungen und die jahrelange gute Zusammenarbeit zu zeigen. Alles Gute für den Ruhestand. Er ist manchmal noch mit uns im Kontakt. So leicht legt man halt doch nicht 23 Jahre in der Firma ab, und es gab hin und wieder auch mal tiefere private Gespräche, die über eine oberflächliche Beziehung hinausgingen. Dann kam der „Neue."

6.) „Wieder im Job"

Dass ich in meiner Abteilung mit den Kollegen und den Vorgesetzten ein sehr gutes Umfeld hatte, um die Rückkehr in den Job zu schaffen, hatte ich ja schon beschrieben. Und ich weiß auch dass es nicht jedem von Euch so geht, leider.

Auch wenn man manchmal Angst davor hat Probleme oder Situationen anzusprechen, weil man sich vor möglichen Konsequenzen fürchtet, ist es oft doch besser diese Probleme mitzuteilen. Wenn man es nicht tut, frisst man sie in sich hinein und es wird mit der Zeit auch nicht besser. Vor allem weiß der andere nichts davon und denkt es ist alles in Ordnung. Man sollte sich möglichst auch eine Notstrategie überlegen, was mache ich, wenn es keine gemeinsame Lösung für die Situation gibt. Auf jeden Fall sind das Problem und der innere Druck dann schon mal „raus." Eigentlich sollte die gemeinsame Lösungssuche ja auch der Normalfall sein. Mir ist auch klar, dass das nicht immer so einfach ist, sonst gäbe es ja auch nicht diese hohe Anzahl an Betroffenen.

Problemhandling z.B. Arbeitsplatz:

➢ Problem formulieren
➢ Problem bei Beteiligten ansprechen,
(nicht in sich rein fressen,
Angst überwinden)

Verständnis:
➢gemeinsame Lösung suchen

Kein Verständnis:
➢Versuch damit zu leben
➢Verhaltensänderung
➢Plan B

Heute ist der 11.09.2013.

Ich sitze mal wieder am Flughafen in Schweden um 17.30 Uhr. Ich bin müde, ziemlich geschafft. Aber ich bin auch zufrieden, sehr zufrieden.

Vor 2 Tagen begann der einigermaßen stressreiche Trip zur Test und Inbetriebnahme eines Kommissionierautomaten. Zuerst mal der Stau auf der Autobahn nach Frankfurt. Sicherheitshalber plane ich immer 45 Minuten Pufferzeit ein. Diesmal war der Puffer 30 Minuten zu kurz, wegen Baustellen. Sprint vom Parkplatz zum Flugticketautomaten und zur Gepäckkontrolle. „Mein Flug boarded in 5 Minuten, können sie mich bitte irgendwie an der Schlange vorbeischleusen?" „Wo fliegen Sie hin?" „Schweden, geschäftlich, Besprechungstermin." „Haben Sie spezielles Gepäck dabei?" „Nein." „Gehen Sie bitte hier durch die VIP Abfertigung." „Oh, ja gerne , vielen Dank." VIP Abfertigung: „Haben Sie ein Handicap?" Wieso, ich spiele doch gar kein Golf, denke ich. Wink von hinten: „Er ist spät dran, fast Lane reicht nicht mehr, ist ja gerade nicht viel los, bitte kontrolliert ihn." Uff, geschafft. Kontrolle beendet, es ist genau Boarding Zeit. Nichts wie zum Gate. 10 Minuten komme ich zu spät nach Boardingbeginn am Gate an. Alle stehen noch da, nur das Flugzeug ist noch nicht ganz gecheckt. Das Boarding verzögert sich. Aber immerhin, hab´ den Flug noch erreicht. Erster Stress schon mal vorbei.

Im Flugzeug: Steward verschüttet versehentlich einen Becher Kaffee über mein Hemd und Hose. Ja genial, der Tag beginnt optimal. 1000 mal Entschuldigung und ein Einkaufs-Voucher von Lufthansa über 25 Euro. Na, der ist wenigstens kulant, zumal die Kaffeeflecken später ganz gut rausgehen.

In der Niederlassung angekommen erfahre ich dann den richtig großen Hammer für den Tag. Super Gau in der Fördertechniksteuerung. Sortierpuffer für die Auslieferbehälter funktioniert nicht. Puffer steht mit 1000 Kisten voll. Die Produktion kann nicht weitermachen, weil der Rest der Anlage blockiert ist. Alles muss im Notbetrieb am Sortierpuffer vorbei in den Versand geschleust werden und manuell bearbeitet werden. Es ist überhaupt fraglich, ob wir unsere Anlagentests, für die ich und die Zulieferfirma angereist sind, an dem Abend durchführen können. Klasse! Jackpot!

Krisensitzung nachmittags: Wie machen wir weiter?

Nach langen Überlegungen und einer Telefonkonferenz mit dem technischen Vorstand in Schweden finden wir eine Lösung, mit

Terminverschiebung des Go live Termins, können aber mit ein paar provisorischen Tricks unsere Anlagentests am gleichen Abend und am Folgetag retten. Sonst wäre die Tasse Kaffee über der Hose richtig für die Katz gewesen.

Die Tests verlaufen wider Erwarten sehr gut, erster Tag Einsatz von 7.00 bis 24.00 Uhr. Danach schlafe ich bis 11.00 Uhr morgens und komme erst zur Mittagspause in die Firma, da tagsüber der Normalbetrieb läuft. So viel Zeit muss sein. Ich konzentriere mich auch nur auf meine Aufgabe vor Ort. Keine anderen Mails, keine Telefonate von parallelen Projekten. Mein Job ist in der Zeit nur auf der Baustelle, auf der ich gerade bin. Da hab' ich genug um die Ohren. Das ist auch so mit meinem Chef besprochen. Zweiter Abend wieder bis 24.00 Uhr testen. Danach nehme ich eine Tablette zum Einschlafen, damit die Ruhephase stimmt. Heute Morgen dann noch mal Abschlussmeeting mit Fazit und weiteren Schritten, Maschinenkontrolle, und um 16.00 Uhr wieder zum Flughafen, wo ich jetzt gerade sitze. Am Samstag werde ich wieder kommen und die zweite Testphase durchführen.

Warum beschreibe ich das alles?

Es war anstrengend, aber ich konnte es bewältigen. Ich habe damit den letzten Schritt meiner alten Tätigkeiten wieder geschafft. Ich bin wahnsinnig froh und sehr zufrieden darüber, trotz der Müdigkeit und obwohl ich k.o. bin. Ich habe jetzt davor keine Angst mehr es könnte nicht klappen. Ich bin wieder sehr weit gekommen, ich fühle mich gut.

Es war anstrengender als früher und ich brauche das nicht jeden Tag. Ich werde auch morgen und übermorgen wie mit dem Chef besprochen frei nehmen, als Zeitausgleich, um zu relaxen, was ich früher nicht gemacht habe.

Am wichtigsten war aber, dass ich in den Stresssituationen anders reagiert habe als früher. kontrollierter, ruhiger, souveräner. Es hilft nichts sich aufzuregen, wenn es sowieso schon brennt. Natürlich macht man dadurch mehr Druck auf die Beteiligten. Das schafft man aber auch durch Verdeutlichung der kritischen Situation und der möglichen Konsequenzen. Ich habe mich bestimmt 20 mal „runtergeatmet" in den 2 Tagen, wenn ich bemerkt habe, dass Amygdala mal wieder Luft holen will. Und ich bin 3 mal in einer Pause die Treppen gelaufen oder habe Kniebeugen gemacht. Das war aber alles nicht wirklich kritisch. Ich habe es geschafft mein spontanes

Verhalten emotional besser in den Griff zu kriegen und zwar mit eigenen Bordmitteln. Nicht mit Medikamenten. Das ist für mich entscheidend.

Jetzt weiß ich, dass ich unter Beachtung der entsprechenden Rahmenkriterien, wieder so ziemlich alle Arbeiten von früher machen kann. Nicht mehr in so kurzer Zeit, in der hohen Dichte, mit Entspannungsphasen oder Pausenzeiten, mit Anreise am Vortag und nicht morgens vor Sonnenaufgang, mit Auszeiten in Besprechungen, die ich mir nehme, aber es geht.

Das ist ein irres Gefühl im Vergleich zu der Panik vor dem vollen Geschirrspüler vor 18 Monaten. Das hat lange gedauert, aber die Arbeit und Disziplin hat sich gelohnt!!

Ich muss mein Verhalten in dieser Richtung konsequent beibehalten und weiter verbessern, das ist das Ziel.

Die 70% auf dem Papier habe ich bei meiner Arbeit nicht im Kopf. Erstens ist das schwer zu messen, vorher habe ich ja offensichtlich für meine Person und mein persönliches Leistungsvermögen zu viel gemacht, sonst wäre es nicht so weit gekommen, also von welchem Grundwert aus messe ich dann die 70%, was wäre vorher richtig gewesen? Zweitens sehe ich auch, was ich im Vergleich mit den neuen Kollegen noch so drauf habe und was Erfahrung im Beruf bei einer speziellen Tätigkeit ausmacht. Dafür vermeide ich Fehler, und kann meine Erfahrung an die neuen Mitarbeiter weitergeben, dafür kann ich ein Förder- und Lagertechnikprojekt von der Ist-Aufnahme bis zur Inbetriebnahme komplett alleine abwickeln, ohne weiteren Support, incl. Zeichnungen, Ausschreibungen, Angebotsvergleiche, Werkvertrag und Abnahme. Das spart Schnittstellen und Zeit. Somit dauert es in Summe vielleicht gar nicht mal wirklich länger. Ich versuche möglichst schnell mein spezifisches Knowhow an die neuen Kollegen weiter zu geben. Das ist für uns alle von Vorteil. Auch für das Unternehmen.

In unserem Bereich z.B. braucht ein neuer Mitarbeiter ca. 2 Jahre, bis er bei der Projektarbeit selbst richtig und eigenverantwortlich laufen kann, plus den Zeitaufwand der erfahrenen Mitarbeiter, die ihn einarbeiten.

Bei einem Bekannten, der im Krankenhaus war und am Herzen operiert wurde, hatte der Chef am Operationstag im Krankenhaus auf dem Handy angerufen, dass er unbedingt noch ein paar Informationen brauchen würde. Der Mann war vorbereitet für die OP und bekam gleich darauf die Betäubungsspritze. Er solle bitte nach der OP so schnell wie möglich zurück rufen. Kein Genesungswunsch, kein „alles Gute", kein Blumenstrauß für die Familie oder Ähnliches. Dazu fällt mir nichts mehr ein. Solche Menschen sind auch psychisch krank, vielleicht für ein Unternehmen nützlich, weil sie für ihre Arbeit sterben würden (was dann gelegentlich ja auch passiert), aber auch krank. Diese Darstellung ist nicht erfunden. Gott sei Dank arbeite ich nicht in einem solchen Unternehmen und musste auch nie eine ähnliche Erfahrung machen.

Ich sitze im Flughafenbistro und schaue nach draußen, ich beobachte wie ein Flugzeug abhebt, aufsteigt und am Horizont verschwindet. Ich schaue nach oben, danke!

Ach ja, einen Tag später habe ich in der Ältestenkreissitzung den nächsten Schritt auch getan.

Im Dezember 2013 sind die nächsten Wahlen für den Ältestenkreis der Gemeinde. Ich habe lange überlegt, weil diese Arbeit immer Spaß gemacht hat. Viel Spaß. Es war kein trockenes und langweiliges Gremium. Wir haben auch viele junge Leute, die sich in der Gemeinde engagieren. Aber es ist inzwischen sehr zeitaufwändig geworden. Vor allem die Umbaugeschichte mit der Kirche und der Abriss des alten Gemeindehauses. Das war mein Schwerpunkt in der Gemeinde. Seit 6 Monaten meist wöchentlich einen Jour Fix Termin zur Planung zusätzlich, viele Diskussionen beim Umzug aus dem alten Gemeindehaus, das verkauft wird, in eine provisorische Lösung im alten Pfarrhaus. Das alles kostet zu viel Zeit und Kraft und ist, bezogen auf das was für mich und meine Familie wichtig ist, ein absoluter Nebenschauplatz. Ich muss mich auf das konzentrieren, was ich leisten kann. Dazu gehört diese Arbeit nicht mehr. Es fällt nicht leicht, weil auch soziale Kontakte damit verbunden sind und ich etliche tausend Stunden in den 15 Jahren in diese Arbeit gesteckt habe. Man macht das nicht freiwillig, wenn man keinen Spaß daran hat oder wenn es dir nichts bringt.

Gestern Abend im ÄK habe ich dann mitgeteilt, dass ich aus beiden Gremien, dem ÄK und Bauausschuss zurück treten werde und nicht mehr nach der Wahl zur Verfügung stehe. Das schafft im Kopf und im Kalender einigen Platz für die Familie und Freizeit. Das tut gut.

One more step forward.

Damit gibt es mehrere der anfangs geschilderten „Baustellen" neben dem Beruf nicht mehr:

- Leitendes Ehrenamt in der Kirchengemeinde und
- „2 Baustellen" im eigentlichen Sinn (SPO und Hausumbau).

Wenn was Größeres ansteht, dann gibt es dafür auch Handwerker, in St. Peter Ording oder in Mannheim. Das schafft jetzt den erforderlichen Freiraum zum Abschalten neben dem Beruf.

Aber Achtung: 20.11.13, Abteilungsbesprechung: nach 1,5h wieder starkes Symptomprogramm. Entspannung in der Sitzung hatte nicht funktioniert, Wasser trinken, Atmung und runter fahren reichte nicht aus. Musste den Raum verlassen, im Entspannungsraum Treppen laufen, 30 Liegestütze, Bauchaufzüge und Kniebeugen, danach Atementspannung auf der Liege. Nach einer halben Stunde war es besser, aber nicht ganz vorbei. Nach dem Essen wurden die Symptome noch mal besser. Das hätte ich nicht erwartet. Was habe ich falsch gemacht? Wahrscheinlich in den letzten Tagen zu wenig Pausen und zu viele Dinge hinter einander. Auch die Notizzettel haben wieder zugenommen. Ich muss mehr auf Ausgleich achten. Und vor allem: War in der letzten Zeit oft am Wochenende geschäftlich unterwegs. Habe zwar die Ausgleichstage immer gleich genommen, aber der Sport fehlt mir sehr. Wegen dem schlechten Herbstwetter war ich 6 Wochen latent erkältet und konnte auch nicht mit dem Fahrrad zur Arbeit. Kein Sport, das rächt sich.

Ich gehe jetzt nach Hause und freue mich auf den Ausgleichstag morgen und die Sauna. Ein Arztbesuch ist sicherlich zur Kontrolle auch nicht schlecht. Muss mal einen Termin vereinbaren. Es geht also nicht nur bergauf. Am nächsten Tag bin ich beim Hausarzt er schreibt mich einen Tag krank. Ich habe ein „verlängertes Wochenende."

„Das kann auch abhängig von der Tagesform sein Herr Dietrich. Haken Sie den Tag und den Zwischenfall einfach ab. 2-3 Tage abschalten und sie sind wieder fit." Er hatte Recht. Eine „Relaxeinheit" übers Wochenende im Saunabad und 1km Schwimmen und ich fühle mich wieder besser. Die folgende Woche mache ich etwas langsamer. Montags ein kurzes Gespräch mit dem neuen Chef: „Herr Dietrich, das ist schon in Ordnung, Sie brauchen sich nicht zu erklären. Sie haben mich darüber am Donnerstag informiert. Das ist ausreichend. Sie handeln wie es für sie richtig ist. Wenn ich Ihnen helfen kann sagen Sie Bescheid. Ansonsten bin ich absolut zufrieden, wie Sie mit ihrer Situation umgehen."

Heute am 03.12.13 sitze ich in Budapest und habe gestern genau den Anlagentest durchgeführt, bei dem ich vor 2 Wochen verschieben musste. Es war also nicht das Einzelereignis, das ich nicht geschafft hätte, es war doch mal wieder die zu große Anhäufung mehrerer Anforderungen (Termine, Reisen, Inbetriebnahmen) hintereinander. Wenn man die Ursache kennt sollte man sie vermeiden.

7.) Der alte und der neue Chef:

Sonntag der 29.09.2013: Ich sitze im Zug zurück nach Mannheim auf dem Weg zum Geburtstag unserer Kleinen. Hat alles gut geklappt mit der Inbetriebnahme jetzt am Wochenende und der Rechnerumstellung in der Niederlassung. Ich bin so richtig gut gelaunt und auf die überraschten Augen der Tochter gespannt, weil sie nicht weiß, dass ich früher nach Hause komme als geplant. Im Speisewagen bei einem schönen Salat und einem bleifreien Hefeweizen, was kann man da schreiben, nachdem das Mängelprotokoll schon fertig ist? Genau, über den alten und neuen Chef..

Warum will ich ein paar Zeilen über meine letzten beiden Vorgesetzten schreiben? Weil beide Persönlichkeiten sehr wichtig in meinem Leben sind. Beim ersten habe ich 15 Jahre meiner Arbeitszeit verbracht und die größten und schwierigsten Projekte in meinem Berufsleben durchgezogen. Auch der persönliche und private Kontakt während der Arbeit hat mich Einiges gelehrt. Von Ihm habe ich einen großen Teil meines „Rüstzeuges" für das Projektmanagement gelernt. Nicht zu vergessen die legendären Kohl- und Pinkel Touren an den Weihnachtsfeiern.

Der Zweite, „der Neue", ist insofern ein „Glücksgriff", weil er mir durch sein sehr großes Verständnis und Entgegenkommen nach der Phase der Wiedereingliederung in den Job, genug Zeit gelassen hat mich wieder in die Projekte zurück zu arbeiten und, zumindest bis jetzt, dauerhaft stabil zu werden.

Ich schildere, wenn natürlich auch nur subjektiv möglich, nur das was für mich selbst wichtig ist und war.

Wenn sich jemand in unserem Unternehmen um etwas verdient gemacht hat, dann gehört unser ehemaliger Chef auf jeden Fall dazu. In den 15 Jahren, die ich mit Ihm zusammen gearbeitet habe hat er seine gesamte Arbeitszeit dem Unternehmen gewidmet. Er war oft mit dem Vorstand auf Geschäftsreise. Er hat Beurteilungen von Unternehmen mit durchgeführt, die ggf. übernommen werden sollten, er hatte mit einem höheren zweistelligen Millionen-Budget jährlich den größten Ausgabeposten des Konzerns zu verantworten. Und er sagte selten „nein", wenn eine Aufgabe an ihn heran getragen wurde.

Sein Fachwissen war sehr breit, egal welche Bereiche unserer Projektarbeit das Gewerk betraf. Er war von Anfang an auch sehr tief in den Projekten beteiligt und wir alle haben einen Großteil unserer Projekterfahrung in seiner Abteilung erworben. Wir schätzen ihn alle dafür sehr. Ich hatte vorher 8 Vorgesetze in 5 unterschiedlichen Unternehmen. Keiner von ihnen konnte vom Fachwissen her mit ihm mithalten. Bei seiner Verabschiedung sagte er über sich: „Ich hatte auch immer den Ansporn, die mir gestellten Aufgaben bestmöglichst zu erfüllen."

Er war in der Lage nach **einem** Rundgang in einem Vertriebszentrum die wesentlichen organisatorischen Probleme aufzuzeigen. Und er konnte auf einer DIN A4 Seite alle erforderlichen Grundzüge einer neu zu planenden Niederlassung als Grobkonzept mit Abmessungen nach einer Standortbesichtigung aufzeichnen.

Seine Termine waren immer straff organisiert und eventuelle Protokolle diktierte er auf der Heimreise, damit sie zu Hause gleich geschrieben werden konnten.

Wir hatten bei den Projekten eine große Verantwortung, die Aufgaben waren klar und eindeutig verteilt und wenn es mal kritisch wurde konnte er uns auch seine Rückendeckung geben, wenn mal was „versemmelt" wurde. Er wollte immer über den aktuellen Stand unserer Projekte informiert sein. Wenn etwas drohte aus dem Ruder zu laufen sprang er mit ein.

Nach dem Krankenhausaufenthalt hatte er mich auch zu Hause besucht und wir haben über die weitere Zeit gesprochen. In der Reha hatten wir miteinander telefoniert und er ermutigte mich den alten Job wieder aufzunehmen mit den Worten: „Herr Dietrich, richten Sie sich die Wiedereingliederung so ein, wie Sie das für richtig halten und so, wie Sie es brauchen. Wir freuen uns alle, wenn Sie wieder bei uns arbeiten und zurückkommen." Das war zu dem Zeitpunkt ein sehr wichtiger Satz für meine Entscheidung und den Wiedereinstieg in die Arbeit. (wie oben schon erwähnt) Ich fühlte mich auch frei und ohne Erfolgsdruck, was damals eine große Erleichterung war. Wegen diesem Satz und der Rückendeckung meiner Kollegen fasste ich den Entschluss wieder an meinen alten PC zurück zu kehren. Ich wollte wieder „zurück zur Truppe." Dafür bin ich Ihm und den Kollegen dankbar.

Die Wiedereingliederung habe ich im anderen Kapitel detaillierter beschrieben. Es traten genau die Probleme auf, auf die wir in der Reha auch gestoßen waren. Das Gefühl der Überforderung, die Angst vor einem Versagen. Die Angst vor erneuten Symptomen bis hin zu der

Hyperventilation und die Angst vor einer Blockade oder Panikattacke. Genau das alles passierte auch. Bis auf die konkreten Herzsymptome hatte ich alles in der Wiedereingliederungsphase noch mal durchgemacht. Vor allem die Panikattacke bei dem einen Projekt. Ich konnte nichts dagegen tun, sie kam einfach auf mich zu gerollt. Amygdala war noch nicht soweit. Ich musste alle Register der Reha ziehen, alle, und auch einen Tag zu Hause bleiben. Und ganz langsam schaffte ich es. Heute, wenn ich diesen Teil schreibe, bearbeite ich genau das Projekt. Die Detailplanung ist von mir abgeschlossen. Das Planungsbudget über mehrere Millionen Euro habe ich erstellt. Ein neuer Kollege unterstützt mich dabei. Und es ist ein Riesenerfolg für mich, dass ich die Angst davor verloren habe (Gruß an AMIE). Damals hatte ich Panik, weil der Name in der Planungsliste stand. Jetzt war ich vor Ort und habe selbst das Planungskonzept in einer mehrstündigen Präsentation vorgestellt. Einfach nur der Wahnsinn für mich!! Ich habe es geschafft!! Dazu hat im Übrigen unser neuer Chef wesentlich dazu beigetragen.

Am 01.11.2012 sollte er kommen, der „Neue."

Unsicherheit! Wie wird das werden? Neue Besen kehren gut, und ich bin der mit dem größten Handicap. (Kein Golfspieler) Der Neue muss sich ja auch profilieren, bin ich da hinderlich, wie wird die Erwartungshaltung sein? Können wir miteinander oder nicht? Ist er ein Chef „von oben runter" oder einer von uns? Wird er versuchen die Abteilung zu vergrößern und Druck rauszunehmen oder wird dadurch der „Wettbewerb in der Abteilung" eröffnet? Hat er Ahnung von unserem Job oder schwebt er über den Dingen? Keine Ahnung. Eines wissen wir, er kommt von einem Logistik-Planungsbüro und hat eine Familie mit 3 Kindern. Hört sich erst mal brauchbar an, hat also wahrscheinlich Ahnung von dem, was wir hier machen und mit 3 Kindern auch Verständnis für eine familiäre Situation. Na schauen wir mal. Mein Notfallplan mit dem Kredit habe ich ja immer noch in der Tasche, falls es dann doch schief laufen sollte. Danke Herr Carnegie!

Ich hatte notfalls ja auch noch meine Bescheinigung über 30% Behinderungsgrad. Warum habe ich die nicht gleich bei der Wiedereingliederung auf den Tisch gelegt? Zum einen war ich unsicher, wie das beim „Neuen" ankommt. Zum anderen wollte ich mich generell von Anfang an nicht darauf „ausruhen." Das Ziel war wieder ein ganz normales Leben zu führen, ohne irgendeinen Ausweis in der Tasche, den man ziehen kann. Nur in Notfällen. Und am Wichtigsten war einfach: Ich musste es ignorieren, weil ich wieder „zurück auf die Bahn" wollte. Mit Vorsicht und nicht mehr die gleichen Fehler machen wie vorher. „Nein" sagen, wenn es sein muss, meine Grenzen kennen, meine Gesundheit und Familie priorisieren. Genau. Aber das Leben geht auch weiter. Und ich will das Beste daraus machen. Was kümmert mich da ein Stück Papier, es kommt auf mich darauf an. Meine Güte! Wenn alles einigermaßen läuft, dann habe ich noch 30 Jahre vor mir, da kann man noch was bewegen. Nicht mehr die Welt aus den Angeln heben (wollte ich eh noch nie), aber sie bereisen und die Enkel genießen und an der Nordsee mit Marliese am Flutsaum spazieren gehen und den 234igsten Sonnenuntergang bewundern und dann mit dem Rollator wieder in die Ferienwohnung zurück. Genau das, es gibt noch so viele Möglichkeiten. Vielleicht auch als „Vorleseopa" im Kindergarten oder als ältester Student an der Uni ist doch wurschtegal, so lange es Spaß macht. Und Spaß macht nicht bei 70% auf dem Papier halt. Das habe ich spätestens aus dem Film „Ziemlich beste Freunde" gelernt. Warum ist dieser Film so ein Kultfilm geworden? Klar, auch wegen den Gags die drin sind. Aber für mich war es dieser Lebenswille, die Lebenskunst und der unbändige Humor und die positive Einstellung des an den Rollstuhl gefesselten Hauptdarstellers im Zusammenspiel mit seinem Pfleger. Das war der Wahnsinn.

Ja, und dann kam er, der Tag an dem der „Neue" kam.

Der erste Tag war eigentlich gar nicht so schlimm, weil er gar nicht da war, der „Neue". Genauso waren die ersten 4 Wochen der Übergangszeit. Da waren nämlich der „Alte" und der „Neue" so gut wie immer zusammen unterwegs, die verschiedenen Niederlassungen und Vertriebszentren (VZ) des Unternehmens in Europa zu besuchen und auch die unterschiedlichen Ansprechpartner, Vorstände und Logistik-Direktoren der Tochtergesellschaften kennen lernen. Ein straffes Programm. Maximal 3 Tage in diesen 4 Wochen flitzte der „Neue" mal über den Gang, winkte freundlich in die Büros, grüßte jeden und war dann wieder dabei Niederlassungen zu besuchen und Flugmeilen zu sammeln.

Bei einem der wenigen Termine im Hause hatte sich der „Neue" formell bei uns in der Abteilung vorgestellt. Lebenslauf, Werdegang, Familienstand, wichtigste Projekte, Ziele usw. das übliche Programm? Aber nicht ganz. Im Ohr blieb mir hängen: „Es wird Veränderungen geben, das ist normal. Ich denke wir werden die Anzahl der Mitarbeiter erhöhen müssen und auch neue Aktivitätsbereiche angehen."

Zu Mitarbeitermotivation: „Jeder Mitarbeiter ist von Natur aus motiviert, sonst würde er seinen Job erst gar nicht machen." (sinngemäß)

Dann kam die Verabschiedung des „Alten." Ziemlich bewegend, großer Bahnhof. Viele, auch aus seiner früheren Zeit, waren da. Vorstandsreden, ganz klar. Wir hatten uns auch Mühe gegeben, mit Abteilungsfrühstück, Geschenk, Bildband über 23 Jahre Projektarbeit und am Ende verabschiedete er sich vor versammelter Mannschaft mit bewegenden Worten. Er dankte für das ihm entgegen gebrachte Vertrauen und vor allem uns, seinen Mitarbeitern, dass wir die ganzen Jahre unter großem Einsatz mit ihm zusammen die Projekte umgesetzt haben. Und ich glaube in diesem Moment spürte er ein bisschen: Er würde uns vermissen. Diese Reaktion machte den Abschied sehr bewegend. Er schrieb auch eine Woche später an jeden von uns noch mal einen persönlichen Brief.

So! Der „Alte" ist weg, nur noch der „Neue" da. Mit dem „Alten" ging auch die „Alte" Sekretärin (ist bereits in Rente) die zweite starke Frau hinter dem Mann, der die Abteilung 23 Jahre lang geführt hatte. Sie war auch sehr, sehr oft ein Fels in der Brandung und man konnte sich blind auf sie verlassen. Wir mochten Sie alle sehr. Auch das war eine große Veränderung. Sie hatte uns organisatorisch voll im Griff und Sie war ein sehr großer Rückhalt. So ganz stressfrei war dieser Job nicht. Sie war eigentlich schon früher gegangen und wir hatten eine tolle Verabschiedung gefeiert. Aber zur Einarbeitung der Nachfolgerin wurde sie noch mal „reanimiert" im positiven Sinne, um einen guten Übergang im Sekretariat zu gewährleisten. Sie selbst und ihre gelegentliche Vertretung von Früher, die heute übrigens Teilzeit arbeitet, schafften den Übergang dann mit Bravour.

Jetzt geht es endlich los mit dem „Neuen"!

Erster Akt: Es gibt persönliche 4 Augen Gespräche mit jedem von uns. 2-3 Stunden einplanen, einen Termin vereinbaren im Sekretariat, Zeitraum: Innerhalb von 2 Wochen. Dann, in den nächsten 4 Wochen sucht sich jeder von uns einen Projekttermin auswärts aus, mit Projektpräsentation oder Gespräch vor Ort, bei dem der „Neue" mitfährt. „Sie bereiten den Termin vor. Ich bin nur Zuhörer. Ich bin praktisch nicht anwesend."

Mein 4 Augen Gespräch war sehr offen. Er berichtete noch mal kurz von sich, dann war ich dran. Familie, Werdegang, Schwerpunkte, was ich denn so gerne weiterhin machen würde. Ich war sehr aufgeregt dabei, obwohl er hinterher meinte er hätte gar nichts gemerkt. Dann kam ich zur

Gretchenfrage. Ich hatte mir fest vorgenommen diesen Punkt von mir aus anzusprechen, offen, gleich von Anfang an. „Ich möchte Ihnen noch sagen, dass ich zwar von der Stundenanzahl wieder normale Arbeitszeit habe, dass ich aber aufgrund von meinem Burnout und meinem Ausfall im letzten Jahr noch nicht voll belastbar bin gegenüber vorher und ich auch zum jetzigen Zeitpunkt nicht sagen kann in wieweit sich das alles wieder regeneriert."

„Das ist gut und sehr offen, dass Sie das von sich aus ansprechen. Die Personalabteilung und mein Vorgänger hatten mich darüber informiert. Ich halte das für sehr mutig von Ihnen. Ich mache Ihnen folgenden Vorschlag: Ich gebe Ihnen 1 Jahr Zeit, um wieder auf den Stand zu kommen, den Sie für auf Dauer akzeptabel halten. Dann reden wir wieder neu über die Situation. Wenn es für Sie o.k. ist, dann würde ich mich darüber freuen, wenn Sie mir regelmäßig eine Rückmeldung geben, wie es Ihnen geht. Wenn Sie mal eine Auszeit brauchen, egal aus welchem Grund informieren Sie mich telefonisch oder per Mail, dann ist das in Ordnung. Ansonsten teilen Sie sich Ihre Arbeit selbst ein. Ich kann Ihre Leistungsfähigkeit zu diesem Zeitpunkt nicht einschätzen, das können nur Sie. Ich kann dann sehen, was dabei herausgekommen ist."

Das hört sich erst mal gut an, darauf kann ich aufbauen. Da hatte ich bei einem neuen Vorgesetzten mit wesentlich mehr Erfolgsdruck gerechnet. Also dann schauen wir mal, was geht.

Auf unseren ersten gemeinsamen Präsentationstermin am 12. Dezember 2012, also ca. 2 Wochen später, bereite ich mich intensiv vor. Auch um selbst sicher zu sein, weil ich die Präsentation auf Englisch zum ersten Mal wieder selbst halten werde und auch den Nachmittag mit dem Lieferantengespräch zumindest teilweise die Diskussion moderieren werde. Ich arbeite die Präsentationsunterlagen ziemlich detailliert aus. Dann habe ich ein Gerüst für meinen Vortrag, bin selbst schon mal entsprechend in der Materie drin und habe auch eine gute Unterlage zum Nachlesen für die Kollegen vor Ort.

Die Mitarbeiter und den Logistikdirektor vor Ort kenne ich gut von früheren Projekten. Wir verstehen uns bestens. Alle wissen über mich Bescheid, volle Akzeptanz, dass ich das Projekt bearbeite. Sie fragen auch in den Pausen mal nach wie`s denn so geht. Ich teile vorher kurz mit, dass es sein kann, dass ich unterbreche, das ist nicht schlimm, ich brauche dann nur eine kurze Auszeit, für den Notfall ist dann der Chef da, jeder weiß Bescheid, alles klar. Die Präsentation fängt an, erste Folie, ich stehe auf und begrüße erst mal alle offiziell. Ich denke an die erste Morgenrunde damals in CB und den Kloß im Hals. Mit ein paar allgemeinen Sätzen komme ich besser in Redefluss. Es läuft an. Die 2te Folie. Ich schaue die Folie an mit dem Rücken zum Auditorium. Keiner kann mein Gesicht sehen. Ich fühle mich gut. Das ist meine Chance. Keine Hürde, sondern Chance! Und ich will sie nutzen! Ich schmunzle leicht, keiner kann es sehen. „Auf geht´s Amie, lass uns tanzen", sage ich ihr und Sie nimmt meine Hand. (echt schmalzig oder? aber schöööön und es war ein richtig geiler Moment....)

Eine sehr lockere und unkomplizierte Atmosphäre. Die 3 stündige Präsentation läuft super. Auch bei Rückfragen komme ich nicht aus dem Tritt, kann Antworten geben oder auch mal am Flip Chart skizzieren. Ich merke auch eine gewisse innere Euphorie, ein Erfolgserlebnis, das richtig beflügelt. Aber ich muss auch aufpassen. Ich bemerke, wie meine innere Anspannung und der gesamte Pegel ansteigt. Ich fange an schneller zu werden und mich zu versprechen. Langsam, bewusst langsamer machen. Ich nehme Gas raus, ganz bewusst, rede langsamer, atme langsamer. Wenn ich nicht rede atme ich tief ein und auf dreimal aus. Das merkt niemand. Trotzdem, ich brauche eine Pause. Jetzt beim ersten Mal nur nichts versemmeln! Eine Pause nach 1,5 Stunden gönne ich mir dann, alle sind einverstanden. Die Raucher freuen sich am meisten. Einmal lüften, eine Runde Kaffee, 20 Minuten später und nach 7 Runden Tai Chi auf der Terrasse geht´s wieder weiter. Es ist ein schönes Gefühl. Ich bleibe jetzt bewusst ruhig und lasse mich nicht treiben. Mehrere Rückfragen ordne ich in der Reihenfolge oder bitte einfach um Ruhe. Das klappt. Egal was heute noch kommt, ich habe den Anfang wieder geschafft. Ja!!

Alle sind zufrieden mit dem Meeting und der vermittelten Info. Dann ist Mittagspause. Ich kann das Essen so richtig genießen jeden Bissen. Es ist einfach genial. Wie das Lieferantengespräch heute Mittag läuft ist inzwischen zweitrangig, der Probelauf hat geklappt!

Am Mittag geht es dann noch mal 3h. Der neue Chef springt dann ab und zu für mich ein, das ist absolut o.k.

Am Abend sind wir alle sehr zufrieden. „Und wie war´s für Sie?" fragt er mich. „Ich bin sehr froh, wie es gelaufen ist. Ich habe auch meine „Werkzeuge" gut einsetzen können und ich glaube es gab gar keinen großen Unterschied zu einem normalen Besprechungsverlauf. Für mich war es sehr gut, auch wenn ich jetzt erst mal wieder vor dem Abendessen runterfahren muss." „Ich kann nur sagen", antwortete er „für mich war das eine ganz normale Besprechung, ich habe keinen Unterschied festgestellt, Sie waren mit den Unterlagen sehr gut vorbereitet und konnten auf alle Fragen antworten. War doch gut."

Erleichterung, Riesenerleichterung......

Nächster Schritt:

Vor 3 Monaten hatte ich diesen Black Out, weil mein Name in der Planungsliste hinter einem bestimmten Projekt stand, das ein Duplikat von dem war, bei dem mein Crash passierte.

Chef: „Herr Dietrich, wir haben jetzt Mitte Dezember, machen Sie doch bitte bis Ende Februar irgendeinen gemeinsamen Termin aus, an dem wir beide die alte Niederlassung mit dem bereits von Ihnen realisierten Umbau und dann die Neue, noch im alten Zustand, besuchen. 2 Tage mit Anfahrten. Nur anschauen, ich war in beiden nur kurz und möchte das mal anschauen und im Detail sehen, was da alles gemacht wurde."

O.k. da habe ich ja noch etwas Zeit, denke ich.

Im Januar fühle ich mich gut nach den Ferien, sein Terminkalender ist schon wieder etwas voll, den nächsten freien Termin für uns beide nehmen wir.

Zuerst haben wir die bereits umgebaute Niederlassung im Visier. Läuft gut, steht ja nichts Großes an. Auch ich sehe jetzt die Anlage mal fertig, die mein Kollege im zweiten Bauabschnitt dann komplettiert hat.

Abends sitzen wir dann bei einem Bier noch gemütlich zusammen, er und ich: „Ich finde das ganz gut, wie Sie das bis jetzt hinkriegen, mit Ihren Methoden und Pausen. Und Herr Dietrich, ganz offen gesagt, am meisten nutzen sie auch der Firma, wenn sie arbeiten können. Da ist es egal ob sie zwischendurch mal einen Tag Pause machen müssen oder früher gehen. Es wird um ein Vielfaches teurer, wenn Sie öfter länger ausfallen und wochenweise nicht zur Verfügung stehen. Nehmen Sie sich daher Ihre Auszeiten wie Sie sie brauchen. Informieren Sie mich wie besprochen, dann ist das o.k. Ich habe gesehen wie Sie sich für Schweden vorbereitet und die Präsentation gehalten haben. Ich weiß, dass Sie das nicht ausnutzen. Ich vertraue Ihnen."

Da wäre ich ja bescheuert, wenn ich so eine Vertrauensbasis und das gegenseitige Verständnis ausnutzen oder in Gefahr bringen würde. Einen größeren Fehler könnte ich nicht machen. Also weiter so, in kleinen Schritten mit Sicherheit nach vorne, das ist das, was allen am meisten nützt.

Am zweiten Tag der Rundreise besuchen wir die Niederlassung, die noch umgebaut werden soll, das Projekt, hinter dem mein Name stand, als ich Panik bekommen habe. Ich bin da, ich bin in der Niederlassung. Nichts, keine Angst mehr allenfalls ein bisschen Aufregung bei ein oder zwei kniffligen neuen Punkten, die wir im anderen VZ nicht hatten. Ich werde vor diesem Projekt keine Angst mehr haben. Und ich habe das selbst geschafft. Ich habe meine Zeit dazu gebraucht, die hat er mir gegeben. Das war richtig. Danach habe ich mit einem Kollegen zusammen 3 Planungsvarianten ausgearbeitet: Keine Probleme mehr damit.

Aber nicht alles verlief am Anfang glatt und reibungslos. Bei einem Planungsgespräch im März kam alles ganz anders als gedacht. Ich war wieder mit 40 Seiten Präsentation brauchbar vorbereitet. In der Niederlassung war ich seit 10 Jahren nicht mehr. Der Niederlassungsleiter war nicht sehr erfreut über unsere Planung und Strategie. Das Gespräch eskalierte. „Die Planung vor 12 Jahren war ja auch schon schlecht. Wir haben hier vor Ort alles wieder gerade biegen müssen. Haben Sie das was auf dem Papier gezeichnet ist schon mal irgendwo so gebaut?" „Ja, zwei mal." „Das geht bei uns nicht und schon gar nicht im laufenden Betrieb." Die Spannung ist hoch. Wir schauen uns in die Augen. Keiner gibt nach. Ich rede langsamer und deutlich. Es ist kein Vertrauen da. Auf so einer Basis kann man kein Projekt zusammen realisieren und schon gar nicht bei laufendem Betrieb. Ich muss mich bis zum Ende der Präsentation retten. „Wenn sie Probleme sehen, dann nehmen wir diese gerne auf und überarbeiten den Vorschlag oder Sie nennen uns nach ihrer Ansicht realisierbare Alternativen." Damit gewinne ich Zeit und kann auch weiter machen und die Diskussion auf das Gesprächsende verschieben.

Wir fuhren ohne eine gemeinsam verabschiedete Lösung nach Hause. Das Gute für mich an dem Tag war: Ich hatte der Situation Stand gehalten. Ich bin in ihr geblieben und habe mit Amie versucht die Kontrolle über meinen Adrenalinpegel zu behalten. Alle Register gezogen, auch PMA im Sitzen, wenn mein Chef dann das Gespräch geführt hat: Anspannen, langsam einatmen, entspannen, langsam ausatmen. Keiner hat was gemerkt, wir waren 6 Leute am Tisch. Keiner von den anderen 5 hat etwas gemerkt, außer, dass ich begonnen habe langsamer und deutlicher zu sprechen. Das hat geklappt.

Der „Neue" verteilt gerne Bücher. Bücher über technisches Grundwissen („nicht auswendig lernen, nur wissen, wo was steht, dass man es nachlesen kann, wenn man es braucht"), Bücher über psychologische Studien und Führungsstile, Bücher über Motivation usw. Ein Buch fand ich ganz interessant zum Thema Mitarbeiterführung. (war ein kleines Buch, da dachte ich, das kannst du mal lesen, nachdem du die anderen 3 vorher ungelesen zurück gegeben hast, ich bin leider ziemlich lesefaul)

„Der Minuten Manager"

Nicht mehr ganz neu, sehr einfach geschrieben, auch teilweise mit sich wiederholenden Passagen, so dass manche Informationen auch bei geübten Nichtlesern wie mir hängen bleiben. Es handelt davon, wie man Mitarbeiter mit klaren Regeln und definierter Übertragung von tragbarer Verantwortung motivieren kann, so dass sie am Ende eigenverantwortlich und effizient bei gutem Arbeitsklima erfolgreich arbeiten. (Laut Vorwort und Kritik nicht nur von einem geübten Nichtleser empfohlen)

Eine sehr wichtige Entwicklung in Bezug auf meine Arbeitsstelle für mich war auch das erste Beurteilungsgespräch nach einem halben Jahr, das standardmäßig in der Firma durchgeführt wird. Über die Beurteilung waren der neue Chef und ich uns innerhalb von 10 Minuten einig. Sie fiel in dem Bereich der persönlichen Eigenschaften gut aus und blieb bei der Belastbarkeit im mittleren Bereich natürlich etwas hinter den Kollegen zurück. Gesamtergebnis: Weiterhin ein Mitarbeiter, der die Abteilung gut unterstützen kann. Das war super, keine Einwände meinerseits. Dann hatte ich da noch meinen Bescheid über 30% Behinderungsgrad in der Tasche, den ich ja bislang seit fast einem Jahr noch nicht weitergeleitet hatte. Mein Ziel war es ja einfach selbst zu sehen, wie weit ich meine Arbeit wieder schaffe. Wie wird er darauf reagieren?

Ich spreche den Punkt am Ende des Beurteilungsgespräches mal sachte an und wie wir damit gemeinsam umgehen sollen.

„Herr Dietrich, das ist kein Problem, das kläre ich mit der Personalabteilung ab, machen Sie sich mal keine Sorgen. Warum haben Sie mir den Bescheid nicht schon früher gegeben?" „ Hätte ich Ihnen auf jeden Fall schon noch gegeben, keine Angst, Sie haben ihn ja jetzt. Ich wollte nur selbst schauen, wo meine wirkliche Leistungsgrenze ist und in wieweit ich auch meine gelernten Hilfsmethoden einsetzen kann, ohne immer gleich mit dem Bescheid winken zu müssen. Keine Angst, war schon alles ziemlich bewusst gemacht, wenn es nicht geklappt hätte, hätte ich mich früher gemeldet."

„O.k., aber passen Sie auf, ich habe auch eine Fürsorgepflicht gegenüber meinen Mitarbeitern und ich will nicht, dass Sie es übertreiben, dann werde ich richtig sauer. Wenn Sie Probleme haben, dann finden wir Lösungen, aber ich muss diese kennen, sonst kann ich nicht helfen. Ich melde mich nach Rücksprache mit der Personalabteilung."

Die Rückmeldung war sehr positiv für mich.

„Einschränkungen bezüglich Ihrer Arbeit gibt es nicht, ich kann Ihnen also weiterhin alles anvertrauen, was Sie sich zutrauen. Übrigens, ich habe Folgendes geklärt: Ich weiß aus Ihren Aussagen und sehe aus Ihrem Engagement, dass Sie weiterhin in dieser Abteilung arbeiten wollen. Wenn es aus irgendwelchen Gründen von Ihrer Seite aus mal nicht mehr möglich sein sollte, -ich weiß, dass Sie das nicht wollen, aber trotzdem- dann wird es in unserem Unternehmen immer einen entsprechenden Arbeitsplatz mit entsprechenden Anforderungen, die sie bewältigen können, in einer anderen Abteilung für Sie geben."

Danke. Keine Angst mehr um den Job, keine Fragen mehr, wie geht´s weiter usw. Ich hatte alles richtig gemacht. Alles vorher hatte sich gelohnt. Zurück zu kehren war der richtige Weg für mich. Und ich werde weiter machen! So, wie ich es kann und mit Geduld. Und ich bin schon sehr weit gekommen.

Ohne diese Zusage hätte ich dieses Buch vielleicht nie geschrieben.

Ich habe während dieser Zeit auf einiges verzichten müssen, neben der normalen Gesundheit und den gewohnten Aktivitäten: Eine Hochzeit von Bekannten in den USA, die wir zugesagt hatten, verschiedene Urlaube, die wir oft in der Zeit unternommen haben (Ski fahren, Sommerurlaub etc.) 2 50 Jahre Geburtstagsfeiern von guten Freunden, aber am meisten ausgemacht hat mir die verpasste Abiturabschlussfeier unserer großen Tochter. Auch wenn meine Frau und die Kinder mir die Bilder in der Reha gezeigt haben. Das war sehr schade. Auf die nächste Abiturfeier unserer „Kleinen" muss ich noch 5 Jahre warten. Aber ich will mich nicht beklagen, andere sind wesentlich schlimmer dran.

Ein ganz persönliches und besonderes Ziel habe ich noch für mich selbst. Ich will mit diesem Buch einen ganz bestimmten Freund gewinnen. Vielleicht klappt es ja, wäre ´ne tolle Sache und der letzte Haken auf meiner To Do Liste aus der Reha Klinik.

Ach ja, die Chefärztin aus CB hat mir zugesagt dieses Manuskript für mein Buch zu lesen und mir eine Rückmeldung zu geben. In der Antwort ermutigt Sie mich das Buch zu veröffentlichen. Yeah!

Das ist doch ein guter Punkt für ein Ende oder ? Ich liebe Happy Ends. (schmalzig, aber schön.....und echt, ... kein Film!)

Alles Gute an alle Leser und herzlichen Dank für die Unterstützung.

8.) Brief an einen Freund

An einen sehr guten Bekannten aus dem Freundeskreis habe ich nach seiner Operation folgenden Brief geschrieben. Er war mit der Veröffentlichung in diesem Buch einverstanden.

Hallo mein Freund,

was machst denn du für Sachen?

Als erstes tut es mir natürlich sehr Leid, dass das mit dem Herzinfarkt jetzt so passiert ist und wir hoffen alle sehr, dass du wieder nach der 7- fachen Stand Operation am Herzen auf die Beine kommst. Wir haben euch alle jeden Abend im Gebet dabei, ich denke der Chef da oben wird schon das Richtige daraus machen.

Zumindest hat er dich noch nicht hergegeben, hätte er ja auch tun können. Also hat er noch was für dich zu tun, denke ich.

Ich habe von dir rein zufällig erfahren, als ich nach Hause geradelt bin von der Arbeit habe ich bei uns in der Straße deine Tochter getroffen. Sie hat mich gleich umarmt und ist in Tränen ausgebrochen. Dann hat sie mir bei uns zu Hause einiges zu dem aktuellen Stand der Dinge erzählt.

Was jetzt passiert ist kann man nicht zurückdrehen. Ich ärgere mich über mich selbst ein bisschen, dass wir nicht mehr über deine Situation gesprochen haben, weil manche Ursachen doch ähnlich zu sein scheinen wie bei mir, glaube ich zumindest.

Du kannst zwar nichts ungeschehen machen, aber du MUSST daraus lernen und Konsequenzen ziehen. Du musst andere Prioritäten setzen, so eine Chance rechtzeitig noch durch die Ärzte gerettet zu werden, hat man nicht jedes Mal.

Ich schreibe jetzt was ich denke und was ich auch teilweise getan habe oder tun MUSSTE, um einfach für mich so zu sorgen, dass es weiter geht und ich weiterhin mit meinen Mädels zusammen (da haben wir ja die gleiche Familienkonstellation) das Leben genießen kann. Ich habe auch angefangen meine Burnout Zeit und die Reha bis heute etwas zusammenzuschreiben, rein aus eigenem Interesse. Das was fertig ist habe ich dir mal beigefügt. Vielleicht ist was Interessantes dabei für dich. Wenn nicht , ab damit in die runde Tonne.

Für mich war am Anfang verdammt schwer mir selbst einzugestehen, dass ich vielleicht nicht mehr der Alte bin. Ich selbst habe den Fehler gemacht und die Zeichen von meinem Körper ignoriert, die mir gesagt haben: Mach stopp, ändere was, es ist zu viel. Ich wollte nicht schlapp machen. Ich wollte nicht in der Abteilung der sein, der nicht mehr kann, ich wollte nicht die anderen hängen lassen, ich wollte nicht meinen Lebensstandard auf's Spiel setzen. Ich wollte mich durchbeißen, und durchkämpfen, ist ja bisher auch immer irgendwie gegangen. Ich habe versucht die Probleme im Geschäft und die Anspannung im privaten Bereich zu verdrängen, die mich nicht mehr haben schlafen lassen, von denen ich nachts schweißgebadet aufgewacht bin und mir einen Zettel geholt habe um Notizen zu machen. Ich habe auch an die Leute gedacht, die wegen meiner Planung ihren Job verlieren und bin aus dieser „Grübelschleife" und den Angstgefühlen: Was ist wenn ich meinen Job verliere- nicht mehr rausgekommen.

Irgendwann war Sense, Ende Gelände, der Körper wollte nicht mehr, „wenn du nicht hören willst, dann musst du es fühlen lernen", hat er mir dann gesagt und es auch getan, ähnlich wie bei dir.

Danach habe ich 7 Monate um meine Reha gekämpft. Zuerst abgelehnt, dann noch mal Gutachter, dann Wartezeit, dann Gutachten verschlampt von der DRV usw.

Dann kam die Reha. Die haben mir dort ein paar ganz einfache aber grundlegende Fragen gestellt, die ich mir selbst beantworten musste, alle bekomme ich nicht mehr zusammen, aber eine der zentralen Fragen war:

WAS IST DAS WICHTIGSTE IN IHREM LEBEN ?

Antwort (simpel und klingt trivial, muss man aber erst drauf kommen): SIE SELBST!

Warum ist das einfach so? Na wenn es dich nicht mehr gibt, dann sieht's auch mit deinem Leben schlecht aus. Und auch mit dem was du für die anderen bedeutest. Dann entsteht erst richtig ein Problem. Das Problem für deine Familie und Freunde, dass du nicht mehr da bist. Ich war erst mal geschockt, logisch.

Aber meine Situation war jetzt eine andere als früher.

Bisher hatte ich immer vorausgesetzt, dass ich gesund bleibe und meine Lebensversicherung mit Marliese voll verprassen kann mit Reisen usw. Man setzt einfach voraus, wenn man krank wird, dann gibt es ein tolles Mittelchen vom Arzt und alles ist wieder o.k. gegen Sachschäden kann man sich versichern auch alles o.k., also warum sollte man nicht einfach 100 Jahre alt werden? Bis jetzt war das so. Aber seit dem Zwischenfall ist jetzt einiges anders. MIST!

Der Arzt hat zu mir damals im Krankenhaus gesagt, wenn Sie nicht aufpassen, können die Herzsymptome wieder kommen. Wenn man Pech hat, dann kann sich zum Vorkammerflimmern auch noch ein Blutgerinnsel mit Schlaganfall dazu gesellen. Ja, WUNDERBAR, EINFACH GROßE KLASSE, genau das was ich mir immer gewünscht habe. Jackpot, nur in die falsche Richtung.

Erst als ich vor diesen Tatsachen stand, habe ich begriffen, was die Antwort oben bedeutet.

Es ist scheißegal, was für einen Job ich mache,

es ist scheißegal, wie viel Geld ich verdiene,

es ist scheißegal, was die anderen Leute über mich denken,

es ist scheißegal, ob ich in unserem Haus wohne oder in einer 3 Zimmerwohnung,

es ist scheißegal, welches Auto ich fahre,

es ist scheißegale, wie oft und wohin ich in Urlaub fahre,

ich will nur eins: WEITERLEBEN und zwar mit und für MEINE MÄDELS!!

Die sollen nicht vorm Loch stehen und Tränenströme weinen, nur weil ich immer noch zu starrköpfig gewesen bin.

Ich werde vor keiner Konsequenz mehr zurück schrecken, weil es nur eins zu gewinnen gibt: MEIN LEBEN.

Wir haben einen Plan von der WORST CASE Situation gemacht, Marliese und ich:

Ferienwohnung verkaufen, in eine 3 Zimmer Wohnung ziehen, Elternhaus vermieten, unser Haus vermieten, Notfalls Marliese Teilzeit arbeiten, keine Urlaubsreisen mehr, nur noch ein Auto oder Busfahren, möglichst noch der Tochter einen Studienzuschuss geben und Sara´s Ausbildung abschließen.

Das waren dabei die neuen Randbedingungen. Ich weiß noch wie meine Mutter damals für mich putzen gegangen ist, dass „moin Bub" in die Schule gehen kann. Dann kann ich das auch!

Ich reduziere auch auf Teilzeit, ohne Reisen, entweder bei meinem alten Arbeitgeber oder in einem neuen Job, scheißegal. Ich fühlte mich den Anforderungen damals vor der Reha nicht mehr gewachsen. Die Angst vor dem Jobverlust war vielleicht unbegründet, aber ich war zu dem Zeitpunkt nicht in der Lage ihn auszuüben und ich wusste nicht warum. Ich gebe mein Ehrenamt bei der Gemeinde auf, das mich auch Zeit kostet und vor allem der Kirchenumbau mit dem ewigen Hin und Her, der mich belastet. (Das werde ich übrigens jetzt im November bei den ÄK Wahlen auch tun. Warum soll ich die Verantwortung für etwas immer noch weiter tragen, die eigentlich bei ganz anderen Leuten liegt, wenn ich es gesundheitlich nicht mehr schaffe? Das habe ich jahrelang getan). Es gab bei der Notfallplanung keine Tabus. Nur ein Ziel.

Der Soziale Dienst in der Reha war da sehr hilfsbereit und wäre auch konsequent gewesen. Etliche andere Mitpatienten wurden noch 3-6 Monate in weitere Behandlung gegeben mit der Empfehlung einer neuen Arbeitsstelle. Sie hatten also genug Zeit sich umzusehen.

Einer der Kollegen dort war 60 Jahre alt. Er machte sich Sorgen über die letzten 2-3 Jahre bis 63. Die Therapeuten haben ihm durch die Blume zu verstehen gegeben ob es nicht eine Alternative sei mit einem gewissen Behinderungsgrad früher in Rente zu gehen und die Zeit bis dahin noch über das Arbeitsamt mit irgendwelchen Kursen zu überbrücken. Oder vielleicht ist ja auch was dabei was wirklich Spaß macht und dann geht die Zeit noch schneller rum.

Ich habe bei mir im Ordner einen Wisch liegen, da steht drauf: Behinderungsgrad 30/100. Ich bin also laut ärztlichem Attest 30% behindert, in Bezug auf meine psychische Belastbarkeit. Am Anfang dachte ich: Scheiße, wie sollst du da noch deinen Job machen können, was ist, wenn sie dich rausschmeißen? Du kriegst doch damit nie mehr woanders eine Arbeit.

Daraufhin habe ich mit Marliese zusammen das Notfallszenario oben ausgetüftelt. Grundlage:

NUR ICH BIN WICHTIG UND, DASS MEINE MÄDELS NICHT AM LOCH STEHEN.

DAS IST JETZT MEINE VERANTWORTUNG!

UND GENAU DAS WERDE ICH TUN VERDAMMT NOCH MAL!
ICH WERDE DARAUF ACHTEN, DASS ICH SO ALT WERDE WIE ICH
KANN, AUF KLEINEREM NIVEAU, ABER TROTZDEM MIT VERDAMMT
VIEL SPASS ZUSAMMEN MIT MEINEN DREI MÄDELS!!!

Das Notfallszenario hat übrigens ergeben, dass ich mit weniger als 50% der
Kohle auch ausgekommen wäre.

Was man nach außen gesehen hat, war der meistens fröhliche Bodo, weil
ich auch in der Reha gelernt habe, mich jetzt über kleine Dinge zu freuen,
einen Tag an dem ich gut gelaunt aufwache, an dem die Sonne scheint und
ich abends mit Marliese ausgehen kann. Einen Tag an dem ich mit Marliese
einen Fahrradausflug gemacht habe, Bewegung ist sehr wichtig, es muss
aber auch kein 10km Lauf sein. Es verschafft dir Ablenkung, das tut gut
genauso wie Schwimmen oder Sauna. Sauna ist bei mir wie einmal den
Reset Knopf gedrückt, aller Kram aus dem Kopf ist weg.

Aber dahinter standen knallharte geplante Konsequenzen, wenn es im Job
nicht mehr laufen würde.

Diese Notfallplanung war ein extrem wichtiger Schritt, weißt du warum? Ich
hatte plötzlich keine Angst mehr vor dem „Worst Case." Ich konnte nachts
wieder einschlafen und mich erholen anstatt dauernd nachzugrübeln, was ist
wenn…und mich in den Gedanken im Kreise zu drehen, bis ich vor
Erschöpfung doch irgendwann eingeschlafen bin. Natürlich war mir auch
mulmig zu mute. Aber es gab einen realistischen Ausweg. Und seitdem
konnte ich auch wieder Kraft sammeln neu anzufangen.

Gott sei Dank (und das meine ich genau wörtlich) ist es dann im Job optimal
gelaufen und ich konnte meine Angst vor der erneuten Überlastung in den
Griff kriegen und der neue Chef hatte vollstes Verständnis. Wir haben
zusammen eine Vorgehensweise vereinbart, bei der ich gut arbeiten kann
und unterm Strich ist das immer noch ganz schön viel, manchmal mehr als
die „neuen Jungen."

Und seitdem habe ich mir noch ein anderes Ziel gesetzt, das ich langsam
dabei bin zu erreichen:

MEINE LEBENQUALITÄT SOLL BESSER WERDEN ALS VORHER!!

Das geht nicht? Von wegen, das weiß ich besser. Da kann man selbst viel steuern. Ich freue mich heute über Kleinigkeiten, die ich früher einfach übersehen hätte. Wenn was schief geht, dann ist das halt so, es war ja keine Absicht oder Nachlässigkeit dahinter. Manchmal merkt man auch hinterher, dass es gar nicht so schlimm war oder man findet einen Weg noch was Positives daraus zu machen. (Wie vielleicht mein Buch, falls es je fertig wird)

Mein neuer Chef hat gesagt: „Herr Dietrich, wenn Sie ganz ausfallen, dann kosten Sie die Firma das Dreifache. Wenn Sie also mal einen Tag Auszeit brauchen, dann nehmen Sie sich den. Wenn Sie Urlaub brauchen, dann planen Sie sich den ein und richten Sie die Projekttermine nach Ihrem Urlaub, soweit das möglich ist. Wo das nicht möglich ist finden wir gemeinsam eine Lösung."

Die „Mechanik" ist ja jetzt bei dir, (soweit ich weiß mit den Stands) soweit möglich, wieder repariert worden. Wahrscheinlich mit gewissen Einschränkungen oder zumindest ärztlicher Kontrolle, von Zeit zu Zeit, aber du bist weiterhin im Rennen. Menschen mit Herzschrittmacher sind das auch.

Eure beiden Mädels sind ja jetzt auch schon ziemlich weit und stehen teilweise auf eigenen Beinen (vielleicht ein halbes). Und wenn du die fragen würdest, was denen wichtig ist, dann wäre das sicher auch deine Gesundheit.

Damit musst du jetzt sorgfältig umgehen. Dazu gibt es keine Alternative! Das muss ich auch tun, Ruhezeiten einhalten, Bewegung und Sport, in dem Rahmen wie es der Arzt erlaubt, keine Zigaretten usw.

Noch ein paar WICHTIGE Punkte bzw. Vorschläge von mir:

Nimm aus der Reha alles mit was du kriegen kannst, Info, Kurse, Entspannungstechniken, Beratung des sozialen Dienstes, therapeutische Beratung usw.

Beantrage eine Prüfung des Behinderungsgrades. Wenn du Glück hast, ist das eine gewisse Absicherung für dich und die Familie. Und das sehe ich positiv. Was letztendlich auf dem Zettel steht ist egal. Es ist nur wichtig was in deinem Kopf ist. Und Spaß haben und am Leben teilnehmen und mit der Familie und deiner lieben Frau jeden Tag genießen, das kannst du trotzdem. Wenn ich das kann, dann kannst du das auch.

Du hast über 30 Jahre erfolgreich und gut gearbeitet, also überhaupt kein Grund für ein schlechtes Gewissen, gar keiner!

Und noch was: Friss nichts mehr in dich rein. Rede mit deinen Mädels, wenn du ein Problem hast. Es tut immer gut, wenn man was rauslassen kann. Du kannst auch gerne mich anrufen. Ich weiß, wie gut das tut sich manchmal „auskotzen" zu können. Wie du siehst, habe ich das ganz bewusst so geschrieben, sogar in Anführungszeichen.

Du hast das Recht jetzt für Dich zu sorgen ohne Rücksicht auf die anderen, denn Du bist an einem Punkt an dem es um die Wurst geht, um Deine und die Deiner Familie.

Überlege Dir was Deine Probleme sind bei der Arbeit oder sonst. Überlege Dir akzeptable Änderungen/ Lösungen dazu. Spreche darüber mit dem Therapeuten und dem sozialen Dienst, die können viel erreichen. Denk was für Dich gut ist, nicht für den Arbeitgeber. Denk an die Szene mit dem Anruf an deinem OP Termin! Wenn Du gerne von zu Hause aus arbeiten willst (vielleicht wegen dem langen Arbeitsweg), dann sprich das an, vielleicht gibt es da eine Lösung. Vielleicht ist auch eine Reduzierung der Arbeitszeit eine Idee. Das habe ich mittelfristig vielleicht auch vor.

Wenn der Job an sich eine Belastung ist frage nach Unterstützung. Gibt es andere Abteilungen in die Du Dich versetzten lassen kannst? Gibt es eine Zweigstelle in der Nähe in Mannheim, wegen der langen Fahrt und dem täglichen Stau nach Frankfurt? Ist die auch per Zug möglich? Hast du Geschäftsreisen, kann man die einschränken oder weglassen? Es gibt auch Telko´s gehen zwar nicht immer, aber immer öfter.

Ich weiß, das klingt alles einfach und manches ist für Deinen / Euren Fall auch unrealistisch. Ich will Dir aber zeigen, dass Alternativen möglich sind und, dass wir vor einer sehr ähnlichen Situation standen und die gleichen Fragen hatten.

Alles was Deinen 3 Mädels wichtig ist, ist, dass Du bei ihnen bist und wieder auf die Beine kommst.

Das ist Deine Verantwortung. Sonst nichts! Der Rest sind Rahmenbedingungen, die man irgendwie regeln kann.

In manchen Punkten ist der Brief direkt und provoziert, ich weiß. Wenn es zu direkt war bitte ich um Entschuldigung, ich hoffe Du bist nicht sauer.

Wenn Du denkst wir sollten mal miteinander reden, freue ich mich darüber, sprich mich an.

Ich wünsche Dir, dass Du wieder auf die Beine kommst und es hinterher besser läuft als bis jetzt.

Ich bin zwar Maschinenbauingenieur, ich glaube aber trotzdem, dass der Chef da oben hin und wieder was richten kann. Wie gesagt, er hätte Dich auch gehen lassen können, er hat „weiß Gott" genug um die Ohren. Also denk mal drüber nach, sei froh und mach was draus.

Gute Reha und bis bald.

Bodo

9.) Mein Therapeut

Eigentlich war es ja so was wie ein Zufall oder eine Notlösung. Aufgrund von meinem etwas verzweifelten Gespräch beim Arzt für Psychologie und Neurologie hatte dieser mir eine Karte von meinem späteren Verhaltenstherapeut gegeben. Ich solle es da mal probieren, nachdem ich ja 2 Wochen erfolglos überall herum telefoniert hatte und abgewiesen wurde. Man darf mehrere Therapeuten jeweils bis zu 5 h besuchen, um heraus zu finden ob die Chemie zwischen beiden stimmt. Bei den ersten beiden Damen war das nicht der Fall. Den ersten Besuch habe ich ja ausführlich beschrieben.

Warum habe ich mich für einen Verhaltenstherapeuten und nicht für eine tiefenpsychologische Betreuung entschieden? Die Verhaltenstherapie untersucht die Reaktionen und Gedanken eines Menschen in den entsprechenden Situationen. Sie ist also auf den aktuellen Zeitraum und die aktuellen Verhaltensweisen bezogen und daher relativ schnell konkret und erfolgreich. Im Laufe dieser Vorgehensweise kann man dann auch zu den Ursachen der verschiedenen Verhaltensweisen kommen und diese analysieren.

Bei der Tiefenpsychologie kann es etwas länger dauern, weil die Ursachen hier zuerst eine zentrale Rolle spielen, Kindheit, Eltern-Kind Beziehung, Schlüsselerlebnisse in der Kindheit / Jugend etc. Du näherst dich also von deiner Vergangenheit her den offenen Fragen und deinem Problem.

Warum ich selbst eher versuche direkte Konfrontationen zu vermeiden und meist in den Gesprächen vermittelnd einwirke oder nach Lösungen suche, hatte ich bis dahin schon festgestellt. Sehr wahrscheinlich liegt das einfach an der früheren Beziehung meiner Eltern vor deren Scheidung, als ich entsprechende Streitgespräche miterlebt habe und damals auch als Kind als „Vermittler" von beiden Seiten „eingesetzt" wurde. („Sag mal dem Papa…." „Sag mal der Mama …").

Deshalb ist dieses Alter in der Erziehung und Prägung der Kinder sehr wichtig, denke ich. Viel lachen, spielen, Zeit haben, vorlesen, das prägt die Kinder auch für die Zeit danach. Wenn das alles möglich ist. Leider sind die Voraussetzungen dafür oft schlecht, beide Eltern müssen arbeiten, um überhaupt über die Runden zu kommen. Wo soll man da die Zeit für die Familie und die Kinder hernehmen?

Aber jetzt passte alles mit diesem Therapeuten. Vom ersten Gespräch an. Ich konnte so richtig alles loswerden und fühlte mich auch verstanden. Vor allem meine Unsicherheit und Ratlosigkeit, was den Genesungsfortschritt anbelangte. Ganz wichtig war die Betreuung während der Wartezeit auf die Reha, als es nicht voran ging und der Zustand zu kippen drohte.

Er hat sich immer wieder meinen Frust angehört und mir Verhaltenstipps gegeben. Z.B. bei beginnender Unruhe Thema wechseln, Situation wechseln, raus an die frische Luft, Entspannungsatmung, Bewegung. Das hat oft geholfen, Gesprächspartner suchen, den Druck rauslassen durch Sport oder im Gespräch.

Wenn ich nicht schlafen konnte oder schweißgebadet aufgewacht bin:

„Warum bleiben Sie dann im Bett, wenn Sie wach sind? Sie können dann sowieso nicht schlafen. Dann drehen Sie sich mit ihren Gedanken nur im Kreis oder? Wenn der Körper müde genug ist schläft er normalerweise auch ein. Lenken Sie sich erst mal ab, stehen Sie auf, trinken Sie ein Glas Wasser, lesen Sie Zeitung, wenn Sie sich konzentrieren können, damit Sie von den Gedanken abschalten, die sie nicht schlafen lassen. Machen Sie dabei Entspannungsübungen. Egal zu welcher Uhrzeit. Der gesunde Mensch kommt notfalls mit einem Mindestschlafbedarf von durchschnittlich 6h auf Dauer ohne Störungen aus." Das habe ich dann auch in vielen Nächten einfach so gemacht. Obwohl ich für mich mit den 6h nicht klar kam.

Auch seine langjährige Erfahrung aus der Klinik in der er vorher als Oberarzt arbeitete war für mich sehr wichtig, als er oft von ähnlichen Beispielen erzählt hatte. Da war das Gespräch dann nicht mehr nur theoretisch oder aus dem Lehrbuch, sondern authentische Fälle, aus denen ich auch was für mich rausziehen konnte.

Aus den Gesprächen nach der Reha habe ich noch sinngemäß folgende Sätze im Kopf, die sehr wichtig für mich sind:

„Es ist nicht ausgeschlossen, dass man es schaffen kann wieder in etwa in den Bereich zu kommen in dem man vorher war. Das bedeutet natürlich nicht den gleichen Leistungsumfang oder das gleiche Umfeld, dann wäre man ja erneut in derselben Gefahr einer Überlastung. Aber, dass die Möglichkeit besteht grundsätzlich die Hemmschwelle zu überwinden, die der Körper jetzt aus „Sicherheitsgründen" gesetzt hat."

„Es ist nicht das Ziel der Therapie und der Reha zu lernen, wie man Situationen mit Anspannung oder Stress vermeidet, sondern wie man in diesen Situationen mit der Anspannung und den ggf. körperlichen Reaktionen umgeht, um sie zu kanalisieren und abzubauen." (Konfrontationstherapie). „Außerdem ist es genauso wichtig seine Grenzen auszuloten und zu akzeptieren, um NEIN sagen zu können, wenn eine Überbelastung mit Reaktionen daraus folgen kann."

Er hat mich vor der Reha auch auf die Probe gestellt, wie ich reagiere. Ob ich den Anforderungen in der Reha und der Therapie dort schon gewachsen bin. So interpretiere ich das zumindest.

Es war total unerwartet, ohne jede Ankündigung. Er hat mich In einer Therapiestunde einfach in eine ausweglose Situation gebracht und mich dort erst mal alleine gelassen. Ich bin ausgerastet. Ich bin im Raum hin und her gelaufen, war aufgeregt, bin laut geworden, habe ihn angefahren. Bin zum Fenster gegangen habe es aufgemacht, rausgeschaut, mich runtergeatmet. Habe die Sitzung früher abgebrochen und bin gegangen. Er hat sich vergewissert ob alles o.k. sei oder ob ich Hilfe brauche. „Nein, geht soweit, ich brauche nur frische Luft, es ist ein schöner Tag ich gehe an den Wasserturm in der Nähe und entspanne mich in der Sonne." „Wenn etwas ist, Sie haben meine Mobilnummer o.k.?" Ja, alles klar. In der nächsten Sitzung haben sich die Situation und das Problem innerhalb von 5 Minuten geklärt. Für mich war das ein Test.

Nach der Wiedereingliederung ging es in kleinen Schritten fast permanent bergauf. Zum Schluss haben wir im letzten halben Jahr die Spanne zwischen den Sitzungen dann von einer auf 2 und dann auf 3 Wochen erhöht.

Ich sitze gerade noch am Flughafen in Budapest. Es ist 9.35. Heute am 03.12.2013 werde ich mein Abschlussgespräch bei ihm haben. Zusammen mit meiner Frau. Wir werden uns mit einem kleinen Geschenk bedanken bei einem Menschen, der mir und uns wesentlich dabei geholfen hat als Familie wieder ein normales zufriedenes Leben führen zu können.

Bleibt nur eins zu sagen: DANKE und alles GUTE für Sie und Ihre Familie!

10.) Der Besuch in der Klinik, 21 Monate nach dem 11.06.2012:

Die „Ankunftsgruppe" vom 11.06.2012 hatte sich schon 2013 im April nochmals in Fulda getroffen. Das war ein sehr schönes Wochenende. Damit wir alle in etwa den gleichen Anreiseweg haben, hatten wir Fulda ausgewählt. Eine Kollegin organisierte die Unterkunft und jeder brachte was Typisches zu Essen aus seiner Region in Deutschland mit. Wir besichtigten Fulda und am Samstagabend wurde dann gemeinsam gegrillt.

Jeder berichtete, wie es ihm in der Zwischenzeit ergangen war. Die Erfahrungen waren sehr unterschiedlich, aber vorwiegend positiv. Auf jeden Fall hatte die Reha uns alle weiter gebracht, auch mit Rückschlägen besser umgehen zu können. Wir beschlossen dies beizubehalten. Und genau das taten wir auch.

Heute ist der 06.04.14 und wir verabschieden uns bei einem gemütlichen Abend in Heidelberg von unserem zweiten Jahrestreffen. Die Treffen haben irgendwie etwas Gutes. Wir haben Spaß, klar, aber da ist mehr. Inzwischen ist da eine kleine Gemeinschaft draus gewachsen. Eine Gemeinschaft, die sich nicht nur halt einmal im Jahr trifft, sondern die sich auch füreinander interessiert, die aufgrund der gemeinsamen Erfahrungen sich auch austauscht, in der man weiß, dass der andere einen versteht. Wir tauschen nicht nur Probleme aus, wir treffen uns einfach, so wie ein Kegelklub oder Handballer einmal jährlich einen Vereinsausflug machen. Und dass da mehr ist, sieht man daran, dass wir aus allen Ecken von Deutschland anfahren. Da kommt eine von der Nordsee angereist, eine andere kürzt ein Seminar, um zu kommen, eine andere reist noch spät abends an, um wenigstens einen der beiden Tage miterleben zu können. Jedes Jahr treffen wir uns bei einem anderen Gruppenmitglied.

Dieses Jahr war Heidelberg auch wieder eine schöne Zeit und nächstes Jahr ist Berlin dran.

Auch während des Jahres ist man in Kontakt. Es muss also nicht so sein, Klinik fertig und ab nach Hause.

Vielen Dank an die Gruppe, alle Mitglieder Nr. 1-9. Jeder weiß wer gemeint ist.

Wiedersehen mit der Reha Klinik:

Termin in Gotha:

Beim letzten von 3 Geschäftsterminen in Gotha hatte ich im Anschluss
einen Tag Urlaub genommen, um einen Wochenendabstecher nach
Chemnitz zu machen. Ich wollte die beiden Tischtennispartner wieder treffen
und die Klinik besuchen.
Wir sind mit der Agenda pünktlich am Ende und ich habe, anstatt der Fahrt
nach Hause, noch Zeit für die restlichen Kilometer zur Klinik am späten
Nachmittag.

Nach ca. 2 Stunden Fahrt stelle ich das Auto vor der Klinik ab. Ich fühle eine
innere Zufriedenheit. Mir geht es gerade sehr gut. Hier hatte vor 21 Monaten
meinen Weg nach Hause und zurück ins Leben begonnen. Ein klasse
Gefühl.

Ich mache an dem Abend einen Kurzbesuch in der Klinik und die junge Frau
an der Rezeption kennt mich noch. „Den Namen weiß ich nicht mehr, aber
Sie waren schon mal bei uns." Irgendwie freuen wir uns beide. Ich genieße
es richtig wieder hier zu sein. An dem Abend sauge ich alles was ich kann
nochmals von damals auf.

Ich mache eine Wanderung zum Turm auf dem Hügel über das Forsthaus,
an dem ich mir ein „bleifreies" Hefeweizen mitnehme. Auf dem
Aussichtsturm des Hügels, den ich über unseren Standardwanderweg von
damals erreiche, stoße ich auf die Klinikkollegen von damals an. Ich rufe mir
die Zeit in Erinnerung, das tut richtig gut. Ich denke an Euch und sage
DANKE für Eure Hilfe. Und kann es besser kommen? Das Ganze auch
noch im Sonnenuntergang. Meine Güte ist das filmreif!

Dann laufe ich zurück so schnell es geht. Ich habe Lust so viel wie möglich
zu wiederholen. Ich gehe ins Brauhaus, in dem wir manche der Abschiede
gefeiert haben zum Abendessen. Und ich gehe in das alte DDR Kino mit den
roten Plüschsesseln und den kleinen Tischen, egal was gerade gespielt
wird. Der Preis ist noch der gleiche: „Vier Euro bitte." Es kommt gerade
„Wolf of Wall-Street." Die ersten 2/3 des Films sind gut, so bis zu der Party
bei der Zwerge geworfen werden. Das reicht mir dann. Genug Gerammel.
Das Ende ist spätestens ab da sowieso vorhersehbar und es ist schon spät
heute nach dem Arbeitstag, der Autofahrt und der Wanderung, also ab ins
Hotel.

Dann übernachte ich und komme am folgenden Morgen noch mal in die Klinik zurück. Die junge Frau an der Rezeption begrüßt mich wieder genauso freundlich wie der Hausmeister. „Ihnen habe ich doch damals den Projektor ausgeliehen für die Bilder", erinnert er sich.

Zwischen den Kursen und Vorträgen treffe ich verschiedene Therapeuten auf dem Gang und sage kurz hallo, wir reden ein paar Worte und alle wünschen mir weiterhin Gesundheit und alles Gute. Auch die Chefärztin nimmt sich Zeit für ein paar Worte, Sie ist gerade unterwegs zu einem weiteren Termin, und ermuntert mich auf jeden Fall an dem Buch weiter zu arbeiten. Das freut mich sehr. Die Sporttherapeutin und die Therapeutin der Ergo kann ich auch noch sprechen. Dann erzählt mir die Kollegin aus der medizinischen Zentrale, dass sie im Aufenthaltsraum immer noch meine Micky Maus Karte stehen haben, schön, freut mich. Ich atme diese 3 h so tief ein wie es geht. Es war einer der wichtigsten Teile meines Lebens, kurz, aber wichtig.

Dann eine Idee.

Ich schaue auf die Uhr. Noch 2h Zeit bis zum Treffen mit den beiden Tischtenniskollegen von damals. Das könnte passen.

Ein Entschluss:

Ich fahre zu der Kinderklinik und suche mein Bild, das ich vor 20 Monaten gemalt habe und der Klinik spendete. Die Frau an der Rezeption hilft mir gerne mit der Anfahrtsbeschreibung. Das sind nur 20 Minuten von hier. Sieht gut aus. Rein ins Auto und hinfahren.

Oh Mann! Als ich vor dem Krankenhauskomplex einen Parkplatz suche merke ich, dass er so groß ist wie unser Städtisches Krankenhaus in Mannheim, eine eigene kleine Stadt. Na, dann los.

An der Information: „Wo finde ich die Abteilung für krebskranke Kinder?" Ein bisschen mulmig ist mir dabei schon, wenn ich daran denke, was die Kinder da schon alles mitmachen müssen. Nach ein paar 100m Gängen betrete ich die Abteilung und eine Schwester empfängt mich freundlich: „Was kann ich für Sie tun?"

Ich erkläre ihr mein Anliegen. "Ja, ich kann mich an die Bilder erinnern, aber dieses Stockwerk ist kürzlich renoviert worden, ich weiß nicht, was dabei mit den Bildern passiert ist, vielleicht hängen sie woanders."

Na ja, einen Versuch war es wert. Dann halt Fehlanzeige. Ich gehe langsam vom zweiten in den ersten Stock die Treppe hinunter. Plötzlich denke ich: Na, in den Stock kannst du ja mal noch reinschauen, liegt ja auf dem Weg. Ich mache die Eingangstür zum ersten Stock des rechten Gebäudeflügels auf … und da hängen sie, alle 3 Bilder, an einer schönen langen Wand. Ich habe sie nicht umsonst gemalt. Es sind keine Kunstwerke und werden es auch niemals sein, genauso wenig wie ich ein Künstler bin oder sein werde. Passt auch nicht zu mir. Aber irgendwie sind die Bilder lustig und wirken an der Wand farbenfroh und fröhlich, aufmunternd für die Patienten, die auf dieser Abteilung wirklich nicht viel zu lachen haben. Ich bin richtig zufrieden.

Die Schwester aus dem ersten Stock: „Kann ich etwas für Sie tun?" „ „Ja aber sicher, Sie können ein Bild von den Bildern und mir machen." „ Und warum?" „Weil ich sie gemalt habe." „Ja wenn das so ist, dann tue ich das doch sehr gerne."

Manche Dinge sollen passieren und manche nicht. Eigentlich hatte ich die Hoffnung schon aufgegeben. Es wäre auch nicht tragisch gewesen die Bilder nicht zu finden. Aber jetzt war die Sache von damals abgeschlossen und rund.

Als ich zum Auto gehe schaue ich kurz in den blauen wolkenlosen Himmel: Danke!

Eines der Triptychon Bilder, die ich in der Reha für das Kinderkrebskrankenhaus in Chemnitz gemalt habe.

Ab ins Auto und los geht´s zum Treffpunkt mit den beiden Kollegen.

Wenn ich das alles in den 1,5 Tagen geplant hätte, wäre es bestimmt schief gegangen. Aber ich habe einfach nach Lust und Laune gehandelt und alles hat gepasst.

Der Tag hat also schon mal sehr gut angefangen. Um 13.00 Uhr ist die Verabredung mit meinem damaligen Tischtennispartner des Ankunftstages. Das haut genau hin. Rein ins Auto und rauf auf die Autobahn nach „Dingsdorf." Dann an der falschen Ausfahrt abbiegen, Handyanruf, umdrehen und pünktlich um 13.00 treffen wir uns am Gasthof Hirsch. Wir freuen uns beide sehr. Er hat mir noch eine Pension zum Übernachten besorgt, ich checke kurz ein und dann fahren wir zu ihm nach Hause und warten auf unseren dritten Mann. Hey, das tut richtig, richtig gut als wir alle drei jetzt wieder zusammen sind. Die Sonne scheint und das Wetter könnte nicht besser sein. Wir sitzen gemütlich im Garten bei einem Bier. Jeder erzählt wie es ihm geht und was so alles passiert ist. Danach besichtigen wir zusammen das Automuseum in Zwickau. Sehr interessant, jede Menge perfekt restaurierte Oldtimer, passt irgendwie zu uns. Die ganze Autogeschichte und Entwicklung der Hersteller Horch, Audi und Sachsenring Motorenwerke von der Entstehung bis zum Ende der DDR ist dargestellt. Manche Namen kannte ich nur als Kind von Quartettkarten.

Nach dem Besuch im Automuseum folgt noch ein kleiner Stadtbummel und dann geht es ins Schützenhaus zum Abendessen. Wir verstehen uns sehr gut und genießen die tolle Stimmung, und die alten Geschichten aus der Klinik. Wir beschließen auch noch einen vierten Kollegen unserer damaligen Gruppe anzurufen. Der fällt fast vom Sessel (konnte man beinahe durchs Telefon hören) und freute sich sehr. Nach einem äußerst gelungenen Tag und einem sehr schönen Wiedersehen verabschieden wir uns und am nächsten Morgen fahre ich nach Hause.

Der Ausflug hat sich mehr als gelohnt. Herzlichen Dank an Euch beide.

11.) Was hat sich bei mir verändert:

Als wir in diesem Sommer in Namibia in Urlaub waren, haben wir was ganz einfaches, aber sehr interessantes erlebt. In Windhuk, der Hauptstadt, sind wir an einem Tag durch ein Township gefahren. Die Mitarbeiter, die in der Übernachtungspension arbeiten, in der wir wohnten, leben alle in der Township. Arme, meist farbige Menschen, die einfach froh waren irgendeinen Job zu haben, von dem sie einigermaßen Leben konnten und manchmal sogar noch die Schule für ihre Kinder in der Township bezahlten. Die Eigentümerin der Pension unterstützt diese Menschen auch mit Spenden. Man konnte die Leute auch direkt ansprechen, oft sprachen sie Englisch und es war möglich mit Ihnen eine Tour durch Katutura, so heißt das Township, zu machen. Haben wir dann auch gebucht, weil wir einfach auch den anderen Teil der Hauptstadt sehen wollten, der von der Fläche her ca. genauso groß war wie „unser" Teil der Stadt.

Die Frau hat uns gezeigt wo sie lebt, wo sie auf den kleinen Märkten dort einkauft und wo die „Hauptstraße" von Katutura ist. Katutura bedeutet übersetzt: Der Ort, an dem keiner leben will. Wir haben eine Suppenküche für Kinder besucht, in der jeden Tag bis zu 600 Kinder-Suppen von freiwilligen Helfern gekocht werden und wir haben einen Wagen des mobilen Ärzteservice gesehen, mit 2 Behandlungszimmern und einer endlosen Schlange von Eltern mit ihren Kindern. Dieser eine Wagen kommt 1x monatlich von der Stadt aus. Es gibt 2 oder 3 Wagen für 30.000 Menschen.

Die Menschen, die hier wohnen, haben so gut wie nichts. Wie man das aus dem Fernsehen von der Ferne kennt. Wellblechhütten mit einem „Zimmer" für die ganze Familie, Plumpsklo davor. Alles ist trocken, Wasser vom Tankwagen oder einem der wenigen Brunnen, die man leicht anhand der langen Schlangen findet. Alles reicht gerade so zum Überleben oder manchmal eben auch nicht. Auf dem Markt sind wir mit unserer „Reiseleiterin" ausgestiegen und rumgelaufen. Sie hat uns die Stände gezeigt, an denen sie immer einkauft. Wir waren da sicherheitshalber etwas zurückhaltender. Aber die Leute waren freundlich, auch wenn wir nicht gekauft haben. Klar sollte man nicht abends mit der Goldkette da durchlaufen, sollte man in unseren Großstädten in manchen Gegenden aber auch nicht. Es ist etwas ganz anderes, wenn man direkt mit so einer Situation konfrontiert wird, wie arm Menschen in anderen Ländern sind. Da ist mir dann wieder eingefallen, wenn meine Mutter und der Großvater (er hatte beide Weltkriege miterlebt) von der Kriegszeit und der Zeit danach erzählt haben. Die Menschen in dieser Zeit standen auch vor dem nichts.

Sehr beeindruckend war der Besuch in einer „privaten Schulkinderfördereinrichtung" (BNC). Eine Kanadierin betreut dort seit über 8 Jahren Schulkinder nach Ende des staatlichen Schulunterrichtes in einem Gebäude der katholischen Kirche, das notdürftig renoviert ist. Sie hilft bei Hausaufgaben, Kinderbeschäftigung , Lernspielen, Gartenarbeit und gibt den Kindern nachmittags auch was zu essen. Das Ganze macht sie kostenlos auf reiner Spendenbasis für 160 Kinder in Zusammenarbeit mit 2-4 ehrenamtlichen Helfern. Sie lebt selbst auch in Katutura und ist dort sehr angesehen, einfach wegen ihrer Arbeit.

Das musst du dir mal vorstellen: Da ist ein Mensch, der einfach so viel Freude daran hat, dass er 10 Jahre seines Lebens damit verbringt für die Kinder anderer armen Leute da zu sein, ohne einen Heller damit zu verdienen, und das in einem Elendsviertel, ohne selbst für später in eine Rentenkasse oder sonst was für seinen eigenen Lebensabend einzuzahlen. Ist das nicht bescheuert? In unseren Augen vielleicht ja. In den Augen von Mary B. auf keinen Fall. Sie hat so viel Lebensmut, Freude und Energie aus den fröhlichen Kindern gezogen, die einfach nur deswegen glücklich sind, weil sich jemand um sie kümmert, weil sie nicht alleine sind, weil sie nicht stehlen müssen, um zu überlegen, weil sie dort Aufgaben haben, weil sie dort lernen können, weil sie dort Freunde haben, etwas anzuziehen und einen Ball, ein paar gespendete Würfelspiele und das war´s. Die Hausarbeit machen alle Kinder selbst.

Wir waren noch nicht richtig auf dem Gelände, da war Sara schon von einigen 7-10 jährigen umringt, die sie auf Englisch gefragt haben: „Where are you from? What´s your name? Where do you go to school? Which language do you speak? How old are you? Do you have any sisters or brothers?" Etc. Und dann bekam sie auch gleich noch eine private Führung durch die Räume und den „Secret Garden", ein Kräutergarten und die Kinder zeigten ihr alles was da war. Die Kinder kannten sich überhaupt nicht, stammten aus anderen Ländern und Kulturen, waren arm und „reich." Sie hatten eine für beide Seiten „Fremdsprache" zur Verständigung. Aber sie verstanden sich sofort und hatten sehr viel Spaß miteinander. Es war absolut beeindruckend mit wie wenig diese Kinder glücklich waren. Und dass sie glücklich waren, das konnte man an ihren Augen sehen und an der Freude, mit der sie spielten, uns begrüßten und uns alles zeigten.

Mann was leben wir in einem Luxus!

Wir haben dann auch was gespendet, deswegen sind wir ja auch hingefahren. Da können wir einen Monat lang Peanut Butter kaufen, freute sich Mary B., und wir freuten uns auch. Wir überlegen uns, wie wir Mary von Deutschland aus unterstützen können, das ist die Arbeit einfach wert, denken wir. Wir spenden auch bei uns in Mannheim in der Kirche oder beim Jose Carreras Gala Abend für Leukämie kranke Kinder. Aber dort im Slum, da kann man auch mit sehr wenig Mitteln viel erreichen, das ist das „Schöne." Und besonders bei Mary. Da besteht die Organisation aus einer Person, da geht nicht viel für Nebentätigkeiten und Papierkram und Verwaltung verloren. Da kommt alles bei den Kindern an. Meinetwegen auch in lebenslanger Peanut Butter.

Marliese und ich haben uns ein neues Hobby überlegt.

Wir sammeln Kinderjahre. Das passt zu unserem „Motto". Wir haben unseren 2x50igsten = 100. Geburtstag gemeinsam gefeiert. Wir wollen unseren jeweiligen 100. Geburtstag feiern (hohes Ziel aber wir arbeiten dran, mal sehen ob´s klappt, vielleicht werde ich ja auch morgen von einem Bus überfahren, man weiß ja nie). Ich will zur Fitness jeden Tag 100 Liegestütze, Situps und Kniebeugen machen (3x33 oder 5x20 jeweils, angefangen habe ich zumindest mal). Und wir könnten noch 100 „Kinderjahre" sammeln. Seit 6 Jahren haben wir ein Patenkind in Indien über die Kindernothilfe. Kostet 1 Euro am Tag, das ist zu machen. Jetzt haben wir zu Weihnachten ein Kinderjahr nach Katutura in Windhoek gespendet, zusammen mit Freunden (Ihr könnt ja mal googeln unter „BNC Windhuk und Mary B.", wenn ihr wollt, ist ganz interessant). D.h. 6 Jahre haben wir schon, mal sehen was noch zusammen kommt bis wir 100 sind. Vielleicht schaffen wir die 100 Kinderjahre ja, das wäre klasse. Da lassen wir einfach mal den neuen Fernseher eine Generation aus, auch das Laptop und schon sind wieder 3 Jahre zusammen. Scheint ganz einfach zu sein.

In unserem Bekanntenkreis von früher gibt es eine Frau, so um die 45 Jahre alt. Sie leidet an einer bis jetzt noch unheilbaren Krankheit. Sie muss sich wöchentlich 3-mal selbst ein Medikament injizieren, eine Art „Depotinjektion", die dann 3 Tage vorhält.
„Wenn ich das nicht tue, dann riskiere ich einen Krankheitsschub, der vorher nicht berechenbar ist. Er kann unterschiedliche Auswirkungen haben. Ich kann gelähmt sein, ich kann blind werden, ich kann Sprachstörungen bekommen. Ich habe diese Krankheit schon seit 30 Jahren. Natürlich bedeutet das auch Einschränkungen und strikte Disziplin in der Ernährung. Ich soll auch konsequent Sport machen. Die Krankheit ist vererblich, also

werde ich keine Kinder bekommen, obwohl ich mir immer welche gewünscht habe. Es ist auch für mich zu risikoreich Verantwortung für ein Adoptivkind zu übernehmen. Das wäre nicht verantwortungsvoll. Aber es bringt mir absolut nichts, den Kopf hängen zu lassen. Ich mache seit 25 Jahren meinen Job, gehe ganz normal arbeiten und bin einfach konsequent. Mein Leben lang. Und auch mit den Einschränkungen habe ich trotzdem viel Spaß. Ich kann vieles genießen im Leben, also nehme ich mit was geht und freue mich so lange ich alles, was geht, machen kann.

Das ist Mut, das ist Lebenswille, das ist Stärke und das ist Verantwortungsbewusstsein. Alle Achtung! Allerhöchsten Respekt!

Dagegen sind meine Story und die Spenden nur Kleinkram.

Am Anfang habe ich schon geschrieben: Wir setzen einfach so oft voraus, dass immer alles gut läuft. Ein Bekannter von uns kam ins Krankenhaus. Darmpolypen. Routine, ein Stück Darm raus, weiter geht´s. Keine Krebsgefahr, keine Metastasen. Er ist Polizist, Außendienst. Fit bis in die Haarspitzen, ein Kraftpaket. Die Operation verlief gut. Aber die Wunde heilte nicht. Oha, Krankenhausvirus (MRSA). Scheiße! Er kämpft jetzt schon seit mehreren Jahren damit. Er wurde im Herbst nochmals operiert und liegt seit 8 Wochen auf der Intensivstation. Lebensgefahr! Frau und 2 Kinder. Volltreffer! Und das wegen „mangelnder Hygiene" im Krankenhaus und falscher Diagnose. Er wurde mit stark geschwollenem Bauchbereich vom Notarzt am Wochenende auf den Termin im Krankenhaus am Dienstag vertröstet. Am Montagabend ist der Bauch geplatzt! Lebensgefahr, Koma, volles Programm. Wenn wir beim Gemeindefest über dem Kuchen keine Abdeckung bei der Ausgabe und dem Verkauf als „Spuckschutz" haben, dann kann jemand vom Gesundheitsamt das Fest sofort beenden. In unserem Bekanntenkreis kenne ich selbst 5 Personen, die mit Wundinfektionen wieder aus dem Krankenhaus nach Hause gekommen sind. 2 davon sind mittlerweile verstorben. Kein Witz! In unserer Tageszeitung habe ich letzte Woche einen Bericht gelesen, dass es nach Patientendaten von 2007 in Deutschland zu 19.000 Todesfällen in Krankenhäusern wegen falscher Behandlung, unzureichender hygienischer Maßnahmen etc. kam. Wie sollen das die Ärzte und Schwestern auch noch schaffen, wenn oberste Priorität die Wirtschaftlichkeit ist? Wenn eine Schwester in der Nachtschicht 40-50 Patienten betreuen muss. Und das vielleicht noch in der Geriatrie oder mit Demenzpatienten? Oder wenn ein Arzt 36h operieren soll? Aber darüber gibt es kaum Informationen.

Und damit sind wir aber weltweit trotzdem noch unter den „guten" Ländern. In den USA z.B. kann sich kaum einer einen Krankenhausaufenthalt leisten. Und ein Freund sagte mir kürzlich aus eigener Erfahrung, dass die aktuelle Praxis einiger Unternehmen darin besteht Mitarbeiter, die länger als 2-3 Wochen krank sind und nicht zur Arbeit gehen können, zu entlassen. Na toll, Land der unbegrenzten Möglichkeiten! Das nur am Rande, hat ja mit meinem Thema nicht direkt was zu tun, nur, dass ich einige Krankenschwestern in der Reha kennengelernt habe, die das unterstreichen und die der Belastung auch nicht mehr gewachsen waren.

Ein 13jähriges Mädchen aus dem weiteren Bekanntenkreis: Beine werden taub. Krankenhaus. Ein Tumor, der in der Wirbelsäule verwachsen ist und auf die Nervenbahnen im Rückenmarkkanal drückt. Notoperation um Lähmungen zu verhindern. Der Tumor ist nicht vollständig operabel. Das Ganze 2 Tage vor Weihnachten.

Ralf Schumacher, jeder ist bestürzt. Vollprofi, sportlich extrem trainiert, Weltsportler, für viele ein Vorbild. Einmal unachtsam, Schiunfall, Koma seit Monaten.....hoffentlich überlebt er. Ich denke er würde aus dem Stand spontan 100 Millionen auf den Tisch blättern, um den Unfall ungeschehen zu machen. Geht aber nicht.

Diese Erlebnisse und Schicksale brachten mich dazu einfach zufriedener zu sein, mit dem, was wir als Familie hier haben. Ein Fahrrad für die kurzen Wege oder ins Geschäft tut´s auch. Nicht immer den neuesten Fernseher, oder das beste Handy. Auch Kleider muss man nicht in jeder Saison komplett austauschen. Und „gesund zu sein" im Vergleich zu anderen. Mir ein Beispiel nehmen an solchem Lebenswillen, wie oben beschrieben.

Was bringt diese Erfahrung für mich? Wieder das Gleiche. Wenn ich mit wenigem zufrieden sein kann, dann habe ich weniger Stress meinen sogenannten „hohen Lebensstandard" oder Luxus zu halten. Wenn ich mit wenigem zufrieden bin, habe ich auch mehr zufriedene Momente und bin häufiger glücklich und freue mich. Weil ich einfach Ruhe und Zeit habe und das „Weniger" besser genießen kann.
Ich gönne mir den „Luxus Zeit zu haben", den Luxus das Handy in der Freizeit auszuschalten und einfach mal nicht erreichbar zu sein.

Von heute auf morgen kann sich alles ändern. Mit oder ohne eigenem Verschulden. Erst wenn man das verinnerlicht hat, weiß man wie wertvoll es ist einfach nur gesund zu sein. Also sollte man da mal mehr ein Auge darauf werfen.

Grundlegend haben sich meine Lebensprioritäten geändert.

Gesundheit, Familie, Spaß, Freunde, Arbeit.

Einschätzung von Sachverhalten: Ich sehe vieles lockerer und nehme es trotzdem ernst, fürchte weniger Konsequenzen und kann dadurch freier darüber nachdenken.

Genau das gleiche machen wir bei unserer Tochter in der Schule mit gutem Erfolg: G8 im Gymnasium verlangt, meiner Ansicht nach, sehr viel von den Kids. Aber ich will hier nicht über überzogene Lehrpläne wettern. Sie nimmt ihre Noten und die Fächer ernst. Alles läuft ganz gut, sie kann sich mittlerweile mit 13 Jahren selbst organisieren. Nur, wie so oft, Mathe ist nicht so der Hit. Der Lehrer schreibt auch schwere Arbeiten. Klar, einer muss ja schuld sein. Da kam auch schon mal eine 5 als Note nach Hause und es sind Tränen geflossen. Wir haben einfach zu ihr gesagt: „Du bist in allen anderen Fächern doch gut. Du lernst gerade 2 Fremdsprachen. Warum machst du dir Sorgen um ein Fach von 10? Kaum einer ist ein Allroundgenie, das hast du von deinem lieben Papa geerbt. Du musst in der Zeit jetzt nur versetzt werden. Selbst wenn du eine Ehrenrunde drehst, daran ist noch keiner gestorben, im Gegenteil, manchmal ist ein Jahr Entwicklung sehr hilfreich, weil man dann vieles leichter versteht. Dann wird aus dem G8 halt ein G9. So, wie es jetzt läuft, schaffst du auch mal später das Abi. Also lernen wir Mathe zusammen und es kommt einfach das raus, was du an dem Tag drauf hast, egal welche Note es ist."
Das Resultat war, dass sich das Ergebnis um 2 Noten von 5 auf 3 verbessert hat. Einfach weil der Erfolgsdruck und die Angst weg waren. Die Motivation und das Engagement sind geblieben. Das reicht mir als Bestätigung.

Ich freue mich auch über Kleinigkeiten, einfach weil ich jetzt weiß, wie es viel weiter unten aussieht.

Ich grübele nicht mehr so wie früher, wenn sich ein Problem in meinem Kopf festfressen will, dann überlege ich ob es jetzt Priorität 1 hat, wenn nicht, verschiebe ich es und mache Wichtigeres zuerst. Das Problem kommt dann dran, wenn es Zeit ist. Ist zu viel Arbeit da, wird sie so eingeteilt, dass ich sie noch bewältigen kann, notfalls verschoben. Diese Freiheit nehme ich mir. Ich habe dafür aber auch die volle Akzeptanz meines Chefs und aller

Kollegen. Aktuell arbeite ich gerade an der Planung eines Projektes in zweistelliger Mio. Höhe. Wenn da im Gesamtkonzept ein Fehler ist, dann kostet das später richtig Geld. Also lieber jetzt nach bestem Wissen genau hinschauen. Das tut mir gut und hilft ungemein. Die Planung macht auch viel Spaß, weil ich schon Erfahrung bei all den Einzelgewerken aus früheren Projekten habe. Außerdem haben 2 der neuen Kollegen auch noch Know-How dazu mitgebracht und wir tauschen uns immer alle in der Montagsbesprechung der Abteilung aus.

Ansonsten habe ich mich von bestimmten Aufgabenbereichen einfach befreit. (siehe Ehrenamt in der Gemeinde, private Baustellen etc.)

Umgang mit Fehlern:

Ein Fehler kann motivieren.

Aus einem Fehler kann man lernen.

Wenn ich einen Fehler behebe oder vermeide kann ich mich freuen.

Ein Fehler kann Folgen haben oder nicht.

Folgen eines Fehlers können Angst machen.

Angst kann verunsichern oder lähmen.

Angst kann zu körperlichen Symptomen führen.

Angst kann Verhalten ändern.

Angst kann die Psyche beeinflussen.

Dauerhafte Angst kann krank machen und zerstören.

Dann also lieber die Kette bei dem Punkt: Fehler vermeiden und sich freuen, beenden.

Ein Chef hat mal zu mir gesagt (einer von den 8): „Herr Dietrich, arbeiten Sie einfach nach Ihrem besten Wissen, dann machen sie keine Fehler." Käse, habe ich zuerst gedacht, jeder Mensch macht Fehler, jeden Tag, ich, er, jeder von uns. Das lässt sich nicht vermeiden, das ist normal.

Da hatte ich die Aussage aber noch nicht richtig interpretiert. Klar macht jeder von uns Fehler.

Gehen wir aber mal davon aus, dass es sich nicht um einen Vorsatz handelt. Den Fehler kennen wir dann erst hinterher, wenn sich etwas anders entwickelt oder einen anderen Verlauf nimmt, als wir geplant haben. Weil wir z.B. einen Punkt übersehen haben oder weil wir eine Annahme getroffen haben, die nicht stimmte. Wir treffen täglich tausende von Entscheidungen, teilweise automatisch, reflexartig, antrainiert. Unser Gehirn und die Milliarden Synapsen arbeiten auf Hochtouren. Bei den alltäglichen kleinen Dingen geht es meistens so aus wie gedacht. Oft spielt es letztendlich auch nicht wirklich eine Rolle, ob ich links oder rechts abbiege und dann 10 Minuten später oder früher am Ziel ankomme. (Es sei denn ich verpasse gerade mein Flugzeug oder die Frau wartet mit dem Essen – auweia!).

Da kann man nicht überall sicher sein, wie es ausgeht. Bei wichtigen Entscheidungen geben wir normalerweise unser Bestes. Wir treffen sie auf der Grundlage eines aktuellen Wissensstandes, bei dem wir auch mögliche Varianten der Entwicklung mit einbeziehen, soweit wir diese abschätzen können. Wir handeln also nach bestem Wissen und Gewissen, allein oder in der Gruppe. Zu diesem Zeitpunkt machen wir also keinen Fehler. Im Nachhinein kann sich dann herausstellen, dass es anders kommt. Pech gehabt. Dann muss man halt gegensteuern. Vielleicht hat man vorab ja schon ein paar Notfallszenarien und einen Plan B durchgesprochen und kann reagieren. Also: Wer nach bestem Wissen und Gewissen handelt und eine Aufgabe nicht leichtfertig abhakt, der „macht keinen Fehler." Oft wird bei Dingen, die dann richtig in die Hose gehen meist ein Schuldiger gesucht. Ich weiß, die Realität sieht da manchmal anders aus.

Was bringt mir diese neue Einstellung „Ich mache keine Fehler"? (Ich gebe zu, es klingt erst mal ziemlich arrogant und oberflächlich).
Ganz einfach: Ich verliere die Angst vor einer Aufgabe. Wenn der Chef weiß, dass du sorgfältig deine Aufgaben bearbeitest und dich bei Unklarheiten auch mit ihm und den Kollegen abstimmst und dann doch etwas in die Hose geht, dann stellt er dich nicht an die Wand, sondern sucht mit dir zusammen eine Lösung. Dann kommt hinterher noch eine Zusammenfassung, was man beim nächsten Mal besser machen kann, was lernen wir da draus? Das wird an alle Kollegen kommuniziert und das war´s. Kein Schuldiger, kein schwarzer Peter, keine heiße Kartoffel zum rumschieben. Du hast dabei keinen Druck. Du kannst gut schlafen. Du hast keine Angst vor der Aufgabe. Du suchst nach der Lösung und hast dazu den Kopf frei, weil du nicht daran denkst, was alles schief gehen wird. Und wenn du daran denkst oder dir fällt

ein Risiko auf (Risikoanalyse), dann suchst du schon wieder nach einem Plan B.

Also machen wir einfach unseren Job gut, dann ist alles in Ordnung. Hinterher ist jeder schlauer und Besserwisser gibt es immer. (Wieder nichts Neues, passt aber gut in den Zusammenhang, finde ich.) Ich habe auf jeden Fall damit die Anfangshürde bei den ersten Projekten der Wiedereingliederung viel besser nehmen können.

Ich habe nicht mehr so hohe Ansprüche, setze nicht mehr so viel als selbstverständlich voraus, z.B. Gesundheit.

Wie ist es mit Erwartungen an andere Menschen? In der Reha hat die Therapeutin in der Gruppe für soziales Verhalten eine ganz einfache Tatsache offen formuliert: „Sie können von ihrem Mitmenschen keine bestimmte Reaktion auf ihr eigenes Handeln erwarten." Was soll das denn? Ich kann doch erwarten, dass sich jemand bedankt, wenn ich ihm geholfen habe oder dass ich jemanden um einen Rat oder nach dem Weg fragen darf. Ich kann doch erwarten, dass sich meine Frau über eine teure Halskette freut, ich habe ja schließlich für das Geld gearbeitet oder? Ich kann erwarten, dass abends nach der Arbeit das Essen auf dem Tisch steht, wenn ich nach Hause komme. Ich kann erwarten, dass die Kinder im Haushalt helfen und und und. Das gehört doch zur guten Kinderstube.

Ja, kann ich alles erwarten. Wenn es aber nicht eintrifft, wie reagiere ich dann normalerweise? Richtig, ich bin erst mal sauer! Habe ja auch allen Grund dazu. Meine Erwartung ist nicht erfüllt worden.

Ich habe in der letzten Zeit mal versucht das ganze anders zu handhaben. Wenn ich jemandem helfe oder meiner Familie oder einem Freund ein Geschenk mache, dann erwarte ich erst mal keine Gegenleistung. Kein: Er wird mir ja dann auch was schenken, sie werden uns dann ja auch einladen, keine Verpflichtung. Ich freue mich zu dem Zeitpunkt an dem ich was mache einfach darüber, wenn es dem anderen Spaß macht, oder wenn ich dabei Spaß habe etwas vorzubereiten. Danach ist der Vorgang erst mal abgeschlossen. Ich habe selbst schon meinen Spaß gehabt, habe das Geschenk, die Einladung, was auch immer, selbst auch gerne gemacht. Keine Verpflichtung. Keine Eskalation der Einladungen, der Größe der Geschenke, der Termine, kein Druck. Es läuft so, wie man Lust dazu hat und wie man es sich selbst zumuten kann (von der Belastung her gesehen, Termine, Erholungsphasen etc.) Wenn dann zusätzlich eine positive

Rückmeldung kommt, dann umso besser, dann habe ich einen weiteren positiven Input. Die Rückmeldung soll aber auch ehrlich sein, das heißt es kommt auch zurück, hey, ich habe keinen Bock heute oder: Das Geschenk ist voll daneben. Damit muss ich umgehen können. Ist dann halt so. Auch das nimmt einen gewissen Druck aus dem Alltag und entspannt so Fragen wie: Wir müssen uns mal wieder mit Meiers treffen, ich weiß aber nicht was ich kochen soll, die sind doch so vegetarisch. Oder: Wie viel hat noch mal das Geschenk von Tante Trude gekostet, damit wir ihr nichts Billigeres schenken. Ist doch wurscht, gute Freunde können auch Spaß haben ohne diesen ganzen Verpflichtungskram.

Spontan fallen mir 3 größere Situationen ein, bei denen ich selbst meine Erwartungen einfach zu hoch oder falsch angesetzt habe: Ich war in der Patsche, richtig in der Patsche und ging davon aus, dass mir ein Freund, den ich sehr gut kannte helfen würde. Wir verstanden uns sehr gut, wenn es ums Feiern ging. Aber in dieser Situation war dann plötzlich Stille. „Ja, ich ruf dich an, hab aber gerade viel zu tun, melde mich." Nichts. Wir treffen uns zufällig: „Ja, hab dich nicht vergessen, aber du weißt ja, die Arbeit..." Wieder nichts, kein Anruf, bis heute nicht. Ich habe mir gewünscht, dass er für mich Zeit hat. Ich kannte ihn aber gar nicht in einer brenzligen Situation, sondern nur vom Feiern. Ich war sauer. Damals. Heute bin ich nicht mehr sauer auf ihn. Er kann halt nicht anders. Ich habe ihn falsch eingeschätzt. Meine Erwartungen wurden enttäuscht, weil ich falsche hatte. Also, mach´s gut Alter, mach dir keine Sorgen, mir geht´s gut. Jetzt erwarte ich keine Hilfe und freue mich dann einfach, wenn was zurückkommt. Ich weiß jetzt dann aber auch wo ich dran bin.

In einem anderen Fall hatte ich ein Geschenk gemacht, ein persönliches, mit großen Aufwand, selbst gemacht, nichts aus dem Laden. Ich dachte das kommt voll an. Pustekuchen, ging prompt in die Hose. Warum? Der Fehler lag bei mir. Ich habe die Person falsch eingeschätzt. Ich habe nicht wirklich gewusst, wie sie tickt. Es war auch wieder eine besondere Situation, die wir vorher noch nicht zusammen erlebt hatten. Also lag der Fehler bei mir. Das Geschenk hat nicht gepasst. Erst als ich das kapiert hatte, ist auch meine Enttäuschung über die Antwort damals langsam verflogen. Heute ist das o.k. für mich.

Drittes Beispiel, dann ist Schluss mit dem Thema: Ich arbeitete über 15 Jahre in einem Leitungskreis. Wir verstehen uns persönlich alle sehr gut, immer noch, manche laden auch zum Geburtstag ein, eine gute, kooperative Truppe in der ich auch viel Spaß hatte. Jetzt nach 15 Jahren bin ich aufgrund meiner Burnout Geschichte ausgetreten. Kein Problem, alle verstehen das, wir feiern einen Abschied, als Ausstand übernehme ich mit einem Kollegen zusammen die Getränke, alles bestens, alles kurz vor Weihnachten. Bei der Verabschiedung von früheren Kollegen hatten wir immer ein kleines Erinnerungsgeschenk als Dank für den Einsatz, die Mitarbeit und die schöne Zeit gemacht. Als wir 3 jetzt ausschieden passierte nichts. Alle wünschen alles Gute, wie man das so macht und man bedankt sich mündlich. Aber ein kleines Erinnerungsstück, z.B. ein Gruppenfoto auf dem alle unterschreiben oder sonst was , einfach ein sichtbares kleines Dankeschön für die letzten 15 Jahre aus der Gruppe, die die ganze Zeit zusammen gearbeitet hatte. Fehlanzeige. Die Gruppenleitung hatte vor 1,5 Jahren gewechselt. Vom Nachfolger bekamen wir 3 eine freundliche Karte und einen herzlichen Gruß mit „Danke." Das war absolut in Ordnung. Komisch dachte ich, ausgerechnet von der Person, die mich am kürzesten kennt. Von der eigentlichen Gruppe kam nichts, obwohl ich zuvor noch alle Unterlagen von den Arbeiten, um die ich mich schwerpunktmäßig gekümmert hatte, zusammengestellt und übergeben hatte. Dieses Mal fiel es mir schon wesentlich leichter: Hey, ich hatte meinen Spaß in dieser Zeit. Diese Zeit ist vorbei. Also mach einen Strich darunter und behalte das Gute im Kopf. Die wertvollen Kontakte werden weiter bestehen. Das tun sie auch schon. Darauf freue ich mich auch. Wieso soll ich mich also ärgern? Ich will den Rest meines Lebens lieber positiv verbringen.

Genauso ist es mit diesem Buch. Ich erwarte nicht, dass es ein Bestseller wird. Ich freue mich darüber, wenn andere oder Betroffene was Positives daraus für sich mitnehmen können und wenn am Ende vielleicht was für die Kinder in Katutura hängen bleibt. Das ist alles.

Wieder die Frage: Was bringt das Ganze und diese Beispiele? Für mich macht es die Beziehungen im Freundeskreis lockerer. Kein „ich muss mal wieder" kein Frust über eine nicht erfüllte Erwartung. Es gibt weniger „unterschwelligen" Druck. Es gibt weniger Ärger über andere, bleibt also mehr Zeit für Dinge, die gut tun. Dazu habe ich ein Weilchen gebraucht, weil ich ein wenig an meiner Grundeinstellung arbeiten musste. Klingt oberflächlich, ist es aber nicht. Und wenn´s gut tut, warum denn nicht? Es geht doch bloß darum, wie ich besser klar komme ohne selbst dabei ein Ekelpaket zu werden.

Allgemeine Vorgehensweise:
Wie finde ich für mich die eigenen Veränderungen heraus, die mir etwas bringen?

Im Prinzip ist es die gleiche Vorgehensweise wie bei einer Maßnahmenanalyse bei einem Projekt oder bei geplanten Verbesserungen.

Was sind „Quick Wins", d.h. Veränderungen, die man ohne großen Aufwand realisieren kann und die schnell Verbesserungen bringen?

Das kann z.B. ein Ehrenamt sein, das man abgibt, es muss ja nicht für ewig oder komplett sein, vielleicht reicht es ja auch einfach nur aus der Verantwortung, der Schusslinie, rauszukommen.

Auf diese Art kann man seine ganzen Beziehungen durchdenken und nachschauen wo etwas klemmt, ob man es ändern will, wie der Aufwand und die Folgen sind und ob es etwas bringt. Danach legt man die Prioritäten fest. Wenn möglich, dann klein anfangen, nicht mit dem schwersten Problem.

Wenn man einen „Befreiungsschlag" braucht, dann ist das möglicherweise schwer umzusetzen. Dazu am besten immer professionelle Betreuung zu Rate ziehen. Das ist keine Schande.

Als Ergebnis erhält man eine Handlungsliste, die schrittweise bearbeitet werden kann.

Humor:

Heikles Thema. Mit Humor kannst du viel erreichen. Wenn die Chemie zwischen 2 Personen stimmt und sie den gleichen Humor haben, dann kann fast nichts schief gehen. Einen Witz machen, auch wenn etwas in die Hose gegangen ist, das lockert auf. Das gibt Zeit zum Durchatmen. Das tut gut. Außerdem setzt Lachen Glückshormone frei (kann man googeln). Es gibt scheinbar sogar Entspannungskurse mit Lachübungen und Lachtraining. Ist doch gut. Manchmal, wenn ich einen angespannten Magen habe und merke, wie AMIE mal wieder in Fahrt kommt, dann denke ich an etwas anderes, lustiges und versuche zu lachen. Richtig zu lachen. Das lockert und macht leichter. Selbstmanipulation, spiele ich den Kasper? Nein, und wenn schon, kriegt ja keiner mit und ist doch egal, Hauptsache es hilft und ich brauche keine Talcid oder Pantoprazol einzuwerfen.

Allerdings muss man auch schon wissen wie man mit wem umgehen kann und wie „belastbar" jemand in Sachen Humor ist oder ob er leicht einschnappt. Zum Humor gehört auch eine gewisse Kritikfähigkeit, damit das ganze harmoniert.

Zufriedenheit: Dazu habe ich auf einer Spruchkarte etwas Schönes gelesen:

Wenn ich eine Schale in der Hand halte, die so groß ist, dass sie vom Inhalt dem entspricht, was ich mir wünsche und mit dem ich zufrieden bin und jemand schenkt mir ein, dann bin ich glücklich und zufrieden, wenn die Schale voll ist. Wenn was überläuft, kann ich das für andere weitergeben.

Wenn ich meine Schale kleiner machen kann bin ich schneller froh und öfter und bei kleinen Situationen habe also öfter ein zufriedenes Gefühl und gebe öfter weiter, was auch wieder mir selbst gut tut.

Ich kann aber auch immer mehr wollen und meine Schale immer größer machen. Nur werde ich dann nie richtig zufrieden und gebe auch nichts weiter, was mich alleine und vielleicht auch zum Außenseiter werden lässt, obwohl ich immer mehr von den anderen habe.

Ist das schlimm, wenn man sich nach so einem tiefen Lebenseinschnitt verändert?

Nein, absolut nicht.

Es ist NOTWENDIG.

Warum nimmt die Anzahl an Burnout Fällen so sehr zu?

Wie gesagt, ich bin kein Arzt, Soziologe oder Arbeitswissenschaftler. Daher kann ich diese Frage auch nicht vollständig und fundiert beantworten. Herr Dr. Schell ist ja auch schon in seinem Vorwort auf das Thema eingegangen. Aber der folgende Zusammenhang ist sicherlich auch nicht von der Hand zu weisen.

Mit den immer höheren Leistungsanforderungen in kürzerer Zeit und der damit verbundenen immer schnelleren Kommunikation steigt zum einen der psychische Druck und natürlich auch die Aufnahme und Verarbeitung an Informationen im Beruf und in der Freizeit. Alles und alle sind jederzeit erreichbar und man will ja auch auf keinen Fall etwas versäumen.

Wir machen die Abläufe, Prozesse, Produktion und unser Lebensumfeld mit Hilfe von Computern und Technik immer schneller und profitabler. Solange wir selbst dabei noch mithalten konnten, war das alles in Ordnung und gut und hat ja auch zur Erhöhung des Lebensstandards beigetragen.

Aber dadurch müssen auch wir immer schneller werden, weil wir mittlerweile ein Teil der Prozesse geworden sind und gönnen uns dabei keine Erholung. Die Computer und Maschinen arbeiten mit der einstellbaren oder maximalen Leistung. Wir selbst werden langsam zur Schwachstelle, wenn es an Schnittstellen auf unsere Arbeit ankommt.

Dann die Freizeit: Wer heute in seiner Freizeit nichts macht, der ist langweilig. Und man will ja selbst auch was erleben, seine Zeit sinnvoll verbringen.

In diesem Punkt gibt es einen sehr großen Unterschied zu „früher", als es diese Vielfalt der Möglichkeiten noch gar nicht gab. Als Kind war es das absolute Highlight, wenn ich alle 3-4 Jahre mal mit der Tante in Urlaub fahren durfte.

Der Mensch ist unheimlich lernfähig, wenn man sich mal die Entwicklung vom Kind zum Erwachsenen anschaut, das weiß jeder. Allein die Komplexität der Sprache zu beherrschen, und das schafft schon ein Kind vor Schulbeginn ohne dass es mit Hilfe von Buchstaben schreiben und lesen kann. Dann das Erlernen von motorischen und musischen Fähigkeiten, ich weiß nicht, ob die Evolution damals schon z.B. ans Klavierspielen oder Fußball gedacht hat. Auch das Denken und Kombinieren von Wissen und Informationen an sich, das ja bei einem Baby auch noch nicht vorhanden ist. Ebenso in der Schule sehen wir ja, dass das G8 oft einen gegenteiligen Effekt erreicht und Schüler den Leistungsanforderungen aus Zeitgründen nicht mehr gewachsen sind obwohl sie es an für sich schaffen könnten. Nur weil es zu viel in zu kurzer Zeit ist klappt es nicht mehr.

Warum klagen auch schon Jugendliche über Überforderung? Auch später im Arbeitsleben kommt es auf Wachstumsraten und Profitsteigerung und Leistungszuwachs an.

Ähnlich berichtet auch der Spiegel in seinem Artikel: „Der Uhrmensch" in der Ausgabe Nr. 36 vom 01.09.2014. Wenn es eine Erfindung gibt, um einen Ablauf schneller und einfacher zu machen, dann ist das zunächst eine

Erleichterung. Das Problem ist nur, dass wir dann die Anzahl der Abläufe so stark erhöhen, dass unterm Strich keine Ersparnis oder Erleichterung dabei herauskommt.
Vielleicht sind wir ganz einfach langsam mit unserer „biologischen Maschine Mensch" an einer Leistungsgrenze, in unserem selbst geschaffenen Lebensumfeld, angelangt, für die uns die Evolution oder der liebe Gott nicht gebaut hat.

Wie gesagt: „Zeit haben" wird immer mehr zum Luxus.

Veränderungen der Kommunikation / Medien:

> Brief
> Telefon
> Fernseher
> Taschenrechner
> Computer
> Videos
> Internet, Vernetzung,
> Handy
> Smartphone, I Pad, Facebook, What´s App

Den Unterschied merkt doch jeder auch selbst. Früher bin ich nach der Arbeit nach Hause gekommen. Wenn das Telefon nicht geklingelt hat, dann war Ruhe, Zeit für die Familie oder sich selbst. Heute gehst du erst nochmal deine privaten Mails checken oder hast in Facebook oder einem anderen Netzwerk noch 30 oder mehr andere Nachrichten. Von denen weißt du ja nicht ob sie wichtig sind, also auch nochmal checken. Und wenn man unterwegs ist: Wie viele Leute da auf ihrem I-Phone oder Smartphone rumwischen, immer erreichbar. Und ich glaube dass ein Großteil der Kommunikation, zumindest der privaten, einfach auch unnötig ist. Aber man hat ja die Möglichkeit alles und immer gleich und allen mitzuteilen. Logisch, dass da eine Überflutung eintritt.

12.) Mein ganz persönliches Fazit:

Worauf würde ich heute achten? Was werde ich anders machen? Wie würde ich heute vorgehen?

1. Ich werde auf meinen Körper und die Signale hören. Wenn ich eine Aufgabe oder meine Lebenssituation nicht ohne gesundheitliche Folgen langfristig aushalten kann, dann muss ich daran etwas ändern. Bis jetzt hat sich eine solche Situation aufgrund der Reduktion auch im privaten Bereich nicht mehr ergeben. Im Beruf kann ich alle Aufgaben wieder erfüllen, nur nicht mehr ganz in der Dichte wie früher. Einige Rückfragen bezüglich Ehrenämter habe ich daher freundlich zurückgewiesen.

2. Ich muss mit den Beteiligten, d.h. allen Beteiligten darüber reden, was mir Probleme macht und mich belastet. Problem rauslassen und lösen, nicht in mich hinein fressen. Ich war nicht plem plem, aber es bestand die Gefahr einer permanenten depressiven Phase, wenn ich nicht offen mit dem Thema umgegangen wäre.

3. Ich muss mit ihnen, den anderen Beteiligten, zusammen versuchen eine Lösung zu finden. Manchmal reicht auch eine Teillösung in einem Bereich, die dazu beiträgt, dass man wieder so viel Kapazität hat um den Rest zu stemmen. Dabei muss ich Prioritäten setzen.

4. Wenn diese Vorgehensweise nicht funktioniert, egal aus welchen Gründen, muss ich mir einen Plan B zu Recht legen, wie ich Teile meines Lebens so ändern kann, dass ich damit klar komme. Je nach Lage und Situation kann das vieles betreffen. Keine Tabus. (habe ich bereits beschrieben). Das ist in der aktuellen Situation nicht erforderlich, ich bin den aktuellen Anforderungen gut und stabil gewachsen.

5. Ich muss Ziele und Änderungen definieren und den Weg, um sie zu erreichen. Der Weg muss realistisch und begehbar für mich sein.

6. Ich muss den Mut haben den Weg zu gehen, das kann schwer sein, aber am Ende geht es nur darum, dass du wieder auf die Beine kommst.

7. Vielleicht ergeben sich auf diesem Weg wieder ganz neue positive Aspekte, die ich vorher gar nicht sehen konnte, so wie dieses Buch. Ich muss selbst offen sein für Veränderungen und neue Wege.

8. Wichtig: Vor allem auf die körperliche Gesundheit und Fitness achten. Kein Hochleistungssport, aber regelmäßige Ausdauer, vielleicht auch Sauna, die hilft bei mir ideal. Das tut dem Körper gut, setzt „Glückshormone" frei, stärkt die Belastbarkeit, macht den Kopf frei und sogar das alkoholfreie Bier schmeckt hinterher doppelt so gut. Verlängert die Lebenserwartung durchschnittlich um 10 Jahre und zwar nicht im Rollator sondern auf dem Fahrrad. Macht man doch beim Auto auch: Ölwechsel, Inspektion, Pflege, Waschstraße. Warum nicht für sich selbst? All das weiß jeder, sagt dir auch immer dein Hausarzt. Aber machst du´s auch? Wie, keine Zeit? Es geht um deine Gesundheit und um 10 gute Jahre deines Lebens! Nimm dir die Zeit! Das ist auch ein Luxus, den man sich gönnen kann.

9. Bei der Ernährung achte ich auch auf darauf Genussmittel wie Kaffee oder Alkohol sehr kontrolliert zu mir zu nehmen. Beide können, so nehme ich das bei mir wahr, die „Steuerung" beeinflussen. Auf zu viel Coffein werde ich hektisch und nervös und merke auch das Kribbeln oder die Anspannung wieder. Also weglassen. Gleiches gilt für den Alkohol. 1 Bier ist o.k., danach bleifrei.

10. Ich weiß, dass ich auf meinem persönlichen Weg mit AMIE zusammen sehr gute Rahmenbedingungen hatte. Ich musste einiges, auch mich und meine Gewohnheiten, ändern, aber viele haben mich unterstützt. Ich weiß, dass die Situation von vielen von euch schwieriger ist. Aber manchmal reicht es über einen Hügel zu gehen, um die Angst vor dem dahinter liegenden Berg zu verlieren. Und genau so hat er bei mir auch angefangen, der Weg aus dem Loch. Nur wer sich auf den Weg macht und den ersten Schritt geht, kann auch ankommen und manchmal ist auch der Weg das Ziel.

11. Ich brauche auch heute noch Ruhephasen am Tag. Die kann ich selbst gestalten. Das können auch 10 Minuten bei der Arbeit sein, in denen ich mich mal nicht konzentriere oder Entspannungsatmung in einer Besprechung, von der keiner was bemerkt. Dabei merke ich dann, wie angespannt man sein kann, ohne es zu wahrzunehmen. Wenn dann, wie ein Wasserfall mit dem langsamen Ausatmen das entspannende Kribbeln vom Nacken über die Wirbelsäule bis in die Beine „hinunterfließt." Das nimmt die ganze Anspannung im Kopf mit.

12. Ich höre anderen Menschen viel mehr zu, die über das Thema Belastung und Burnout reden. Ich nehme sie ernst, weil ich von jedem auch was für mich lernen kann.

13. Ich freue mich über jeden Tag. Den Spruch: „Weil jeder Tag zählt", aus einem bekannten Film über ein sehr großes Schiff kennt ja inzwischen auch jeder.

Aus dem Brief einer älteren Dame:

(http://www.zeitzuleben.de/2846-aus-dem-brief-einer-alteren-dame/)

„Könnte ich mein Leben nochmals leben, dann würde ich das nächste Mal riskieren, mehr „Fehler" zu machen. Ich würde mich entspannen, lockerer und humorvoller sein als dieses Mal. Ich kenne nur sehr wenige Dinge, die ich ernst nehmen würde.

Ich würde mehr verreisen, und ein bisschen verrückter sein. Ich würde mehr Berge erklimmen, mehr Flüsse durchschwimmen und mir mehr Sonnenuntergänge anschauen. Ich würde mehr spazieren gehen und alles mehr genießen. Ich würde öfter ein Eis essen und weniger Bohnen.

Ich hätte mehr echte Schwierigkeiten als eingebildete. Müsste ich es noch einmal machen, ich würde einfach versuchen, immer nur einen Augenblick nach dem anderen zu leben, anstatt jeden Tag schon viele Jahre im Voraus.

Könnte ich noch einmal von vorne anfangen, würde ich viel herum kommen, viele Dinge tun und mit sehr wenig Gepäck reisen. Ich würde Klavier spielen lernen. Könnte ich mein Leben noch einmal leben, würde ich im Frühjahr früher und im Herbst länger barfuß gehen. Und ich würde öfter die Schule schwänzen.

Ich würde mir keine hohen Stellungen erarbeiten, es sei denn, ich käme zufällig daran.

Auf dem Rummelplatz würde ich viel mehr Fahrten machen und ich würde viel mehr Gänseblümchen pflücken."

(Nadine Stair, aus: Das Robbins Power Prinzip von Anthony Robbins, S.533)

Letzte Woche hatten wir beim Wandern eine sehr interessante Begegnung. In der St. Annakapelle von Burrweiler saß bei schönem Wetter eine Frau Mitte 70 neben einem Tisch mit Marmeladegläsern. Wir machten eine kurze Wanderpause in der Kirche und dachten: Na, kaufen wir der Oma mal ein Glas Marmelade ab, damit sie einen schönen Tag hat. Die Sorten waren auch ausgefallen, etwas, das man nicht im Supermarkt kaufen kann.

Dann kamen wir ins Gespräch und plötzlich wurde aus der alten Frau mit dem faltigen Gesicht und der dicken Brille eine waschechte Managerin: „Das Jahr über verkaufe ich die selbstgemachte Marmelade. Ich unterstütze damit eine Krankenschwester in Tansania, die dort im Alter von 76 Jahren Kinder betreut und täglich 80 Mahlzeiten zubereitet. Mit meiner Marmeladen- und Bastelaktion bekomme ich so 2-3000 Euro im Jahr zusammen! Dann betreue ich auch die Walfahrten zur St. Annakapelle. Die größte davon findet im Sommer statt, da kommt auch der Bischoff und weiht die ganzen Spenden und Gaben. Dazu lasse ich 4-500 Brote backen, schreibe alle Winzer und Landwirte in der Umgebung an, die dann Obst und Gemüse oder Wein Spenden. Zu diesem Gottesdienst mit dem Bischoff kommen oft um die 1000 Menschen und nach dem Godi nimmt jeder etwas von den Gaben gegen eine Spende mit. Da kommen nochmal 3-4000 Euro zusammen. Auf diese Weise kann ich die Schwester in Afrika gut unterstützen, damit sie ihre Kinder über Wasser halten kann und auch ihr Krankenhaus weiter besteht. Bevor ich meine Zeit vor dem Fernseher vertrödele mache ich lieber sowas. Das ist nicht anstrengend, ich habe mit Menschen zu tun und es nützt auch noch anderen was."

Hoppla, da sitzt ein vermeintlich „altes Mütterchen" auf einem wackeligen Kirchenstuhl und leistet aus Freude mit 75 Jahren mehr an sozialem Engagement, als ich das bisher in 15 Jahren zu Stande gebracht habe oder vielleicht zu Stande bringen werde. Da fällt mir nur eins ein: Hut ab! So kann man´s auch machen. Ist nicht Jedermann´s Sache, klar, aber trotzdem beispielhaft.
Also, wenn Ihr mal in der St. Anna Kapelle vorbeischaut und da sitzt eine Oma mit Marmeladengläsern auf dem Stuhl… Ich kann nur sagen: Die Marmelade schmeckt vorzüglich!

Letztens hat mich meine Frau zufällig auf einen Artikel in der Infozeitschrift „alverde" einer Drogeriemarktkette aufmerksam gemacht. Da gibt es monatlich eine Kolumne, die der Aufsichtsrat Herr Professor Götz W. Werner persönlich schreibt. Er spricht in dieser Ausgabe vom August 2014 auch von dem Mut zur Demut im Zusammenhang mit Erfolg. Kurz gesagt, wenn man etwas erreichen will braucht man einen gewissen Mut dazu sich für sein Ziel zu engagieren, man darf aber auch gleichzeitig nicht übermütig werden und sich selbst überschätzen, um nicht den Blick auf das Wesentliche zu verlieren. Er zitiert dabei auch den Amerikaner George Washington Carver, der als Sklave geboren wurde und später für seine Leistungen von Präsident Roosevelt und Henry Ford geehrt wurde, in diesem Zusammenhang mit Demut trotz seines großen Aufstiegs folgendermaßen:

„Wie weit Du im Leben kommst, wird davon abhängig sein, wie weit Du zärtlich mit den Kleinen umgegangen bist, mitfühlend mit den Alten, Anteil nehmend mit denen, die sich anstrengen und geduldig mit den Schwachen und den Starken. Denn eines Tages wirst Du selbst dies alles gewesen sein."

Das Zitat hat mich irgendwie beeindruckt und auch, dass ein erfolgreicher Konzernmanager von Demut spricht.

Das war nur ein kleiner „Seitensprung" zu einer flüchtigen Bekanntschaft bei einer Wanderung und einem Zeitungsartikel.

Heute, 15 Monate nach Ende der Wiedereingliederung kann ich fast alles wieder machen und unternehmen wie vorher. Ich habe alle Aufgaben meines früheren Arbeitsbereiches bereits noch einmal bearbeitet. Von der Erstellung einer Ausschreibung, Layout Planung, Datenanalyse, Projektpräsentation, Angebotsvergleiche, Anbietergespräche, Projektreisen sogar bis zur Inbetriebnahme von Anlagen. Ich habe alles geschafft. „Ich kann also mein Geld weiterhin noch verdienen."

Darüber bin ich sehr froh und dankbar.

Allerdings muss ich dabei auch auf Pausen zwischendurch und z.B. Ausgleichszeiten für Geschäftsreisen achten. Ich brauche auch die Möglichkeit z.B. am Nachmittag vor einer Ganztagesbesprechung anzureisen oder erst am Folgetag abzureisen. Wenn ich eine Aufgabe zeitlich nicht erfüllen kann, weil ich ausgelastet bin, dann sage ich das auch. Das ist besser als abzunicken und hinterher sind dann alle unzufrieden, wenn es doch nicht klappt. Das ist wichtig für mich und diese Freiheit nehme ich mir. Das gegenseitige Vertrauen und Verständnis bei den Kollegen und dem Chef sind vorhanden.

Ich habe auch mein privates Umfeld und meine Prioritäten verändert, ich nehme mir mehr Zeit für mich selbst oder die Familie. Ich habe die Verantwortung in der Gemeinde abgegeben, es gibt keine Umbauten oder Renovierungsarbeiten „aus eigener Hand" mehr, die kann man alle vergeben. Ich habe mehr Freizeit, in der ich Sport treibe, mit Marliese mal in die Sauna gehe, ein Bild male oder auch mal nur auf der Couch liege und entspanne. Manchmal bringt mir Sara auch ein paar Takte auf dem Klavier bei.

Alles in allem kommt unterm Strich vielleicht etwas weniger heraus an „Leistung" gegenüber der Zeit vor dem Burnout. Aber es ist immer noch genug, um meinen Job machen zu können und Freude und Spaß zu haben. Und die Beurteilung von meinem Chef ist eindeutig.

Wenn ich die Anforderungen an mich im Beruf einmal nicht mehr erfüllen können sollte, dann bricht die Welt auch nicht zusammen. Zuerst mal nach einer gemeinsamen Lösung oder Alternative mit der Firma suchen, wo ein gemeinsamer Wille ist, da ist oft auch ein Weg.

Und jede Veränderung kann auch eine Chance sein.

Ich werde mir Mühe geben konsequent zu sein. Wenn alles klappt und der „Chef" da oben es auch will, dann kann ich in den nächsten 30 Jahren noch viel bewegen und viele Menschen und Kinder zum Lachen bringen. Tut nicht weh, geht mit einfachen Mitteln, kostet fast nichts und macht verdammt viel Spaß. Ganz im Sinne der alten Dame.

Mit dem Buch habe ich natürlich auch meine darin beschriebenen Erlebnisse ein Stück weiter verarbeitet (würde mein Therapeut sagen, stimmt ja auch). Ich sehe vieles anders und habe meine Prioritäten im Leben und mein Verhalten in manchen Punkten geändert. Ich habe mich auch von „Ballast" getrennt.

Bei einem meiner früheren Arbeitgeber hat mir mal ein Vorgesetzter gesagt: Herr Dietrich, Sie sind zu weich.

Ich war ganz unten, ich habe meine Mutter 2 Jahre gepflegt, ich habe 2 Kinder großgezogen, ich habe Projekte in Millionenhöhe im laufenden Betrieb realisiert, ich habe 2 Häuser gebaut, ich bin 15 Jahre ehrenamtlich in der Gemeindeleitung tätig gewesen, ich habe ein Patenkind bei der Kindernothilfe, ich war ganz unten, ich habe mich nach der Reha wieder alleine selbst rausgezogen, ich habe Menschen kennengelernt, von denen ich erfahren habe was wirkliche Probleme sind (meine waren auch nicht alltäglich, aber die anderen wollte ich erst recht nicht haben), ich habe in der Reha laut meiner Ärztin das Maximum in 7 Wochen erreicht, ich bin trotz alternativer Möglichkeiten und ärztlicher Angebote in meinen alten Job zurückgekehrt, ich arbeite heute wieder in allen Bereichen, ich habe dieses Buch geschrieben.

Also, ich bin mit mir ganz zufrieden!

Ich habe mich verändert. Ein neuer Lebensabschnitt beginnt:

JETZT !!

Das ist meine Erfahrung, die ich Euch geben kann. Jeder tickt anders. Nehmt das, was ihr brauchen könnt aus dem Buch mit und macht was draus. Es ist euer Leben und ihr habt nur eins. Viel Glück und Erfolg und: Einsatz ist gut, positiver Anspannung auch, aber drauf achten, wenn es an die Gesundheit geht. Bloß keinen Stress.....!

Heute ist der 31.12.2013. Es wird ein guter Jahresabschluss:

- Ich beende gerade das Grobkonzept dieses Buches. Ich werde es an die Chefärztin meiner Rehaklinik zur Korrektur und Freigabe schicken. Mittlerweile hat Sie mir geantwortet und mich zu dem Buch ermutigt, ein sehr gutes Gefühl! ☺☺
- Vor 2 Tagen gab es eine Art Familienzusammenführung mit Verwandten, die wir schon lange nicht mehr gesehen hatten.
- Ich trage keine Verantwortung mehr für die Kirchengemeinde.
- Unsere neue Katze Momo ist ab heute stubenrein. Die Katzentoilette war leer. ☺

Ich freue mich mit AMIE und meiner Familie auf 2014! ☺☺☺

13.) Was habe ich mit Gott zu tun?

Damit wir uns richtig verstehen: Ich will hier niemanden bekehren oder Missionsarbeit leisten. Was ich schreibe betrifft ausschließlich meine eigenen Gedanken und meine Einstellung. Ihr seht das einfach so, wie Ihr wollt und akzeptiert meine Haltung ebenfalls. Und das ist gut so.

Ich bin Techniker, was habe ich mit Gott zu tun? So gut wie alles kann man wissenschaftlich erklären, mit Physik, Mathematik, Chemie, Biologie, der Theorie vom Urknall. Manche Entstehungsvorgänge kann man sogar in Teilchenbeschleunigern reproduzieren.

Wow, was wir alles erforscht und gelernt haben. Wenn wir etwas nicht wahrnehmen können, dann bauen wir uns Hilfsmittel dazu, benutzen Sensoren, messen unsichtbare Strahlung und Wellen, schauen mit Teleskopen ins All, fliegen zum Mond, führen Krieg, schicken Spione aus und hören uns gegenseitig ab. In der Medizin können wir so viel heilen, Organe austauschen und haben sogar neue Viren gezüchtet, die wir selbst nicht mehr bekämpfen können (MRSA, wow, toll). Mit dem Stand der Computertechnologie schaffen wir fast alles selbst, solange die Technologie nicht uns schafft.

Was wir nicht wahrnehmen können gibt es nicht. Alles andere lässt sich erklären oder nachweisen, denken wir. Wieso sollte es dann einen Gott geben und wenn doch, wozu brauchen wir dann Gott überhaupt? Sind wir doch selbst, oder? Zumindest gehen wir mit der „blauen Kugel" so um. Und das nicht mal zu unserem Vorteil. Trotz all unserem Wissen, Fortschritt und Technologie verhalten wir uns auch nicht schlauer oder besser, als der Heuschreckenschwarm, der alles in seiner Umgebung auffrisst und sich so lange vermehrt, bis er verhungert, weil nichts mehr da ist. Allerdings sind wir mit unseren technischen Möglichkeiten darin viel effizienter. Wenn man bedenkt, was man da alles Positives damit machen könnte, 80% aller großen Probleme wären lösbar, aber wir bekriegen uns lieber weiter. Da sind wir halt doch nicht über das Sandkastenstadium hinaus gekommen. „Mein Förmchen ist größer als Deins" oder „Mein Bruder ist stärker als Deiner". Scheinbar hatte Herr Albert Einstein doch Recht mit seinem Satz: „Der Mensch hat gelernt die Natur zu beherrschen, bevor er gelernt hat sich selbst zu beherrschen." (sinngemäß)
Kann man natürlich viel differenzierter sehen. Der Gedanke kam mir aber gerade so beim Schreiben.

Es gibt so viele Dinge, die passieren, ohne dass wir es wissen, und die wir nicht vorausplanen können. „Wenn ich das gewusst hätte dann hätte ich anders reagiert." Wir nennen das dann Zufall. Vielleicht, vielleicht aber auch nicht, ich weiß es nicht. In dem Film: „Das seltsame Leben des Benjamin Button" gibt es eine Handlungssequenz, in der er selbst die Abfolge von scheinbaren Zufällen beschreibt, die in der Verkettung dazu führen, dass seine Frau/Geliebte verletzt wird oder zu Tode kommt. Ich stelle mir selbst auch manchmal die Frage: Wieso ist das alles jetzt genauso gekommen oder …hat so kommen müssen? Eine Antwort weiß ich auch nicht, irgendwie muss es ja passieren.

Ich habe mich seit 16 Jahren ehrenamtlich in der Gemeinde engagiert. In der Hauptsache früher bei Arbeiten, die Spaß gemacht haben. In den letzten 6 Jahren war das dann aber eher auch Stress und belastend, weil auch bei „Kirchens" kräftig gespart werden muss.

Das ganze Engagement hatte mehr so den Charakter von Hobby. Man war auch noch mit Freunden und netten Leuten zusammen, hat Feste gefeiert, im Gottesdienst mitgeholfen und Verantwortung in der Gemeindeleitung getragen. Das hat einfach auch auf sozialer Ebene Spaß gemacht und macht es immer noch, auch ohne Ältestenamt.

Jetzt bist du auf einmal in einer Situation in der es um die Wurst geht. So habe ich das zumindest selbst empfunden und die Aussage der Ärzte und Therapeuten lassen diesen Schluss durchaus zu. Du kommst mit deinen eigenen Mitteln nicht mehr klar. Du kannst dir selbst nicht mehr helfen. Es geht auch um dein Leben. Die Situation erscheint ausweglos. Dann erinnerst du dich an Gott, den aus dem Gottesdienst, den bei dem du schon oft für andere um Hilfe gebetet hast. Den, zu dem deine Mutter und dein Großvater im Krieg im Bombenhagel in Mannheim gebetet haben. Den, zu dem viele ältere Menschen beten. Den, zu dem man gehen kann, wenn etwas nicht mehr nachvollziehbar oder technisch erklärbar ist oder wenn man in Not ist. Den, der immer dann her halten muss, wenn man in der Klemme steckt und nicht mehr weiter weiß. Den, der immer dann unseren Mist wieder richten soll, wenn wir nicht mehr weiter wissen.

Die Ärzte sagen dir „mechanisch sind sie gesund", aber du fühlst dich miserabel.

In der Situation habe ich zum ersten Mal so richtig für mich selbst gebetet und um Hilfe gebeten. Ich kannte damals auch keinen Ausweg. Hätte ich mich einfach mehr selbst informieren sollen? Vielleicht, aber ich konnte mir keine Zusammenhänge vorstellen, ich wusste nicht, wo ich anfangen sollte.

Ich habe eine Gegenleistung für meine Bitte zugesagt. Ich habe von mir aus in meinem Kopf einen „Deal" mit Gott gemacht. Wenn Du mir hilfst, dann mache ich dafür... , so wie wir untereinander „dealen."
Ich weiß, man kann mit Gott nicht „dealen." Man kann auch nichts von Ihm fordern. Man kann Ihn bitten. Und dann selbst das Möglichste dazu tun. Und Man muss die Augen aufmachen und manchmal in manchen Dingen und Änderungen auch etwas Positives sehen. Dazu habe ich dann Kraft schöpfen können und ganz einfach zusammengefasst:

1.) Ich lebe noch. (Wenn das, was der Arzt in der Krankenhausnotaufnahme gesagt hat stimmt, dann hätte das alles auch anders ausgehen können).

2.) Ich habe (damals nach dem Krankenhaus vor der Reha) keine größeren bleibenden gesundheitlichen Schäden außer einer geringeren Belastbarkeit.

3.) Meine Familie hat immer kompromisslos zu mir gehalten.

4.) Ich hatte viele Freunde und meine Kollegen, die mir Mut gemacht und meine Situation während der Wiedereingliederung mitgetragen haben.

5.) Ich war genau in der richtigen Reha Klinik, die mir alle erforderlichen Rahmenbedingungen für den Beginn der Genesung geliefert hat. Und ich hatte dort sehr gute Ärzte.

6.) Ich habe dort nach 7 Monaten Wartezeit genau die Info und Werkzeuge erhalten, die ich gebraucht habe um meinen Weg zurück zu finden.

7.) Ich hatte das Erysipel, und habe dadurch das Malen wieder angefangen.

8.) Als ich wusste welchen Weg ich gehen kann habe ich mir zum Ziel gesetzt anders und besser zu werden als vorher, mehr Freude am Leben zu haben, soweit ich es kann, anderen zu helfen. Ich bin auf diesem Weg.

9.) Ich hatte einen sehr guten Therapeuten zu Hause.

10.) Ich hatte einen Chef, der mich ermutigt hat wieder zurück zu kommen, mit dem ich auch heute noch in Kontakt bin.

11.) Der neue Chef hat mich optimal unterstützt.

12.) Die Unterstützung für dieses Buch von der Chefärztin und meinen Therapeuten.

Warum sollte ich also nach all diesen Erlebnissen nicht doch anfangen an Gott zu glauben? Alles nur Zufälle? Für mich nicht mehr! Aber das kann jeder für sich selbst entscheiden.
Jetzt bin ich dran. Ganz einfach. Hätte ja alles auch anders kommen können. Stimmt, ist es aber nicht. Und ich mache jetzt das Beste draus. Und ich arbeite daran meinen Teil des „Deals" zu erfüllen.

Ich drehe den Satz oben mit dem Beweis durch die Naturwissenschaften für mich in Bezug auf Gott einfach um: So lange mir niemand eindeutig bewiesen hat, dass es Gott nicht gibt, sagen mir meine persönlichen Erlebnisse und Erfahrungen das Gegenteil, trotz aller Ungereimtheiten, die es gibt.

Bleibt die Frage, die ganz am Anfang steht: Warum ist mir der Burnout überhaupt passiert?

Im Nachhinein muss ich sagen: Da war ich selbst Schuld. Ich hatte alle Signale, alle Anzeichen. Aber ich habe sie ignoriert. Ich habe nicht mit dem Schlimmsten gerechnet, bis es da war. Ich konnte es mir nicht vorstellen, ich wollte es für meinen Fall nicht akzeptieren. Ich war nicht konsequent, weil ich Angst vor den Folgen und den Veränderungen hatte, die eine Entscheidung mit sich gebracht hätte. Das hätte ich ein Jahr früher einfacher haben können. Heute würde ich anders handeln. Klar, hinterher ist man immer schlauer.

Die Frage: „Ja und warum passieren dann all die anderen schlimmen Unfälle und tragischen Dinge und Kriege?" (Kennt jeder aus dem Bekanntenkreis, wir auch).

Das kann ich nicht sagen, ich habe keine Antwort. Aber muss ich eine haben? Manches hängt auch ganz einfach von uns selbst ab. Ich spreche nur von mir persönlich. Von meiner kleinen Familie und mir. Und ich weiß, dass wir ganz sicher nichts Besonderes sind, wir versuchen einfach unser Ding zu machen. Das ist alles.

Er, der CHEF da oben oder wo auch immer, ist nicht da, um alles was schief läuft (unseren Mist) wieder zu richten. Wir könnten selbst genug verhindern oder besser machen, wenn wir wollten. In einem Gottesdienst hat ein Pfarrer bei einem Totengedenken mal gesagt: „Gott hilft nicht am Leid/Elend vorbei, aber durch das Leid hindurch wenn man sich auf ihn einlässt", eine Art Trostpflaster also?

Spielt es letztendlich eine Rolle ob Gott (egal wie er heißt) mit im Spiel ist?

Es tut nicht weh, wenn man an Gott glaubt. Vielleicht ist er ja auch nur irgendwie ein Seelenpflaster, kann sein. Mir hat es gut getan. Am Ende ist doch nur wichtig, was bei jedem selbst rauskommt bevor er in die Kiste springt:

Spaß gehabt oder nicht?

Auf Kosten anderer gelebt oder nicht?

Gute Eltern gewesen und für die Familie gesorgt oder nicht?

Hilfsbereit (soweit möglich, Problem „nein sagen") gewesen oder nicht?

Wie bleibe ich in Erinnerung?

Andere über den Tisch gezogen oder nicht?

Nur an sich selbst gedacht und den eigenen Vorteil gesucht? usw.

In dem Film „Das beste kommt zum Schluss" mit Jack Nicholson und Morgan Freeman (beide haben Krebs und wissen, dass sie in den nächsten 6 Monaten sterben werden) stellt Carter (MF) in der Szene auf der Pyramide auch eine ganz gute Frage: „Wenn du stirbst und stehst oben vor der Tür zum Himmel und du wirst gefragt: Hast du Freude im Leben gehabt? Und Hast du anderen Freude bereitet? Was antwortest du dann?" (Ägyptisches Sprichwort).

Sehr wahrscheinlich wird mein Bonuspunkte Konto nicht für die Eintrittskarte reichen. Aber wie gesagt, das Erlebnis mit den fröhlichen Kindern in Katutura in Namibia und mit vielen der Menschen, die ich in der Reha oder auch im Freundeskreis kennengelernt habe, haben mich beeindruckt. Was zu essen, Kleider, ein Ball und jemand der sich um sie kümmert. Das war alles was sie brauchten, um lachen zu können. Und wenn es mir Spaß macht den Kindern Gründe zu geben zu lachen, warum denn nicht?

Andere freuen sich an ihrer Briefmarkensammlung, am neuen I-Phone oder dem Auto oder der X-Box. Die Therapeuten in der Reha freuen sich über jeden, den sie wieder in die Reihe bekommen. So hat jeder seine eigenen Hobbies und Erfolgserlebnisse. Die Liste ist unterschiedlich und vollkommen wertneutral.

Und wenn es mir Freude macht Kindern oder anderen Menschen zu helfen und sie lachen mich an und bedanken sich, meine Güte, was ist schlecht daran? Ich finde es richtig „geil"!

Bin ich deshalb ein Warmduscher? Die Frage habe ich schon beantwortet.

O.k. mit dem ewigen Leben, da habe ich noch so meine Probleme. Ich weiß auch nicht ob es gut ist mein ewiges Leben den anderen zuzumuten. Aber vielleicht ist damit auch im übertragenen Sinn die Erinnerung gemeint, die bei den anderen an dich zurückbleibt.

Also, danke für deine Hilfe da oben. Sorry, wenn ich Dir Stress gemacht habe. Ich gebe mir Mühe meinen Teil nicht wieder zu versemmeln.

Ich glaube an Gott. Ich werde meinen Teil des Deals erfüllen, dieses Buch ist der Anfang.

Willkommensempfang zu Hause:

14.) Dank:

Das mit dem Danken ist so eine Sache. Man dankt so selten für viele Sachen, man setzt soviel voraus. Vieles ist so alltäglich geworden.

Man setzt voraus,

dass man morgens gesund aufwacht,

dass man genug zu essen hat,

dass die Kinder gesund groß werden und nicht vor dir sterben,

dass die Krankheiten, die man bekommt immer wieder heilbar sind,

dass man keinen Unfall hat,

dass man immer seinen Hobbies nachgehen kann,

dass man alt wird und dabei gesund bleibt,

dass man seine Lebensversicherung ausbezahlt bekommt,

dass der Partner nicht vor einem stirbt,

dass man seinen Lebensabend zusammen genießen kann,

dass man Freunde hat, die zu einem halten,

dass man Arbeit hat, die vielleicht auch noch Spaß macht,

dass die Arbeit / die Projekte gut laufen,

dass man sich was leisten kann,

dass das Essen im Restaurant schmeckt,

dass die Brötchen beim Bäcker immer frisch sind,

dass das Auto morgens anspringt,

dass die Bahn und Busverbindungen immer pünktlich sind,

usw.

Das alles kann von heute auf morgen innerhalb weniger Momente ganz anders sein, ganz anders.

Und du willst nur noch eins: LEBEN ! sonst nichts, nur leben. Und dafür gibst du alles her. Egal was, so wie wenn dein eigenes Kind im Sterben liegen würde. Alles egal, Kohle, Haus , Auto alles scheißegal, nur leben!.

Also danke ich jetzt, wenn ich morgens gesund aufwache und einen schönen Tag genießen darf, wenn ich mich auf etwas freue, wenn mich jemand aufmuntert, wenn mir was gelingt, wenn ich Zeit für mein Hobby habe, wenn es meiner Frau gut geht und den Kindern usw.

Nichts ist selbstverständlich, nur weil es immer so war und man davon ausgeht, dass es so bleiben wird.

Ich habe vielen zu danken:

Meiner Frau Marliese, Sie hat immer uneingeschränkt zu mir gehalten und mich immer wieder ermutigt nicht aufzugeben. Sie hat meine Arbeit zu Hause mit übernommen und mir immer den Rücken frei gehalten, dass ich genug Zeit hatte, die ich brauchte und auch heute noch brauche.

Meinen Kindern Viktoria und Sara, sie haben mir Mut zugesprochen und mich in den Arm genommen. Sie und Stefan haben mich in der Reha besucht, das hat sehr viel Auftrieb gegeben. Meiner Tochter Sara für ihr entspannendes Klavierspiel und Viktoria für die große Unterstützung meiner Frau.

Meiner verstorbenen Mutter, von Ihr habe ich gelernt, dass man nicht aufgeben darf, bevor das Licht ausgeht und wie wichtig die Familie und die Kinder sind.

Heidi, Dieter, Matthias und Olga, die seit 52 Jahren immer da sind, wenn man jemanden braucht. Egal zu welcher Tageszeit. Das sagt alles.

Robert und Ute, die sich immer nach mir erkundigt haben und im Notfall für Marliese zur Stelle gewesen wären. Robert habe ich oft auch meinen ganzen Problemkasten beim Laufen ausgeschüttet.

Arthur und Marianne, Hiltrud und Klaus und den Kindern, die einfach zur Familie gehören und auch im Notfall Gewehr bei Fuß stehen.

Meinem Onkel, der Marliese immer bei den Gartenarbeiten unterstützt und sie entlastet hat.

Ralf Lydia und Stefan als „ mögliche zukünftige Familienerweiterung" für ihr Verständnis und ihre lustige Art und Aufmunterungen.

Den „4 Grazern" für eine mehr als 40 Jahre lange Freundschaft, die tiefer geht als alle anderen und die trotz der Entfernung irgendwie zur Familie gehören.

Ilona und Wolfgang, die mir gerade in der Zeit vor der Reha etliche Tipps gegeben und mit immer wieder Mut gemacht haben.

Reiner und Gabi für ihre Informationen und den Erfahrungsaustausch nach einer eigenen 4 jährigen Burnout Phase.

Uwe und Beate für die unkomplizierte Erneuerung unserer Freundschaft und der Erinnerung an die alten Zeiten.

Den Familien Schuff, Pietschke und Sittinger, die für unsere Kinder wie ein zweites Zuhause sind und die mich immer wieder gestärkt haben.

Anke und Ralf für die seelische Stütze aus Luxemburg.

Meinem Hausarzt, der mir im kritischen Moment genau das richtige zugerufen hat, um mir die Angst zu nehmen und bei dem die ganze Familie immer noch in den besten Händen ist. Außerdem erhielt ich von Ihm eine sehr gute persönliche Rückmeldung zu diesem Buch.

Meinem Therapeuten, ohne den die ganze Zeit sowieso nicht geklappt hätte und ohne Ihn hätte ich auch dieses Buch nicht geschrieben.

Den Ärzten und Therapeuten aus der Reha Klinik:

meiner Bezugstherapeutin, der Klinikleitung auch für die Motivation und Ermutigung dieses Buch zu Ende zu bringen, der Oberärztin, der Leiterin der Kreativgruppe und Soziale Kompetenz, den Ärzten der Gruppentherapie und der Problemlösegruppe, der Ärztin die mein Erysipel behandelt hat, den Kollegen/Innen aus der Ergo, und der Sozialberatung, der Ernährungsberatung, nicht zu vergessen dem Sportteam und den Kolleginnen aus der medizinischen Zentrale sowie dem Empfang und den beiden Hausmeistern und natürlich allen anderen, die ich vielleicht versehentlich übersehen haben sollte. Sie alle haben mir den Schlüssel und das Werkzeug gegeben, um meine Situation und meine Reaktionen selbst zu verstehen und wieder auf die Beine zu kommen gegeben. Ohne sie alle hätte ich es nicht geschafft. Herzlichen Dank!

Den Kollegen/Innen aus dem ÄK für die verdammt schöne Zeit, die wir damals hatten und für die konstruktive Zusammenarbeit im ÄK in den letzten schwierigen Jahren und auch als Freunde.

Meinem alten Chef, der mich zu Hause besucht hat und mit seinem entscheidenden Satz wollte, dass ich wieder in die Abteilung zurückkomme. Für alles, was ich bei Ihm gelernt habe. Für die Hilfe zu einer erfolgreichen Wiedereingliederung. Für seinen persönlichen Brief bei seiner Verabschiedung in den Ruhestand und dafür, dass er sich immer wieder erkundigt wie es mir geht. Ebenso für die guten Hinweise und Verbesserungsvorschläge zu diesem Manuskript.

Meinen Kolleginnen und Kollegen bei der Arbeit und im Sekretariat:

für die es nie außer Frage stand, dass ich weiterhin zum Team gehöre und sie trotzdem dabei Rücksicht auf mich genommen haben, wenn es erforderlich war und sein wird. Ohne euch wäre ich heute nicht mehr dabei.

Meinem neuen Chef, der mir von Anfang an vertraut und sehr viel Verständnis für meine Situation aufgebracht hat. Und für die Unterstützung und Ratschläge in den privaten Gesprächen. Das ist nicht selbstverständlich. Er hat mir alle Zeit und Freiheit gegeben wieder in den

Job zurückzufinden. Das habe ich Best möglichst geschafft und ich arbeite in Ruhe weiter daran. Jetzt wo meine private Therapie abgeschlossen ist meinte er: „Dann machen wir beide das alleine." Na dann los, gib dir Mühe, dass noch mehr aus mir wird...!

Dem Direktor und dem Dekan der EKMA für Ihren einen Einsatz bei der Kirchenkonversion nach meiner Rückkehr von der Reha.

Unserem externen Architekten im Geschäft für dessen Satz: „Ungeduld ist ein schlechter Berater", immer wieder in meinem Kopf rumschwirrt und der mich einige Male wieder auf den Teppich geholt hat. Letztendlich hatte er Recht, ein sehr wichtiger Teil der Wiedereingliederung war die Geduld und die Fähigkeit auch kleine Fortschritte positiv wahrzunehmen.

Renate für Ihr tolles Bild, das Sie uns zum „100 Geburtstag" gescheckt hat. Es hängt im Wohnzimmer über dem Fernseher, ich habe es bestimmt schon 1000 mal angeschaut und immer wieder dabei entspannt. Die Ausstrahlung des Bildes tut immer wieder gut.

Den ehemaligen Pfarrern in Martin und den Eltern für die beiden aufmunternden Briefe in der Reha.

Meinen Mitpatienten und „Kollegen" mit denen ich teilweise immer noch guten Kontakt habe und ohne deren Hilfe ich nicht soweit in der Reha gekommen wäre:

Die Mädels und der Tischtenniskollege aus der Ankunftsgruppe Nr. 1-10.

Das Team aus der Esstischgruppe und den Kollegen/Innen aus dem Morgentreff: Alle Jungs und Mädels, Ihr wisst selbst wer gemeint ist, wenn Ihr das Buch lesen solltet, fühlt Euch einfach herzlich angesprochen.

Rich, Patty, Kathy, Randy Lizzy und John für die aufmunternden e-mails aus den USA.

Und all den anderen Nachbarn oder Bekannten und Freunden, die ich hier vielleicht versehentlich vergessen haben sollte.

Allen die mich beim Schreiben ermutigt haben und die mir bis jetzt viele wertvolle Rückmeldungen gegeben haben.

Ach ja einen darf ich nicht vergessen:

GOTT! ohne IHN wäre ich nicht mehr hier und hätte dieses Buch niemals geschrieben. So sehe ich das halt. Es gibt dafür wahrscheinlich keinen Grund. Vielleicht hatte er und seine Helfertruppe gerade zu der Zeit etwas Leerlauf. „Kuck mal nach dem Dietrich, der jammert da so rum, das geht schnell, der braucht nur einen kleinen Schubs zur richtigen Zeit. Aber verbringe nicht zu viel Zeit mit ihm, wir haben noch Wichtigeres zu tun." Aber ich bin sehr froh darüber.

Danke CHEF!

Herzlichen Dank für Deine Hilfe, alles Gute,
Gesundheit, Gottes Segen
und werde 100 Jahre alt
Bodo

Ein kleines Dankeschön an alle Helfer und Leser, das Bild habe ich damals in der Reha selbst gemalt und als Abschiedsgruß verwendet.

15.) Quellenverzeichnis

- Eigene Aufzeichnungen aus den Arbeitsgruppen der Reha Klinik

- Das Buch von Dale Carnegie: „Sorge Dich nicht, Lebe!"
  Fischerverlag

- „Simplify your life" von Werner Tiki Küstenmacher, Knaur Verlag

- „Gelassen und sicher im Stress" Professor Dr. Gert Kaluza, Springer
  Verlag (Aus meiner Sicht sehr zu empfehlen.) Info meiner
  Bezugstherapeutin in der Klinik

- Das Buch: „ALDI einfach billig" von Andreas Straub, rororo
  Taschenbuch

- Spruchsammlung von Postkarten oder aus dem Internet
  (siehe Anhang)

- Die manuell angefertigten Bilder und Diagramme haben wir
  zusammen in den Arbeitsgruppen in der Klinik erarbeitet. Die
  Schaubilder habe ich anhand meiner Notizen rekonstruiert. Diese
  Zusammenhänge können in detaillierterer Form auch leicht im
  Internet nachgeschlagen werden.

- Das erste Bild und Titelbild veranschaulicht meine eigene Situation
  zur Zeit des Burnout

- Wikipedia zum Thema Suizid und Suizidrate

- Vortrag Burnout: vorbeugen, erkennen, verstehen, handeln.
  Dr. Stefan Poppelreuter, TÜV Rheinland Consulting GmbH und
  Psychische Belastungen am Arbeitsplatz, Ursachen-Auswirkungen-
  Handlungsmöglichkeiten". (Poppelreuter/Mierke) Sehr gute
  detaillierte Analyse mit praktischen Beispielen und Lösungen

- Vortrag von Business und Management Coach Frau Ramona
  Meinhardt zum Thema: „Burnout Prävention-Vorbeugen ist besser
  als Heilen."

16.) Anhang

In der Klinik haben wir gegenseitig viele aufmunternde Sprüche, Gedichte oder Verse ausgetauscht. Das mag sentimental oder kitschig klingen, kann aber durchaus helfen, wenn man mal so richtig am Boden ist. Ein helfendes Wort von einem Freund hat noch nie geschadet.

Sehr hilfreich waren auch oft kleine Geschichten Postkartensprüche oder auch Biographien von bekannten Menschen, die auch von ganz unten wieder ins Leben zurückgekommen sind. An denen konnte man sich dann selbst „hochziehen."

Hier eine kleine Sammlung bzw. Stichwörter nach denen ihr googeln könnt:

- Abraham Lincoln gab nicht auf: Kurzbiographie von Abraham Lincoln- ist interessant, wie weit sich ein Mensch vom Nervenzusammenbruch wieder nach oben arbeiten kann, kann als Beispiel dienen, man muss es ja nicht gleich bis zum Präsidenten schaffen. (Wikipedia)

- Ein sehr gutes Gedicht zur Selbstachtung von Charlie Chaplin: Als ich mich selbst zu lieben begann... unter: http://www.youtube.com/watch?v=-ZQ4ZliCDBM

- „Was wirklich wichtig ist..."

  Ein Philosophie-Professor stand vor seinem Kurs und hatte ein kleines Experiment vor sich aufgebaut: Ein sehr großes Marmeladenglas und drei geschlossene Kisten. Als der Unterricht begann, öffnete er die erste Kiste und holte daraus Golfbälle hervor, die er in das Marmeladenglas füllte.

  Er fragte die Studenten, ob das Glas voll sei.
  Sie bejahten es.

  Als nächstes öffnete der Professor die zweite Kiste. Sie enthielt M&Ms. Diese schüttete er zu den Golfbällen in das Glas. Er bewegte den Topf
  sachte und die M&Ms rollten in die Leerräume zwischen den Golfbällen. Dann fragte er die Studenten wiederum, ob der Topf nun voll sei. Sie
  stimmten zu.

Daraufhin öffnete der Professor die dritte Kiste. Sie enthielt Sand. Diesen schüttete er ebenfalls in den Topf zu dem Golfball-M&M-Gemisch.
Logischerweise füllte der Sand die verbliebenen Zwischenräume aus. Er fragte nun ein drittes Mal, ob der Topf nun voll sei. Die Studenten antworteten einstimmig "ja."

Der Professor holte zwei Dosen Bier unter dem Tisch hervor, öffnete diese und schüttete den ganzen Inhalt in den Topf und füllte somit den letzten Raum zwischen den Sandkörnern aus.

Die Studenten lachten.

"Nun", sagte der Professor, als das Lachen nachließ, "ich möchte, dass Sie dieses Marmeladenglas als Ihr Leben ansehen.

Die Golfbälle sind die wichtigen Dinge in Ihrem Leben: Ihre Familie, Ihre Kinder, Ihre Gesundheit, Ihre Freunde, die bevorzugten, ja leidenschaftlichen Aspekte Ihres Lebens, welche, falls in Ihrem Leben alles verloren ginge und nur noch diese verbleiben würden, Ihr Leben trotzdem noch erfüllen würden."

Er fuhr fort: "Die M&Ms symbolisieren die anderen Dinge im Leben wie Ihre Arbeit, ihr Haus, Ihr Auto.
Der Sand ist alles Andere, die Kleinigkeiten."

"Falls Sie den Sand zuerst in das Glas geben", schloss der Professor, "hat es weder Platz für die M&Ms noch für die Golfbälle. Dasselbe gilt für Ihr Leben. Wenn Sie all Ihre Zeit und Energie in Kleinigkeiten investieren, werden Sie nie Platz haben für die wichtigen Dinge.
Achten Sie zuerst auf die Golfbälle, die Dinge, die wirklich wichtig sind. Setzen Sie Ihre Prioritäten.

Der Rest ist nur Sand."

Einer der Studenten erhob die Hand und wollte wissen, was denn das Bier repräsentieren soll.

Der Professor schmunzelte: "Ich bin froh, dass Sie das fragen. Das zeigt Ihnen, egal wie schwierig Ihr Leben auch sein mag, es ist immer
noch Platz für ein oder zwei Bier.
Eine kleine nette Spruchsammlung z.B. von Grußpostkarten:

- Die Seele ernährt sich von dem worüber sie sich freut.
- Ein Freund ist wie ein Leuchtturm, der den Überblick behält, wenn wir nichts mehr sehen.
- Humor ist das Salz des Lebens und wer gut gesalzen ist bleibt lange frisch.
- Wenn du dich auch über die kleinen Dinge freust, kannst du immer und überall glücklich sein.
- Gib jedem die Chance der schönste Tag in deinem Leben zu werden.
- Sei du selbst, andere gibt es schon genug.
- Hoffnung ist nicht die Überzeugung, dass etwas gut ausgeht, sondern die Gewissheit, dass etwas Sinn hat, egal wie es ausgeht.
- Menschen, die einen Hauch aus Lebenslust und Freude verbreiten, muss man einfach gern haben.
- Jeder Weg beginnt mit einem ersten Schritt, auch wenn er noch so klein ist.
- Ein Lächeln ist der kürzeste Weg zwischen zwei Menschen.
- Es kommt im Leben nicht darauf an Glück zu haben, sondern glücklich zu sein.
- Du brauchst den Mut dich in die Brandung zu stürzen, wenn du ein neues Ufer erreichen willst. (Lothar Zabler)
- Es ist besser ein kleines Licht zu entzünden, als über die große Dunkelheit zu klagen (Konfuzius).
- Wege kreuzen sich, Wege laufen auseinander, Wege sind begründbar, Wege sind steinig, Wege gehen bergauf oder bergab und nur du selbst wirst deinen eigenen Weg finden.
- As long as you can move your feet and your light is on, let it shine and don´t run to be the best, but dance, sing and enjoy your life to the full.
- Happiness, laughter and joy is not a matter of money, but of your heart.

- Wie schon erwähnt war vor allem auch das vermittelte Hintergrundwissen über psychologische Themen wie:

  o Angst im Zusammenhang mit wachsender Belastung , Druck und Stress,
  o Was ist Angst, wie entsteht sie. wozu dient sie,
  o daraus resultierende Strategien zur Angstbewältigung,

o   die gleichen Fragen zum Thema Stress,

sehr entscheidend für die positive Entwicklung und die Erarbeitung für die Vorgehensweise und das erforderliche Verhalten auf dem Weg zu einem normalen Lebensablauf.

Dazu gibt es jede Menge Literatur für einen persönlichen, informativen Einstieg in die Themen. Dies kann aber keine professionelle Hilfe durch einen beratenden oder behandelnden Therapeuten oder Ärzte ersetzen.